卓越学术文库 ■

U0741220

我国城市体系规模结构的生态考量与优化研究

WOGUO CHENGSHI TIXI GUIMO JIEGOU DE SHENGTAI KAOLIANG YU YOUHUA YANJIU

河南省高等学校哲学社会科学优秀著作资助项目

郭力 著

郑州大学出版社

图书在版编目(CIP)数据

我国城市体系规模结构的生态考量与优化研究 / 郭力著. — 郑州：郑州大学出版社，2023.8

（卓越学术文库）

ISBN 978-7-5645-9878-5

Ⅰ.①我… Ⅱ.①郭… Ⅲ.①城市建设 – 关系 – 城市环境 – 生态环境 – 研究 – 中国 Ⅳ.①F299.21②X321.2

中国国家版本馆 CIP 数据核字（2023）第 157883 号

我国城市体系规模结构的生态考量与优化研究

策划编辑	孙保营	封面设计	苏永生
责任编辑	呼玲玲	版式设计	苏永生
责任校对	陈　思	责任监制	李瑞卿

出版发行	郑州大学出版社	地　　址	郑州市大学路 40 号（450052）
出版人	孙保营	网　　址	http://www.zzup.cn
经　销	全国新华书店	发行电话	0371-66966070
印　刷	河南文华印务有限公司		
开　本	710 mm×1 010 mm　1 / 16		
印　张	19	字　　数	295 千字
版　次	2023 年 8 月第 1 版	印　　次	2023 年 8 月第 1 次印刷

书　号	ISBN 978-7-5645-9878-5	定　价	89.00 元

本书如有印装质量问题，请与本社联系调换。

前　言

近年来,我国在快速城镇化进程中受到的生态环境约束愈发凸显,城市体系演变面临着生态系统协调与经济发展的复杂矛盾关系。然而,我国城市快速扩张与城市体系演变中过于强调经济效益,而忽视了"自然—社会"子系统的支撑与服务功能,造成"大城市单中心集中膨胀""小城市多而散""城市级别差距拉大"。这种城市规模结构的"两极分化"对城市生态系统形成了过度的胁迫、消耗、索取,很容易超过区域生态承载容量,而导致各种城市生态超载。

针对城市体系发展演变中存在的诸多突出生态问题,本书基于"经济—社会—自然"复合生态系统视域,一是分析研判我国城市在综合生态绩效意义上的适宜规模区间,进而处理好城市体系演变与生态系统及其各子系统的耦合共生问题;二是研究城市体系规模结构失配的生态成因与生态影响效应,结合国外典型经验与理论规律趋势,进而提出我国城市体系生态优化的发展路径与对策建议等,以推进城市规模结构有序演变与多维生态系统协调优化的互动互促,在城市体系发展演变中全面贯彻落实习近平总书记强调的"生态优先、绿色发展"要求。

首先,本书全面分析了我国城市体系的基本现状、历史特征、动态演变、区域差异,并运用城市分形理论与齐普夫法则(zipf)验证了城市位序-规模结构,总结了城市体系规模结构失配的主要表现。得出当前我国城市体系总体上仍呈下宽上窄的典型"金字塔"型,但是"大城市单中心集中膨胀""小城市多而散"且不断萎缩。各级别城市的非平衡变动导致"城市级别差距拉大"、城市体系"两极分化"、城市位序-规模分布偏离 Zipf 理想状态、东—中—西部区域差距扩大等,与城市生态系统优化的总体要求不符。

其次,系统阐释了城市体系与生态系统的理论关系机理,论证了城市体系演变与"经济—社会—自然"子系统之间在交互胁迫中相互促进的耦合共生关系。进而运用生态拓展的城市体系演化模型,对理论作用机制进行了比较静态分析。生态系统会对城市体系施加约束影响或促进环节,通过连锁反应形成双向反馈循环,最终均衡状态是"两难"或"双赢",取决于城市体系演变对生态系统的干预规模、索取强度、胁迫性、依赖性以及生态保护的价值取向和行为选择等。

再次,利用城市面板数据模型计量分析了单个城市扩张的生态适宜规模边界,得出城市规模效率的"倒 U 型"规律在生态层面仍存在,但是当前我国城市规模的生态最优值为 750 万人左右,小于经济最优值。综合各方因素考虑,我国大多数城市在快速增长中的生态适宜规模区间为 300−800 万人。如果在实践中长期偏向经济效益,而忽视生态系统协调,很容易刺激超特大城市过度扩张,加剧区域生态超载与"城市病"。实证研究还表明,服务业、劳动密集型城市的最优规模大于制造业、资本密集型城市;产业结构优化升级、市场潜能扩大、"三废"治理能力提高等能显著提升城市规模的生态阈值;但是近年来我国城市的宜居性滞后,城镇化的人本内核有待夯实。

作为研究重点,本书深入分析了我国城市体系规模结构失配与生态系统失衡之间的因果关系和交互影响效应,探究其间的复杂作用机理和传导机制,为城市体系的生态优化提供理论依据与现实基础。城市体系规模结构失配的生态成因主要有:经济子系统中企业、居民、政府对要素集聚收益的分享存在非匹配性,农民工的"半市民化",政府的集中化与集权化政策偏好等;社会子系统中居住、通勤、公共服务的成本约束机制弱化、隐性化及外部化,政府限制性准入政策存在局限等;自然子系统的价值评估机制缺陷,城市间生态成本分摊与利益补偿机制不健全,地方生态成本攀升,环境规制弱化等。城市体系规模结构失配的生态影响效应主要体现在:一方面,大城市的单中心集中膨胀与高密度居住不仅导致污染物排放强度提高,生态功能退化,人居环境恶化,加剧生态超载;造成公共服务空间受限、房地产价格攀升、各类生态风险高发及处置难度加大。另一方面,中小城市"多而散"不仅使得其治污能力与环境管制强度较弱,土地利用低效,在环境规制"逐底竞争"中出现重化工业倾

2

向;公共服务的布局不均衡,基础设施的质量和功能不健全。

又次,根据研究结论,借鉴国外经验规律,系统提出了我国城市体系生态优化的指导思想、目标愿景、发展路径、驱动机制、预警机制等。综合多方面生态因素考量,未来10—20年我国城市体系生态优化的重点应当是200—600万人口、规模排序在15-60位的"次级中心城市"。这些省会城市及东部强二线城市作为城市体系中"承上启下"的关键环节,具有社会服务成本较低、自然环境承载容量较大、经济集聚较强等综合比较优势,能够有效促进城市体系优化与生态系统协调的"双赢"。

特别地,以中原城市群、河南省、黄河流域为案例,具体分析城市体系规模结构的生态表现、生态优化对策、生态安全预警机制与生态效率问题,具有典型借鉴意义。分析了中原城市群的规模结构、空间结构、等级结构等个性特征,以及区域生态禀赋、生态矛盾及生态优化路径;提出中原城市群应充分发挥各市的经济、人口、地理、资源、要素等差异性禀赋优势,紧紧依托郑州中心城市、洛阳副中心城市的辐射带动作用,加强城市间的合作互补、协同发展。以河南省17个地级市为样本,构建了城市生态安全预警指标体系;然后采用层次分析法实证分析了河南省城市生态安全预警度及其区域差异,提出保障河南省生态安全的可行性矫正方案与具体措施。以黄河流域34个地级市为例,利用数据包络分析法与DEA-Malmquist指数模型对城市生态效率进行综合测度,通过指数分解找出其理论原因与现实根源,进而利用面板数据模型实证分析影响因素及分流域异质性特征,最后提出有利于推进黄河流域生态保护与高质量发展的可行路径与对策建议。

最后,总结提出一系列促进城市体系生态优化的对策建议与保障政策,主要有:第一,培育生态协调的多中心城市群。未来我国城市群要按照生态优化要求,在突出中心城市的引领带动作用的同时,适当缩小城市间级别差距与区域差距,推进中心城市人口向远郊区、卫星城与副中心扩散,以缓解资源紧缺和环境压迫。在空间上形成沿长轴呈带状延伸的多中心结构,配建廉价、高效的公共交通网络,鼓励绿色出行,让人口与要素以较低的生态成本在城市间双向流动,以减缓"城市病"与生态矛盾。第二,建立城市体系的生态成本补偿制度。由获得生态正外部性收益的大城市、发达城市群按照"生态收益—生态成本"的区域匹配原则,采取财政转移支付、对口帮扶、精准扶贫等措施,向处于生态涵养区、资源供给区的小城市转移一部分经济溢出效应。以增加社保、工资、公共服务覆盖等形式,将城市要素集聚和规模经济等好处由企业或政府更多地让渡给居民或劳动者;建立自然资源分类定价与有偿使用机制,强化政府环境规制,从"自然—社会"子系统层面减缓城市规模结构的两级分化。第三,加强城市政府间的生态协作与逐顶竞争。促进政府将生态保护投入重心向低行政级别城市下沉,赋予中小城市政府与其繁重的生态维系职能相匹配的人财物资源,建立奖补考核机制以激励形成环境规制"逐顶竞争",在多因素动态博弈下形成城市体系优化与生态保护的良性循环。第四,以"三生"空间优化为重点建设紧凑型、混合功能的生态城市。在生态城市建设中引导人口适度紧凑居住,促进生活、生产、生态空间在城市内小尺度交叉,让居民近距离解决居住、就业、商业、休闲、市政服务等多种述求。大城市周边的卫星城应具备复合功能,以完善的基础设施和公共服务提升城市体系的生态宜居性。

本书是 2022 年度河南省高等学校哲学社会科学应用研究重大项目(批准号 2022-YYZD-05)、2019 年度河南省高校科技创新人才支持计划(人文社科类)(批准号 2019-cx-019)、2024 年度河南省高校人文社会科学研究项目(2024-ZZJH-144)、国家社科基金青年项目(项目号 16CJL032)等的科研成果。在此感谢河南省教育厅、河南省哲学社会科学规划办公室、全国哲学社会科学工作办公室、郑州大学出版社对本书的支持。

本书在写作和出版过程中得到了河南工业大学孙中叶教授、中南财经政法大学陈浩教授等的指导帮助,河南工业大学教师毕艳峰、郭何伟与研究生程一凡、李欣烨、魏家琛、侯丹、李万强、吴佳颖、张雪迎、刘苗苗、李业凡等协助做了资料搜集、稿件校订等工作,在此一并表示感谢! 由于对城市体系规模结构的生态研究存在较多热点和难点,有些问题至今尚未达成共识,学术界、政界、新闻界仁者见仁、智者见智,本书提出的观点和主张肯定有失偏颇,缺点在所难免,恳请广大同仁批评指正。

郭力

2023 年 5 月

目　录

1

第一章
研究的背景、意义与主要内容

第一节 研究背景

一、理论背景

城市体系是在一定区域范围内,以中心城市为核心,各种不同性质、规模、级别、职能类型的城市相互联系、相互作用的城市群体组织和空间布局总况。城市体系的结构布局主要包括规模结构、职能结构和地域结构等,可以看作城镇化进程在经济地理层面的具体表现。城市体系反映在城市群体的规模组合上,不同规模城市之间存在一定的等级特征和位序规律;反映在城市群体的职能分工上,存在一定的职能区分和协作结构;反映在城市群体的地理分布上,存在一定的地域空间结构。

其中,本书重点研究的是城市体系的规模结构,其具有广义和狭义两种外延。广义的城市规模结构是指在一定区域范围内,人口、资本、技术及其他要素在不同城市之间相互流动、集聚、分散,形成特定规律性的数量关系、等级关系、互动关系的动态过程与总体状态。狭义的城市规模结构仅特指城市的人口规模结构。由于城市人口与资本、产业等的数量、比例及空间分布在动态上具有相对稳定的配比关系,而人口数量较易统计、流动性较强、具有代表性,本书研究仅涉及狭义的城市体系的人口规模结构。

城市体系具有整体性、层次性和动态性特点：①整体性是指城市体系是由每个城市间的人口、资本、物质、数据、交通等多种要素按照一定规律组合而成的有机整体，任何要素的数量和空间分布改变均会通过交互作用反馈机制影响到整个城市体系。例如近年来高速铁路的大规模建设成网有效促进了城市间人员和商品流动，极大地改变了各个城市群的整体布局和一体化进程。②层次性是指城市体系按照各组成要素的作用大小可以分为很多层级，例如我国从行政级别上划分为直辖市、副省级城市、地级市、县级市等。③动态性是指城市体系随着时间推移而发生阶段性或系统性的变动。例如，深圳在改革开放后通过高效吸引全国各地的人才、资本、技术等，快速地由一个渔村发展为大都市，极大改变了我国既有城市体系格局。因此，一个国家的城市体系需要从理论上和实践上不断地调整、优化，才能适应各种宏观环境或微观主体的时空变化。

城市体系概念最早源于美、德等西方国家，主要被用于描述一个区域的既有地理或经济状态，应用型并不强。但是在中国改革开放以后，经济社会发展的空间布局发生急剧变化，城市作为人口与产业集聚的主要载体，在规模扩大的同时，其规模结构和分布形态也趋于多样化和复杂化。特别是在经济发展与生态文明建设的关系方面，由于快速的城镇化进程与所处生态环境系统不断产生交互反馈，必然使得原有城市体系的生态状况产生根本性改变或重塑，亟需对此进行科学评价、分析或规范。因此，本书通过研究不同规模级别城市的综合生态绩效及其细分领域的特征、性质和变动规律，所得研究结论与对策建议能够在理论与实证上促进全国及区域的绿色生态协调发展。进一步，结合近年来人口与产业的流动性集聚特征，以各大国家中心城市为引领的城市群（都市圈、城市带）不仅是城市规模结构的主要空间载体和表现形式，也将成为下一轮城市体系演化的主导区域和主要驱动源，因此也将城市群的生态质量研判和优化作为本书的一个研究重点。

二、实践背景

我国从 20 世纪 90 年代中期开始进入城镇化加速阶段，城镇化率从1995 年的 29.04% 快速上升到 2018 年的 59.58%，年均增长约 1.33 个百分点。由于以全球为基础的工业化规模收益递增阶段在中国已接近尾声,城镇化愈发成为主导我国未来 10—20 年经济社会发展的关键枢纽与核心动力。[①] 通过加快城镇化进程、优化城市体系层级、重塑城市空间布局等途径,拉动经济增长、实现由传统社会向现代社会转变已经成为我国的必然趋势。然而,当前中国城市在快速扩张过程中也积累了不少“成长中的烦恼”,如大气环境恶化、水土资源紧缺、垃圾围城、交通拥堵、公共服务不足、房地产价格高涨等。虽然这些“城市病”的原因是多方面,例如一些专家认为城镇化中前期存在污染强度上升的普遍规律,以及政府的环境规制的弱化等;最根本的原因,可归结为高度集中的人类活动对城市生态环境、自然资源、公共服务的压迫、消耗、索取超过了区域生态承载能力,导致城市生态系统超载。传统的城市发展路径过于强调经济效益,而忽视了社会公共服务成本和支撑作用,缺乏对自然环境损害的评价和综合考量,使得城市体系演变偏离了综合生态协调目标。

我国城市生态系统的超载与城市规模大小及其等级体系演变有直接关系。近年来,我国城市体系的规模等级差距不断拉大,诱发了一系列生态问题:一是少数大城市持续地集中膨胀“极化”,引发严峻的土地、水等资源紧缺与大气、土壤等环境污染问题;二是一些小城市发展相对滞后,在增进社会公共服务、改善人居环境等方面缺乏经济动力支撑;三是城市体系演变中的“单中心”“集中化”导致城市扩张的“拥挤效应”和“规模不经济”提前显现,进一步激化生态矛盾;四是各规模级别城市之间的行政隶属关系及排斥性竞争明显,无法形成城市间生态功能的区域协作与补偿机制。

尤其值得注意的是,现阶段中国城市的生态问题在少数超特大城市、大城市中表现得更为突出,处置成本和难度更大。虽然“城市病”并不是大城市特有现象,各种污染物的排放量与处置代价也并不一定完全与城市规模大小呈正相关。例如在宏观上,陆铭等人通过对中国地级市的实证研究发现,人口越集聚,城市排污的规模效应越强,人均排污量反而越少。在微观上,由于大城市居民普遍具有较强的环保意识与经济基础,人口更多集中在

---

① 陈昌兵,张平,刘霞辉,等.城镇化、产业效率与经济增长[J].经济研究,2009(10):4-21.

大城市会在同群效应作用下在整个社会进一步普及生态型消费与生活习惯。[①] 但是,无法否认的是,随着近年来城市扩张中的单点蔓延与城市体系的集中化,现实后果是大城市的生态超载与生态赤字更加严峻,而且对生态损害的治理、修补与逆转的难度也越来越大。特别是在极端情况下,由于需求端人口与经济活动的密集分布,一旦出现某种生态危机,国家应急保障系统面临的压力也倍增。

近年来,如何协调城市体系扩张与生态环境维系的关系成为学界及实务界关注的一个热点问题。党的二十大报告从"加快发展方式绿色转型","深入推进环境污染治理,提升生态系统多样性、稳定性、持续性"等方面阐述了新时期生态文明建设重点,为城市体系的生态优化提供了宏观指导和规划蓝图。近年来,国家又多次出台重要政策或文件,强调将生态文明理念融入到城市发展中,修补、修复以往粗放型、高污染、高耗能、高损耗的城市扩张路径给生态环境带来的实质损害或胁迫压力。"十四五"规划提出:"按照资源环境承载能力合理确定城市规模和空间结构","统筹兼顾经济、生活、生态、安全等多元需要,促进城市高质量、可持续发展。"这就进一步明确和强调了城市规模结构与生态环境的协调耦合问题,为新时期城市体系的生态优化提供了新的指导原则和理论遵循。

本书基于我国城市体系演化与生态系统互动影响的现实背景,结合国家生态文明建设精神,针对我国城市体系规模结构失配引发"城市生态超载"与"城市病"蔓延问题,探讨其表现特征、历史过程、理论机理、生态原因、生态影响效应以及相应的生态优化路径等,以期为我国城镇化可持续发展与城市生态文明建设做出理论与实践贡献。

---

① 郑怡林,陆铭.大城市更不环保吗:基于规模效应与同群效应的分析[J].复旦学报(社会科学版),2018,60(1):133-144.

第二节　文献综述

一、国外文献综述

城市体系规模结构是融合区域经济学、新经济地理学、城市地理学、城市经济学、城市规划等多学科理论知识，交叉运用统计、计量、区划、制图等多种方法工具的前沿性问题。国外对该问题的研究源于二战前后，主要集中在当时正处于城镇化加速阶段的美欧等西方发达国家。

第一阶段是 20 世纪 20—50 年代城市地理学的研究。众多学者对城市体系规模结构的比例、位序规律进行定量研究，并提出了"城市首位律"[马克·杰费森（Mark Jefferson，1936）]、"规模—位序"法则[洛特卡（Lotka，1925）]及其特例齐普夫法则（Zipf，1949）等至今仍具指导意义的经典理论。

第二阶段是 20 世纪 60—80 年代的城市经济学的研究。学者们从经济学理论出发，强调本地化外部规模经济带来的集聚效应与城市地租、污染等拥挤效应的交互作用，从理论分析、经验归纳、实证检验等层面进一步拓展了城市体系演化规律研究[阿隆索（Alonso，1971）；布鲁克纳（Brueckner，1987）]。当时的代表性研究成果有：描述了城市体系由前期"加速"且集中膨胀，逐渐转向后期"减速"但出现多中心城市群趋势的"Logistic 曲线"规律[诺瑟姆（Northam，1975）]；以及根据欧洲城市发展的历史经验提出的大城市"城镇化"—中等城市"过渡"—小城市"逆城镇化"的生命周期规律[克莱松（Klaasson，1981）]等。

第三阶段是 20 世纪 80 年代以来新经济地理学的研究。新经济地理学者基于垄断竞争空间经济理论，考虑运输成本对集聚经济的影响，运用理论模型和数值模等方法，从城市间贸易[克鲁格曼（Krugman，1993）]、消费者偏好差异[赫尔普曼（Helpman，1998）]、固定农业区[藤田（Fujita，1999）]、人力资本积累与知识溢出[布莱克（Black），亨德森（Henderson），1999]、产业关联与集聚[杜兰顿(Duranton,2007)]等方面深化了城市体系规模结构的演化机理及其影响效应。但是由于研究视角的差异性与变量间关系的复杂性,现有理论研究尚无法提供一个完整的解释框架[卡罗尔(Carroll),1982;藤田久昌等,2005]。

第四阶段是近年来一些实证主义学者采用空间计量等方法对城市规模效率的"倒 U 型"假说、城市最优规模或分布结构的研究[杜兰顿(Duranton,2001);克拉克(Clark),2003]。但是,由于学者们的研究视角、方法、数据的不同,所得结论与对策建议也存在差异。例如,一些根据城市职能定位、产业特征、专业化商品种类、交通拥挤成本的研究认为,中国的大城市的规模仍然偏小,在未来将面临不可避免的大城市持续膨胀[亨德森(Henderson),2006;麦基(McGee),1994];另有一些根据发展中国家经验数据的研究得出,以中小城市为发展重心更适于迎合中国快速城镇化与体制转变进程[布雷泽(Blizer),1988;赫尔普曼(Helpman),1998]。

二、国内文献综述

近年来国内对城市体系规模结构问题的研究主要集中在三个方面:

一是对城市规模—位序结构的研究。相关研究普遍认为我国城市规模位序结构不符合首位律、分形理论与齐普夫法则(赵红军,2005;张涛,2007;李岚,2012),主要原因在于城市发展受到行政层级、户籍制度、规模控制等政府干预影响(刘学华,2015)。近年来城市位序结构表现出朝帕累托标准自我修正的趋势(张车伟,2012)。赵伟伟(2014)等从城市间航空运输活动强度和频度的视角研究了 175 个较大城市,得出城市位序分布呈下降曲线,4 个等级的城市数量呈典型的金字塔型特征,主要影响因素是行政级别、产业结构、外贸依存度以及旅游资源等。吴健生等(2014)利用 DMSP/OLS 夜间灯光遥感数据综合测度了中国 341 个较大城市之间活动的综合关系,采用二阶段聚类分析法的实证结果表明,这些城市可以被分为 4 档,数量比例为1∶4∶15∶29,为典型的复合城市分形理论的金字塔型。

二是基于新经济地理学模型框架对城市体系演化的理论分析。近年来随着我国城镇化加速和城市体系重构,众多学者从交易效率(赵红军,

2005)、农产品贸易成本(安虎森,2008)、外部性(肖文,2011)、房价(焦张义,2012)、集聚经济(王俊,2014)等方面拓展了新经济地理学模型框架,并采用均衡分析、动态推理、数值模拟等方法对我国城市体系演化进行了理论评述与预测。在城市体系演化的影响因素方面,张良文(2007)基于城市内部空间结构和外部规模经济的动态模拟分析,范剑勇(2011)对产业分布迁移的经验分析,梁琦等(2013)基于劳动力区位选择的数值模拟分析等得出:城市内部通勤成本上升、大城市房价高企、城乡分割的户籍制度均会降低城市体系的集聚性趋势。

三是对城市规模效率特征与城市最优规模的实证分析。早期一些城市地理学者运用"城市规模—产出分形"理论的研究认为,城市规模与其产出呈正相关关系,且两者可以形成正反馈循环①。近年来众多学者分别采用C-D生产函数(王小鲁,1999)、投入产出的 DEA 方法(席强敏,2012)等,从资源集约(张臻汉,2012)、居民幸福感(袁正,2013)、生态承载力(郗希,2015)等视角定量分析我国城市的规模效率问题,得出我国最优城市规模在100 万—400 万人,据此普遍主张发展大城市,而否定缺乏规模效益、土地利用低效、环保成本高的小城镇。尚启君(2007)、安虎森(2007)、管清友(2010)进一步分析了城市规模效率的区域与产业层面的差异性,提出欠发达地区应走小城镇道路,而发达地区以大城市和城市群为主导;金融、商贸类城市的最优规模要大于资源型城市、工业城市等。

三、综合述评

以上文献提供了城市体系规模结构研究的理论、经验和方法论基础,但是仍存在一些不足:

一是从评价标准来看,当前学界多使用经济层面的人均收入、边际生产率等评判城市规模效率问题,强调城市扩张的外部规模经济、集聚效应等正面影响效应,但是缺乏从综合生态绩效视阈对城市体系规模结构的考量。尤其是在新时期加快推进生态文明建设大背景下,这种评价标准的单一化、

---

① 陈彦光,周一星.城市规模—产出关系的分形性质与分维特征:对城市规模—产出幂指数模型的验证与发展[J].经济地理,2003(04):476-481.

片面化、滞后化,容易得出有偏向的结论和建议。城市作为人类活动的密集区域与物质文明成果的集中体现,其与周边生态系统的物质与能量交换、价值与信息传递过程是否协调有序? 对生态系统的索取是否超出区域资源承载力约束与环境容量的阈值范围? 对自然环境与资源的补偿、维护机制是否健全? 这些生态领域问题对于城市体系规模结构的合理性研判和优化对策具有重要意义。

二是从少数基于生态视角的城市体系研究来看,一部分文献是从资源、环境的某个单一方面进行探讨,仅仅关注了某一项资源或子环境的约束作用。例如从 CO_2、PM2.5、重金属、农药等单一或多种污染源角度对城市某一方面的生态质量进行分析评价;对城市水、土、大气、固体废弃物等单一环境介质的生态质量与风险进行考量;对城市个体、人群、产业种类等单一受体进行生态绩效评估。还有一部分研究将社会子系统与自然子系统作为经济产出的副产品,割裂出去进行独立研究。当前很少有文献系统性分析生态质量改进对城市体系演变的优化作用,尤其是缺少关于社会公共服务、生态环境维系与城市规模结构演变之间的双向约束与耦合机理的研究。

三是从研究方法来看,当前对城市体系规模结构的研究多采用定性分析、理论分析或国内外经验借鉴,基于现代经济学分析范式的实证研究较少。现有定量研究较多地采用了地理学、环境科学、系统科学等领域的研究方法,如 GIS 地理信息系统、遥感影像数据、灰色关联分析、系统模拟仿真等方法;但是基于经济理论模型和计量模型的静态比较分析以及动态空间分析仍较为薄弱。

本书针对上述研究的不足,从复合生态系统的视角对城市体系规模结构研究进行理论拓展和实践创新,进一步回答"城市体系规模结构是如何形成与演化的?""城市体系与生态系统之间处于何种耦合共生关系?""城市的生态最优规模是多大?""城市体系应当如何调整优化才能适应生态文明建设要求?"等一系列关键的理论与现实问题,对于弥补当前研究的不足,丰富城市体系演变与城市生态系统研究具有突出的边际贡献。

第三节　研究意义

二战以来,欧美国家的城市体系形成与演变主要是受自然、地理、人口与就业等因素影响,生态环境因素的影响不大,城市污染问题并不突出,空间差异也不显著,因此国外经济学者对城市体系的生态问题的关注度并不高。中国作为人口众多、资源紧张、环境容量有限的发展中大国,在城镇化进程中面临的生态环境约束要严重得多,城市体系演变面临着生态环境维护与经济发展的复杂矛盾,甚至在一些城市、一些特定污染源上也出现了"先污染、后治理"或"边污染、边治理"现象。党的二十大报告系统论述了生态文明的重要性,特别强调了"推进生态优先、节约集约、绿色低碳发展"。在全面加强生态文明建设大背景下,将城市规模结构的研究回归到生态领域,聚焦城市体系演变的生态原因、生态效应和生态优化路径,具有重要的理论与政策意义。

一、本书的现实意义

本书对城市体系规模结构与城市生态环境的协同优化研究,有利于深入贯彻五大新发展理念,促进新型城镇化可持续发展。在五大发展理念中,"协调"发展的一个关注要点是解决区域不平衡问题,其中一个突出表现即是大中小城市扩张的不协调与失配,进而影响城市体系的整体生态绩效。"绿色"发展注重的是解决人与自然和谐问题。当前我国城市体系整体处于生态风险的高危高发期,城市快速扩张中面临着资源约束趋紧、环境污染严峻、生态系统退化等形形色色的生态问题。为满足人民群众对优美生态的强烈要求,有必要以五大发展理念为指导,系统研究整体城市生态系统的理论关系机理,理清城市水、土、大气、固废污染的损耗与补偿机理,进而探索城市生态协调发展路径和保障措施体系,对于生态文明视域下推进新型城镇化可持续发展具有重要的现实意义。

二、本书研究的实践价值

第一,本书从"经济—社会—自然"复合生态系统的视角研判得出我国城市规模的生态适宜边界,明确各级各类城市与其资源环境约束相适应的规模限度与功能定位,可以为全国及分区域的城镇化推进重心选择提供决策依据。第二,本书在城市规模结构失配与城市生态系统扭曲的双重矫正与治理框架下,提出增进城市体系生态适应性的一整套保障政策体系,有利于形成防治"城市生态超载"与"城市病"的长效机制与措施,促进形成资源节约、环境友好、经济高效、社会和谐的城市体系新格局。第三,在社会公众对城市宜居环境、公共服务、通勤、居住等自然与社会层面生态诉求不断提升的大趋势下,本书研究能够为城市流动人群的迁移决策提供生态方面依据,有利于城市弱势群体更多地分享城镇化红利,为城市体系发展重塑"人口"这一最具生机与活力的动力源泉。

三、本书研究的学术价值

第一,本书从生态适应性视角研判城市体系规模结构及空间分布的优化路径,是对新型城镇化理论体系中"促进大中小城市协调发展"的生态层面拓展与具体化探索,对于形成以人为本的新型城镇化模式具有重要的理论贡献。第二,本书在生态子系统之间的收益—成本—价格—外部性关系框架下系统阐释我国城市规模结构失配的因果效应,是对城市规模结构与城市生态系统之间耦合共生关系机理的丰富化与具体化。第三,本书从生态系统层面拓展了经典的城市规模效率模型,分析了社会与自然子系统的诸多变量对城市规模扩张及其体系演变的影响效应,丰富了城市体系演化的基础性理论。

第四节　主要研究内容和技术路线

本书基于"经济—社会—自然"多维生态系统视阈,重点研究我国城市体系演变中的两个重要问题:一是单个城市在生态绩效意义上的适宜规模区间问题,进而在城市体系演变中处理好城市规模扩张与自然—社会生态子系统的协调互促关系。二是城市体系规模结构失配的生态成因与生态影响效应问题,进而提出城市体系生态优化的具体路径及保障政策等。

基于此,本书首先在理论上系统论证了城市体系规模结构与复合生态系统的耦合共生关系机理;进而运用生态拓展的城市体系演化模型,通过城市有效规模函数研究城市规模效率问题,对城市体系的演化过程进行比较静态均衡分析。然后在现实层面分两条主线展开:一条是定量分析单个城市规模扩张的生态适宜边界与最优规模,在评判标准上强化基于经济—社会—自然复合生态系统的生态价值导向,综合研判未来10—20年我国城市体系的发展重心;一条是定性分析我国城市规模结构失配的表现、生态成因及生态影响效应,理清城市体系中各类生态问题的来龙去脉。最后结合我国城市体系演变的时空特征及发展趋势规律,重点强化生态收益匹配性、生态成本分摊补偿、生态外部性内在化等机制构建,系统性提出我国城市规模结构生态优化的指导思想、经验借鉴、驱动机制、预警机制、差异化目标愿景,以及相应的保障政策体系等。具体思路与技术路线如图1-1所示。

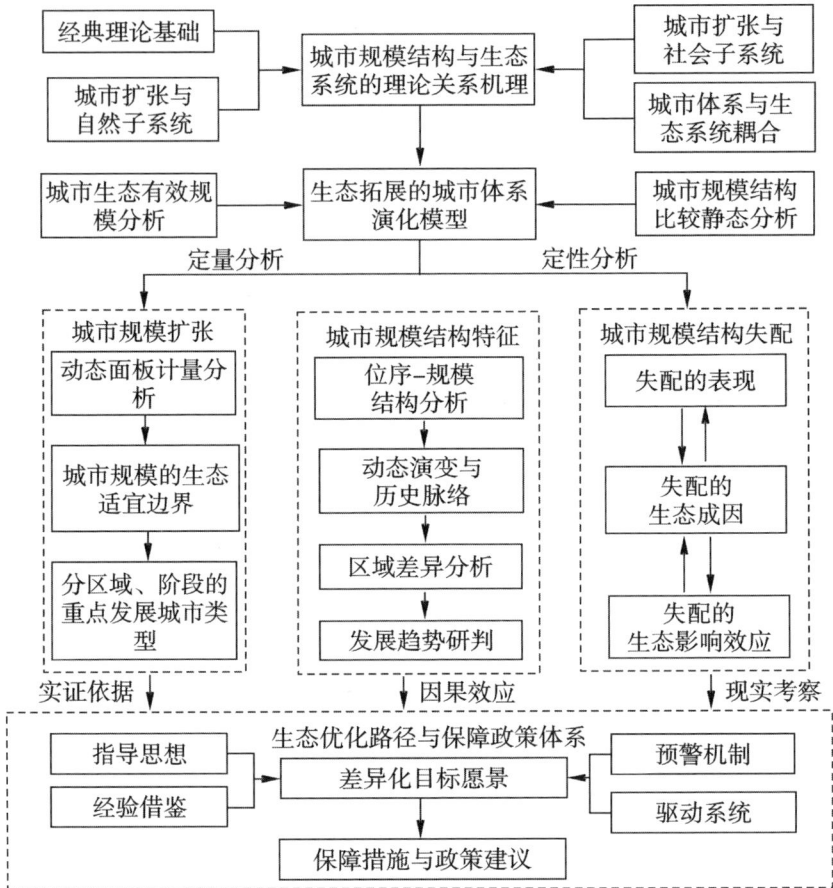

图 1-1　研究思路与技术路线

第二章
我国城市体系规模结构的特征与演变规律

第一节　我国城市体系规模结构的基本特征

一、城市规模划分标准与口径

改革开放之前,我国大、中、小城市在人口规模上的划分标准分别为50万以上、20万—50万、20万以下。1980年,我国参照联合国规定对城市规模划分标准做出修订,按照市区(包括中心城区和近郊区)常住非农业人口为口径,将城市划分为四个等级:人口数量在100万以上为特大城市,50万以上到100万为大城市,20万以上到50万为中等城市,20万和20万以下为小城市。

随着改革开放40多年来我国城镇化进程的突飞猛进,尤其是进入新世纪以来农村人口非农迁移加速和各级城市的建成区规模急剧扩张,原有的城市规模级别划分标准已明显偏低,既不符合城市扩张日新月异的现实情况,也无法适应城市管理部门决策和学术研究的需要。为了科学划分城市规模级别,避免统计口径不一致带来的误导,2014年国务院统一印发了《关于调整城市规模划分标准的通知》,明确了现行"五类七档"的城市规模划分标准,具体如表2-1所示。

表 2-1   我国城市规模划分标准(万人)

城市规模级别	小城市		中等城市	大城市		特大城市	超大城市
	Ⅱ型小城市	Ⅰ型小城市		Ⅱ型大城市	Ⅰ型大城市		
人口划分标准	<50		50—100	100—500		500—1 000	≥1 000
	<20	20—50		100—300	300—500		

资料来源:国务院:《关于调整城市规模划分标准的通知》,2014 年 10 月 29 日。

从表 2-1 可以看出,新修订的城市规模级别的划分标准相比 1980 年版有明显提高;而且将小城市、大城市进一步细分为Ⅰ型和Ⅱ型两类,体现了科学性和实用性的原则。2014 版城市规模划分标准不仅反映了近些年我国城市规模普遍急剧扩大与城市体系结构复杂化的基本趋势;而且预示了在未来城市群战略主导下,我国各规模级别城市按照其在城市体系整体中的职能角色定位进行差异性发展的新趋势。本书主要依据 2014 版城市规模划分标准展开理论与实证研究,并特别注意以下两点。

第一,城市人口的统计口径统一采用"常住人口"指标。"常住人口"是指实际居住在本乡镇街道半年以上的人,而无论户口登记地是否在本乡镇街道。显然,与"户籍人口"相比,采用"常住人口"口径会使得沿海地区、经济发达地区的人口净迁入城市拥有更多的人口统计数量;而内陆农业地区、经济滞后地区的人口净流出城市的人口统计数量会偏小。这不仅有利于正确认识和管理跨区域流动人口,而且有利于落实流动人口在迁入地的公共服务覆盖,推动实现农民工的"市民化",更加符合城镇化的人本主义内核。

第二,参照大多数学术研究选取的口径①,本书对我国城市的地理空间界限采取"市区"范畴,而不包括地级市下辖的县级行政区域。"市区"是指由城区和郊区共同组成的地理范畴,大致包括核心城市周边连续的城镇化地区,更能体现中心城区对郊区及卫星城的带动辐射作用,近似于"都市圈"概念。"市区"在设区的市相当于"市辖区"之和,在不设区的市相当于整个

---

① 何悦.中国城市最优规模:定义、形成及测算[M].成都:西南财经大学出版社,2017:9.

市的行政区域。另外,"城区"是指区、市政府驻地的实际建设连接到的居民委员会所辖区域和其他区域。因此,"城区"是相对于郊区而言的,是以人文景观为主、从事非农产业、市政设施功能齐全的"城市建成区"概念,在地理空间范围上要比"市区"更小。

二、城市规模结构的基本情况

根据国家统计局和住建部数据,截至2016年末,中国设市城市总数共有657个。根据行政级别划分,其中直辖市4个,地级市293个,县级市360个。另外,在直辖市和地级市之间还有行政管理权限上"高半格"的15个副省级市①。

国家统计局按照"市辖区"+"户籍人口"的较宽松口径统计了2016年我国297个地级以上城市的规模结构,认为我国存在着"大城市化"趋势,城市规模结构欠合理。其中,Ⅱ型大城市数量达到121个,比2012年增加15个;Ⅰ型大城市数量为13个,比2012年增加4个;特大城市和超大城市为13个,比2012年增加1个;而100万人口以下的"中小城市"的人口增长缓慢。本书分别按照"市辖区"+"常住人口"以及"城区"+"常住人口"为口径,对2016年全国657个县级以上城市的规模结构进行了划分如表2-2所示,并画出城市规模结构分布情况如图2-1所示。

根据表2-2和图2-1对我国城市体系规模结构的分段统计分析,可以得出"五类七档"标准下当前我国城市体系规模结构整体呈下宽上窄的典型"金字塔"型,并且100万人口左右城市分布较为集中,具有一定的"扁平化"特征。

---

① 国家统计局.2016年末我国城市数量已达657个[J].城市规划通讯,2017(14):12.

表2-2   2016年按市区和城区统计的我国城市规模结构(个)

城市规模级别	小城市		中等城市	大城市		特大城市	超大城市
	Ⅱ型小城市	Ⅰ型小城市		Ⅱ型大城市	Ⅰ型大城市		
城市个数（市区）	179		253	211		9	5
	57	122		193	18		
城市个数（城区）	475		107	66		5	4
	244	252		54	12		

资料来源:住房和城乡建设部.2017年城乡建设统计年鉴[EB/OL].(2018-1-5).http://www.mohurd.gov.cn/xytj/tjzljsxytjgb/.

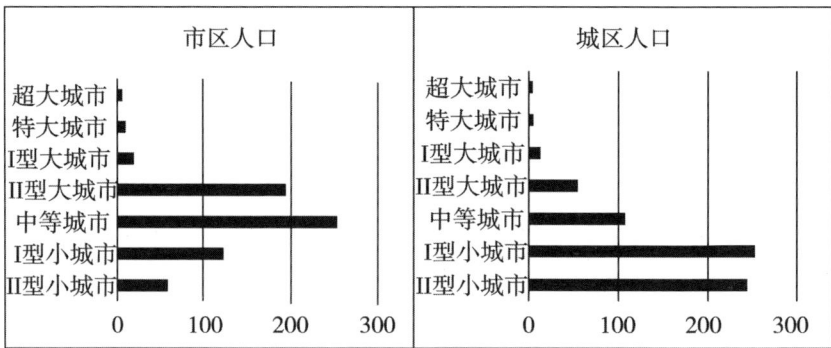

图2-1   "五类七档"标准下我国城市规模结构分布图

资料来源:住房和城乡建设部.2017年城乡建设统计年鉴[EB/OL].(2018-1-5). http://www.mohurd.gov.cn/xytj/tjzljsxytjgb/.

以"市区"为口径进行统计分析,可以得出我国城市体系规模结构的基本特点:第一,100万人口以下的中小城市在数量上处于绝对优势,占比达到66%。但是小城市多而散,容易导致区域要素集聚效应差,使得城市对周边区域的辐射力相对不足。第二,500万人口以上的超特大城市数量少,仅占城市总数的2.1%。但是应当看到,超特大城市的产业结构较高级、就业吸纳力强、空间拓展速度快,可以凭借强劲的经济辐射力吸纳周边甚至远距离迁移人群源源不断地流入,在城市体系中居于引领地位。第三,100万—500万人口的大城市的数量占比为33.2%,在城市体系中的地位越来越显著。和中小城市、超特大城市相比,大城市不仅具有相当强的规模经济效率,而且在地理分布上更为广泛,可以关联到更多的农业区域和农村人口,影响覆盖到更广阔的下沉销售市场,可以成为未来城市体系发展中起到"承上启下"作用的关键中间环节。

　　结合图2-1,将以"城区"和"市区"为统计口径的城市规模结构进行对比分析可以得出:"城区"口径下的城市体系规模结构要比"市区"口径下进一步"下沉"。原因主要有两点:第一,大量100万人口左右的所谓大中城市在"城区"口径下会"缩小"为小城市。据测算,与"市区"口径相比,"城区"口径下中等城市数量下降了58%,而小城市数量却大幅度增加了165%。这说明一些较小的地级市和大多数县级市虽然在"市区"范畴下城市人口规模较大、增长速度较快,但实际上除了"城区"人口外,还算入了周边的农业或农村区域的人口。第二,500万人口以上的超特大城市数量萎缩。相较于"市区"口径,在"城区"标准下2016年我国特大城市由9个减为5个,超大城市由5个减为4个。事实上,近年来一些超特大城市也乐于通过"县改区"等途径做大城市行政区划,以便获取更多国家政策支持和行政管理权限。例如天津、武汉等城市下辖有大量远郊的市辖区,以"市区"标准统计会偏向于高估城市人口规模;郑州、合肥(合肥在2011年合并了巢湖市的大部分)等城市下辖有大量县或县级市,按照"市区"标准统计的人口规模会偏小。典型的如武汉市共有13个市辖区,其中主城区7个,是传统的中心城区;而远城区多达6个,多为以前的县级行政区。武汉市2016年"市区"常住人口达到833.8万,属于特大城市;但是"城区"常住人口却为473.5万,应当被视为Ⅰ型大城市。

　　本书按照"市区"口径研究城市人口规模,事实上会偏向于低估50万人口左右的中小城市数量所占比重,而高估500万人口以上的超特大城市的数量结构占比,这是在实证研究和对策分析中需要注意的。

三、城市规模结构的动态演变

　　改革开放以来,我国经历了世界历史上规模最大、速度最快的城镇化进程,城市成为各种经济要素的主要汇集地和吸纳新增人口的主要载体。同时,由于新旧产业动能更替,新增就业岗位布局重构,以及人口迁移方向偏好的区域分化等,导致我国各级别城市的人口规模结构对比也发生了较大变化。本书将不同规模级别城市分组后,分别测算出各级城市市区人口数和城市个数的比例结构变动趋势,并重点分析 2008 年金融危机以来我国城市规模结构的动态演变特征。根据表 2-3 和表 2-4 分析得出基本结论:近年来我国各个级别城市的个数及其人口规模呈非平衡变动趋势,具有明显的"大城市化""小城市萎缩""城市级别差距拉大"等特征。

表 2-3　2008—2016 年各级别城市的市区人口数及占比变动

城市规模 级别	小城市	中等城市	Ⅱ型 大城市	Ⅰ型 大城市	特大 城市	超大 城市
2008 年人口数(万人) 占比(%)	6 335 9.8	18 942 29.4	24 911 38.6	3 292 5.1	5 868 9.1	5 118 7.9
2012 年人口数(万人) 占比(%)	6 152 9.0	19 020 27.7	26 351 38.4	4 708 6.9	5 153 7.5	7 284 10.6
2016 年人口数(万人) 占比(%)	4 962 6.6	18 080 24.1	29 848 39.8	6 791 9.1	5 983 8.0	9 306 12.4
2008—2016 年占比变动(%)	-3.2	-5.3	1.2	4	-1.1	4.5

资料来源:住房和城乡建设部.2016 年城乡建设统计年鉴[EB/OL].(2018-1-5).http://www.mohurd.gov.cn/xytj/tjzljsxytjgb/.

第一,超特大城市人口规模快速增长,与下级城市的人口量级差距拉大,极化趋势明显。不仅原有的超特大城市持续发挥其虹吸效应,如 2008—2016 年北京、上海的年均人口增长率均高达 3.5% 左右,远超过其他城市的人口增速;而且又有一批新兴城市加入到了超大城市行列,除了原有上海、北京、重庆 3 个超大城市外,深圳和天津等城市的市区人口也相继超过 1 000 万。在较大规模城市组内部,人口更多是向头部的几个大城市集中,而 500 万—1 000 万人口的特大城市的人口规模占比反而有所下降。根据刘学华等的测算,1985—2010 年我国 49 个"头部城市"的人口增速为 9.7%,远高于所有城市的平均增速6.4%,这也和本书结论相一致[①]。这说明虽然近年来一些超大城市出于生态环境、基础设施、社会治理等压力考虑,采取了人口疏解措施;但是由于自身拥有较高的投资回报率、就业吸纳力和技术创新能力,仍然延续承担着较大的人口增长压力。

第二,中小城市不仅城市数量占比相对下降,而且人口也出现净流出趋势,处于持续萎缩状态,这也初步改变了我国城市体系"小而散"的传统局面。如表2-4所示,2008—2016年我国中小城市的数量增速远低于大城市与特超大城市,尤其是小城市数量甚至出现下降。出现这种现象的一个重要原因是大量50万人口左右的中小城市通过加快吸引人口流入、农业人口非农化迁移、城市兼并重组等,相当一部分已经迈入到大城市行列。另外也有很多人口向往大城市优越的就业机会、生活环境和公共服务,越来越多地流向大城市定居,导致中小城市的人口越来越少。如图2-2所示,2008—2012年居住在小城市的人口减少了1 373万,居住在中等城市的人口减少了862万,合计使得中小城市的人口数占城市总人口数的比重下降高达8.5个百分点。

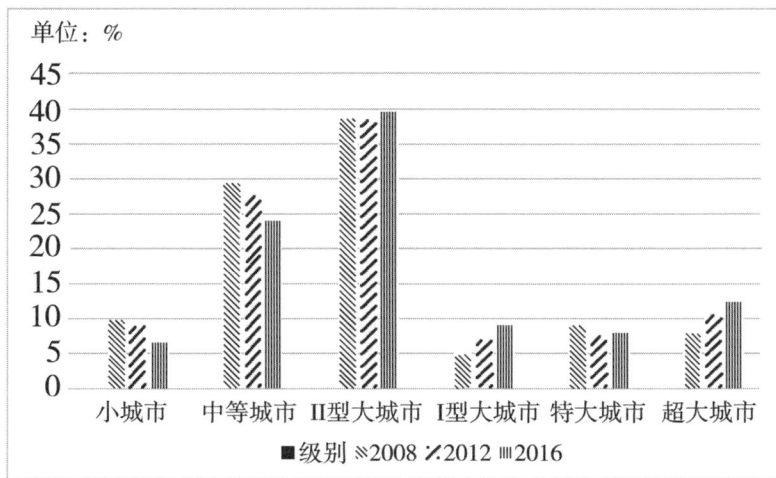

图2-2 2008—2016年各级别城市的人口比重及其变动情况

---

① 刘学华,张学良,李鲁.中国城市体系规模结构:特征事实与经验阐释[J].财经研究,2015,41(11):108-123.

第三,100 万—500 万人口的大城市越来越成为新增人口的流入地和汇集地,尤其是人口数在 300 万左右、位序在 10—50 位的城市在整个城市体系中占据越来越重要的地位,促进了城市规模结构的"扁平化"。如表 2-3,大城市不仅汇集了全国大约一半的城市人口,是绝对人口数最大的城市组别;而且大城市人口所占比重在 2008—2016 年增长了 5.2 个百分点,Ⅰ型大城市更是成为期间人口增速最快的城市组别。从表 2-4 城市个数的变动情况也可得出同样结论:中小城市萎缩的人口必然会有相当一部分进入高一个级别的大城市组,体现为大城市的人口增速明显快于中等城市,而中等城市人口增速快于小城市。根据表 2-4,2008—2016 年我国 100 万人口以上的大城市、超特大城市的个数增幅最大,达到 30% 左右;其次是 50 万—100 万人口的中等城市,个数增幅也达 24%;而小城市个数却萎缩了约 7%。处于中间地位的大城市广泛分布在我国各个省份和城市群,其个数和人口承载量的增长不仅有利于缓解超特大城市的人口涌入压力,而且能够避免城市规模过小导致的低经济效率困境。

表 2-4　2008—2016 年我国各级城市个数的变动情况(个)

城市个数	2008	2010	2012	2014	2016	增幅(%)
超特大城市	7	6	8	8	9	28.57
大城市	49	52	63	62	66	34.69
中等城市	86	89	92	96	107	24.42
小城市	512	508	497	484	475	−7.23
城市总数	654	655	660	650	657	−0.46

数据来源:国家统计局城市社会经济调查司.中国城市统计年鉴(2009—2017)[M].北京:中国统计出版社,2009—2017.

注:由于城市合并以及市改区、县改市政策的松紧变动等原因,我国城市总数在 2012 年为增长趋势,但之后出现下降。

四、城市规模结构的区域差异

我国城市体系的空间分布整体上与区域经济禀赋特征相一致,大体呈东—中—西部递减的非平衡态势,超特大城市和大城市更多地集中在东部地区,中小城市更多地分布在广阔的中西部地区。进一步考察城市人口的区域分布特征及其动态趋势,有利于深入认识我国城市体系的区域差异性、多样性和复杂性。将2006—2016年各城市的市区人口数量按照东、中、西、东北等区域进行划分,测算各区域城市人口所占比例及其变动情况如表2-5,可以得出近年来我国城市体系的区域分布出现的一些新变化。

第一,东部城市人口集中的势头出现放缓甚至停滞。如表2-5所示,自2006年以来东部城市人口所占比重一直维持在47%左右,不再有较大增长;2010—2016年甚至下降了0.6个百分点。经过改革开放前30年的"人口东南流"和沿海三大城市群基本成型,我国东部地区的城市人口基数已经较大。当前城镇化已经进入中后期,由于产业持续内迁、资源环境约束增强、超特大城市实施人口疏解政策等影响,东部地区新流入人口增速减缓是城市体系演变的正常现象。

第二,中西部的城市人口增长迅猛,所占比重越来越大。如表2-5,中西部的城市人口占全国比重由2006年的39.97%,快速攀升为2016年的41.99%;尤其是西部城市的人口在此期间更是增幅高达1.78%。这一是得益于"西部大开发""中部崛起"等区域平衡发展战略的深入实施;二是内陆省份普遍推进"承接产业转移""新型城镇化"等战略,使得中西部欠发达地区的非农化进程加快,就业吸纳力和人口集聚力增强,带动城市规模迅猛扩张;三是中西部涌现出中原城市群、关中城市群、长江中游城市群、成渝城市群等诸多新兴城市群,作为新增长极有效带动了内陆腹地的城市体系扩展。以中原城市群为例,据《河南统计年鉴(2017)》数据,2010—2016年中原城市群9个核心城市的常住人口由4 159万上升到4 309万,增幅为3.6%;中心城市郑州市的常住人口增幅更是达12%,并被确定为国家中心城市之一。

第三,东北地区成为近年来全国城市增长的凹陷地带。东北地区是老工业基地、全国城镇化率最高的地区,但是近年来在城市体系中的地位却不断下滑,2006—2016年城市人口占比降幅接近2个百分点。究其原因主要在于:一是东北的国有企业和重工业的经营管理体制僵化,亟需转型调整,而新技术产业发展滞后,导致就业岗位萎缩,进而迫使城市人口持续流出。

根据国家统计局《中国城市统计年鉴(2018)》测算,作为东北的领头雁城市,沈阳和大连的城镇单位从业人数即所谓正规就业人数在 2013 年左右达到 141.5 万和 102.6 万的顶峰,此后便持续下滑,2017 年分别下降为 115.79 万和 87.8 222 万。二是东北各城市的出生率持续走低,人口老龄化相较其他省份更为严峻,这些进一步加速了城市人口萎缩。

表 2-5　2006—2016 年我国各区域城市人口的比例变动

年份	2006	2008	2010	2012	2014	2016	2006—2016 变动
东部占比(%)	47.13	46.94	47.61	47.11	47.30	47.01	-0.12
中部占比(%)	20.45	20.73	20.74	20.73	20.67	20.69	0.24
西部占比(%)	19.52	19.64	19.60	20.10	20.44	21.30	1.78
东北占比(%)	12.90	12.68	12.06	12.06	11.59	11.00	-1.9

数据来源:住房和城乡建设部.2006—2016 年城乡建设统计年鉴[EB/OL].(2018-1-5).http://www.mohurd.gov.cn/xytj/tjzljsxytjgb/.

第二节　我国城市体系的位序—规模结构分析

一、城市首位度分析

(一)城市首位律的基本理论

随着近代以来全球城镇化浪潮风起云涌,众多经济学者与城市地理学者对城市体系的位序—规模关系规律进行了定性和定量分析。学者们普遍认为,城市的规模结构并不是一个偶然的自然现象,而存在由潜在的供需条件、产出状况、自然环境、区域种类等决定的内在经济规律,并提出了"位序—规模"法则(Lotka,1925)、"城市首位律"(Mark Jefferson,1939)等至今仍具指导意义的经典理论。

"城市首位度"是指一国最大城市与第二位城市的人口比值,该指标可以衡量一个城市体系中人口规模结构的极化程度,或者首位城市的集聚优势程度。考虑到一些人口大国的城市体系的复杂性及区域分化,后续一些学者改进了"城市首位度"中2城市指数,进一步提出4城市指数和11城市指数等指标,如图2-3所示。

$$4\ 城市指数 = \frac{首位城市人口规模}{2-4\ 位城市人口规模之和}$$

$$11\ 城市指数 = \frac{2 \times 首位城市人口规模}{2-11\ 位城市人口规模之和}$$

图2-3　4城市指数和11城市指数

按照城市首位律(Law of the Primate City)的普遍理论观点,正常状态下2城市指数通常是2;4城市指数和11城市指数通常都应是1。由于受"规模—位序"法则的内在自然秩序约束和影响,城市体系规模结构在其动态演变中会向首位律或奇普夫分布的均衡状态渐进收敛。

(二)国内外城市首位度的对比

当今世界上主要国家的城市首位度普遍偏高,且呈上升趋势。二战以来,全球大部分国家都出现了首位中心城市(往往是首都)的人口与经济极化现象。除了美国、德国等少数分散型城市体系外,大多数拉美国家、亚洲国家,以及英、法等欧洲国家的城市首位度都在不断上升,首位城市与下级城市的人口规模差距不断拉大。例如英国首都伦敦的人口大约900万,是第二大城市伯明翰110万人口的8.18倍。日本、韩国等亚太国家更是以首都东京、首尔等超大城市的超强膨胀能力和虹吸效应著称,与第2位城市形成很大落差;甚至处于首都大都市圈的横滨、仁川等副中心城市仅靠接纳首都溢出的人口与产业,规模都超过了本国传统上的第2大城市大阪和釜山。

本书研究表明,与世界大多数国家相比,我国的城市首位度总体偏低,远低于齐普夫分布的理论值。使用2016年我国最大城市上海与第二大城市北京的市区人口数计算,"2城市指数"为1.28,远低于位序—规模法则的正常值2。即使考虑到我国地域广阔,为避免片面化,纳入更多城市计算得到的"4城市指数"为0.58,"11城市指数"为0.57,也大大低于理论值1。这与亨德森(Henderson,2006),万庆(2017)等众多国内外实证研究的结论相一致,以至于有些学者如陈钊、陆铭(2014)等坚持认为,我国存在首位城市的规模不突出或被政策限制扭曲的问题,建议应当进一步扩大几个超大城市的规模,以发挥要素空间集聚的规模经济效益。

(三)我国城市首位度偏低的原因分析

本书认为,我国城市首位度整体偏低有着特殊的国情原因,不能仅从城市首位度的国际对比分析,简单得出我国城市规模结构过于分散的结论。相关实证研究表明,城市首位度和一个国家或地区的人口规模呈负相关,且国际贸易发展、内部交易成本降低、政治分权制度等因素都会显著降低城市首位度[①]。实践中,城市首位度的理论值更适合于小国家、单一产业类型国家、简单地理空间结构国家的城市体系。而我国国土面积辽阔、人口众多、地形地貌复杂、区域间人文自然禀赋差异较大,造成城市间要素流动同时具有条块分割和交叉影响特征。例如,一个中部小城市的流动人口既可能选择到省内首位城市就业居住,又可以很方便地沿发达的铁路线迁移到北京、上海、广州等一线城市中的任一个;而不像日本等国家,大多数人口都单一地涌入东京工作和生活;这就导致了我国首位城市的优势度相对偏低。

作为对单一首位城市带动模式的替代,可以将我国视为是由"多个中心城市"在不同区域发挥首位城市的极化效应和扩散效应,分别吸引周边地区要素集聚,并向周边区域提供必要的总部经济服务,承担区域经济增长的引擎作用。例如,改革开放以来我国分别以北京、上海、广州为首位城市,带动周边众多次级城市共同发展,形成了京津冀、长三角、珠三角等3个世界级城市群。众多采用我国前100—200位城市的实证研究普遍得出我国城市体系"扁平化"的结论,也证实了由数十个"中心城市"引领的城市群模式在我国代替了一般的城市首位律模式。随着未来城市体系的不断扩张,这种"多个

---

①　Rosen,Resnick. The size distribution of cities:an examination of the parcto law and primacy[J]. Journal of Urban Economics,1980,8(2):165-186

中心城市"的个数应当进一步增多,大体可包括 30—40 个直辖市、副省级城市、计划单列市、省会城市等。

以省份或城市群为单位分析分区域的城市首位度,对于我国更为科学严谨和具有借鉴意义。从表 2-6 可以得出:我国各省份的省会城市(首位城市)人口占全省人口的比重普遍较大,人口集中度较高,实际上作为"区域首位城市"充分发挥了城市首位律规所谓的辐射带动作用。

另一个重要特征是中西部省份的城市首位度普遍大于东部省份。近年来内陆各省普遍推行"强省会"战略,湖北、云南、贵州、四川、陕西、吉林等均出现省会"一城独大"局面,城市首位度不断扩大。例如,按照 2018 年城市市区人口数计算,武汉市在湖北省内的 2 城市指数高达 3.97,4 城市指数为1.51,11 城市指数为 1.1,均高于城市首位规律的理论值。而东部省份由于普遍存在"双子星"城市格局或多中心分散的城市体系,城市首位规律相对较低。以浙江省为例,其最大城市杭州的市区人口规模是第二位城市宁波的 2.13 倍,4 城市指数和 11 城市指数也均接近城市首位规律。

表 2-6　代表性省份的省会城市人口集中度(万人)

省会城市	A:省会城市人口数	所在省	B:全部省辖市人口数	A/B
长春	751.3	吉林	2 704.06	27.78%
西安	1 000.37	陕西	3 864.4	25.89%
成都	1 633	四川	8 341	19.58%
武汉	1 108.1	湖北	5 917	18.73%
杭州	980.6	浙江	5 737	17.09%
广州	1 490.44	广东	11 346	13.14%
南京	843.62	江苏	8 050.7	10.48%

资料来源:国家统计局城市社会经济调查司.中国城市统计年鉴(2018)[M].北京:中国统计出版社,2019.

注:这里的省会城市或各省辖市人口数均包含所辖县(市)。

二、城市分形理论与齐普夫法则

（一）城市分形理论与齐普夫法则的基本原理

城市体系规模结构的统计分布规律是城市经济学、新经济地理学等众多学科的基础理论与关注热点。随着数学分形理论研究的深入，曼德勃罗（Mandelbrot）最早运用分形几何学方法，将城市体系视作一个复杂的动力系统来探究城市位序—规模结构的分维数性质[①]。受到学者普遍支持的两个城市分形理论规律是基于帕累托（Pareto）分布的几何位序法则（geometric series rule）和位序—规模法则（rank size rule）。

首先，将城市按照人口数量从大到小排序，使得 $S_1 > S_2 > \cdots > S_n$。几何位序法则认为不同规模级别的城市数目会形成一个几何级数如式（2-1）：

$$P_i = P_1(\theta)^i - 1, \theta > 1 \qquad (2-1)$$

几何位序法则阐述了一个以幂函数形式存在的金字塔型城市规模结构特征。位序—规模法则进一步将城市分形理论具体化。辛格（Singer, 1936）最早讨论了城市规模分布的基本经验规律，证明得出城市规模分布可以用帕累托分布来拟合描述。齐夫（Zipf, 1949）进而把帕累托分布具体应用于城市规模分布研究，提出了城市规模与城市位序在城市体系中存在稳定关系的经验定律，即齐普夫法则[②]。该法则认为将一个国家或区域的各城市按人口规模做降序排列，排序后每一个城市的位序乘以其人口规模，对于所有城市来说这个数字是一样的，且等于最大城市的人口数。常用的 Lotka 形式的齐普夫法则公式为：

$$P_i = \frac{A}{S_i^\alpha} \qquad (2-2)$$

在式（2-2）中，P_i 为城市 i 的位序，S_i 为城市 i 的人口规模，A 为帕累托系数，α 为 Zipf 指数。齐普夫法则的核心含义是，人口大于 S 的城市的数目基本上是与 $S_i^{-\alpha}$ 呈比例关系的。大量实证研究结论证明了齐普夫法则的稳

---

①　Mandelbrot B B. The Fractal Geometry of Nature[M]. San Francisco: Freeman, 1982.

②　保罗. 切西尔. 区域和城市经济学手册（第三卷）[M]. 北京:经济科学出版社, 2003:15-45.

健性,认为其主要理论原因在于随机增长模型所显示的自然发生事件的经验分布规律。如果不同的城市随机自然增长,并且增长率的平均值与方差具有相同的期望值,那么城市规模分布的极限会趋向齐普夫法则。进一步对等式(2-2)两边取自然对数,可以得到 Zipf 模型的线性方程形式:

$$\ln P_i = \ln A - \alpha \ln S_i \tag{2-3}$$

Zipf 指数 α 也被称为城市规模结构指数,可以反映一个城市体系的均衡程度。α 的值等于 1 时,任何城市的人口与其排序数相乘恒等于最大城市人口数,图形上两者是一种双曲线形式。α 的值越接近于 1,说明城市体系的位序—规模分布越接近于 Zipf 法则所谓自然状态下的理想分布。

α 的值越大,城市规模分布就越均衡,扁平化越明显;经济含义为大城市发育不太突出,各级城市的级别差距较小,经济集聚效应相对较弱。反之,α 的值越小,说明城市规模结构的差距越大,城市首位度较高,城市体系两级分化;经济含义为大城市发育比较突出,与中小城市的差距较大,人口分布较为集中,显示出较强的经济集聚效应。由于 α 值常在 1 周围波动,因此习惯上把[0.8,1.2]作为判断城市规模分布是否符合齐普夫法则的区间标准[1]。

(二)齐普夫法则的国内外实证

齐普夫法则作为城市规模分布形态的一个基础理论规律,对其存在性和适用性的实证研究一直是国内外学者的关注焦点。罗森和雷斯尼克(1980)研究了 1970 年的 44 个代表性国家,得出其平均 Zipf 指数为 1.13,标准差为 0.19,大多数国家的 Zipf 指数都落在[0.8,1.5]区间,证明了 Zipf 法则的普遍适用性。多步金(Dobkins,1996)利用 1900—1990 年美国城市地区的历史资料,估计了每一人口普查年度的 α 值,结果是美国在整个 20 世纪的 α 值始终近似等于 1,例如 1990 年 α 值约为 1.044。

本书根据《美国统计摘要》列出的 1991 年美国 130 个"大都市区"的人口数据,对其进行排序后用最小二乘估计拟合式(2-3),结果为:

$$\ln P_i = 10.549 - \underset{(0.01)}{1.004 \ln S_i} \tag{2-4}$$

---

① 孙久文.城市经济学[M].北京:中国人民大学出版社,2016:252-253.

特别应当指出的是，α 值会在很大程度上受到城市范围界定标准的影响。由于在国际上城市范围或大都市区的概念界定不统一，因此 α 值大致等于 1 的理论规律在很多时候并不能取得一致。例如亨德森(2011)的研究表明，使用小尺度的城市中心区数据得到的美国城市 Zipf 指数均值为 1.13，比使用大尺度的城市所在都市区的数据估计的 1.05 要更大[1]；即界定范围更大的城市在规模结构上更加集中化。因此，也有美国城市学者把 α 值是否偏离 1 作为城市或都市区定义是否严谨的标准。

近年来，国内学者针对齐普夫法则在我国城市体系中的适用性问题做了较多实证研究。例如，戚伟等(2015)研究发现中国城市的流动人口向高位序城市的集聚动能要大于向低级别城市分散的力量，导致我国城市体系持续两级分化。叶浩等(2015)采用 1985—2011 年前 300 名大城市的市区非农人口数据进行拟合分析，得出我国城市的规模结构指数处于 0.7 至 0.9 之间，城市体系相比齐普夫法则更为集中化。程开明(2012)基于 1985—2009 年中部 6 省的地级市市辖区人口数，运用空间计量模型研究了奇普夫法则的适用性，认为考虑空间关联效应后，中部 6 省地级城市体系更为集中化。但是，也有学者认为齐普夫法则更多应被视为一种城市自然分布的统计学现象，对其内在经济理论的解释是现有研究的不足之处[2]；后续研究中应透过统计规律寻求经济学依据，实现齐普夫法则的理论价值回归。

虽然我国对齐普夫法则的实证研究在时间选取、样本来源、模型设定、估计方法上各不相同，但是较为一致的结论是：1990—2010 年我国城市的规模结构指数要略低于齐普夫法则的理论值，即城市人口更多地向高位序的大城市流动，城市规模分布要比普遍规律具有更大的级别差距，城市体系趋于两级分化。

三、城市位序—规模结构的动态分析

由于当前对齐普夫法则在我国适用性的实证研究所选时间段大都在

---

①　亨德森,蒂斯.区域和城市经济学手册(第四卷)[M].北京:经济科学出版社,2011:257.

②　Gan L,Li D,Song S F. Is the Zipf law spurious in explaining city-size distributions? [J]. Economics Letters,2006,92(2):256-262.

2010 年之前,城市样本选取范围较窄,有些采用市区非农人口等指标的口径偏宽松,且缺乏对城市分形理论的内在经济原理的分析。针对这些不足,本书采用 2008—2018 年我国县级以上城市的城区人口数据,对城市规模结构指数进行经验分析,进而定量研究我国城市的位序—规模特征。首先采用带稳健标准误的最小二乘法拟合估计(2-3)式,得到 Zipf 指数值的历年变动情况及相关检验指标如表 2-7。历年的城市规模结构系数均通过了 1% 的显著性检验,判定系数和 F 检验也表明模型整体拟合效度较好,解释度较高。

表 2-7 2008—2018 年我国城市 Zipf 指数的实证分析

	2018	2016	2014	2012	2010	2008
LnS	−0.923 6***	−0.920 0***	−0.914 4***	−0.989 6***	−1.001 5***	−1.005 1***
_cons	8.754 9***	8.653 3***	8.606 7***	8.839 3***	8.839 1***	8.810 5***
F	638.46	493.92	228.04	2 031.94	2 076.80	2 186.59
R-squared	0.890 3	0.902 4	0.885 8	0.938 6	0.941 7	0.944 7
α 值	0.923 6	0.920 0	0.914 4	0.989 6	1.001 5	1.005 1

在表 2-7 中,Zipf 指数(α 值)是自变量 LnS 系数值的相反数。可以看出,α 值基本在 1 周围波动,没有超出[0.8,1.2]的齐普夫法则标准。与现有采用 1995—2010 年市区非农人口数或地级市人口数得出的研究结论即我国城市的 Zipf 指数普遍远大于理论值 1,城市体系过度集中的结论不同[1];根据我国城市城区人口数的实证分析表明:2008—2018 年我国城市的位序—规模分布比较符合 Zipf 经验定律,前期城市体系的集中化得到一定纠正。正如西方城市经济学家认为:"城市体系规模结构并不是一个偶发的自然事件,受到潜在的需求和供给条件影响,城市分形蕴含着齐普夫法则等内在理论规律。"[2]

从表 2-7 的动态趋势来看,Zipf 指数 α 以 2014 年为界限表现为先减后增态势,并从大于 1 变为小于 1。在 2008 年金融危机之后的几年里,由于宏

---

① 覃一冬. 我国城市人口规模分布演化影响因素研究[J]. 人口与经济,2012(04):21-26.

② 埃德温. S. 米尔斯. 区域和城市经济学手册[M]. 北京:经济科学出版社,2003.

观经济刺激政策和金融、房地产、基建等受益较大行业更利好于高规模级别城市,这就在客观上强化了以往我国城市体系规模结构的非均衡化或集中化趋势,使得城市位序—规模分布越来越偏离 Zipf 理想状态。在 2014 年之后,Zipf 指数转而变大,城市体系的极化趋势出现转折,开始向均衡化演变。

进一步结合众多 2010 年之前我国城市位序—规模结构的相关文献的普遍结论,可以得出:我国城市体系大体上以 2014 年左右为界限,出现了规模结构从集中化到均衡化的转折。在 1990—2014 年,城市体系呈集中化与"大城市化"趋势,城市首位度越来越高,城市位序—规模分布偏离了 Zipf 理想状态;自 2014 年以来,我国城市体系出现了均衡化、扁平化演变的新趋势,尤其是中等城市组和大城市组的差距出现持续缩小。我国城市位序—规模结构的动态演变趋势表明:经过二十多年的高速城镇化和城市体系集中化进程后,受城镇化中后期的资源、环境约束增强,以及人口迁移决策中推—拉因素转变影响,近年来我国城市体系开始出现明显的城市规模结构均衡化趋势,"大城市化"不再是城市体系演化的唯一选择。

四、城市位序—规模结构的区域差异分析

我国作为幅员辽阔、要素禀赋迥异的大国,城市位序—规模结构在不同区域存在较大的差异化特征。对这种区域差异性及其原因的研究有助于深入理解我国城市体系规模结构的特殊性和复杂性。本书分别对各省的省辖市人口数进行排序,根据式(2-3)计算得到 2016 年各省级区域的 Zipf 指数,如表 2-8 所示。其中各直辖市的 Zipf 指数设定为 1,西藏和港澳台地区由于数据缺失没有计算。

表 2-8　各省级区域的 Zipf 指数

省份	河北	山西	内蒙古	辽宁	吉林	黑龙江	江苏	浙江	安徽	福建	江西	山东	河南
zif 指数	0.85	0.98	0.67	0.87	0.98	0.74	0.92	0.98	1.09	0.92	0.71	1.07	1.05
省份	湖北	湖南	广东	广西	海南	四川	贵州	云南	陕西	甘肃	青海	宁夏	新疆
zif 指数	1.20	0.84	0.84	0.87	0.31	0.95	0.87	0.88	0.80	0.89	0.65	0.65	0.78

注:西藏和港澳台地区由于数据缺失没有计算。

　　从城镇化发展的理论规律和各国普遍经验来看,城市规模结构的集中度基本随着经济发展水平提升而表现为先增后减的"倒 U 型"规律。考虑到我国各省的经济发展水平与城镇化进程存在较大的区域差距,那么,以省域为界限的城市体系集中度与经济发展水平在我国呈何种关系? 首先用分省的人均 GDP 数据(y,亿元)与 Zipf 指数(Z)数据做散点图和拟合直线如图2-4。可以看出,虽然图中两者大致呈正比关系,拟合直线的回归系数为0.14,但是这一结果在统计上并不显著。

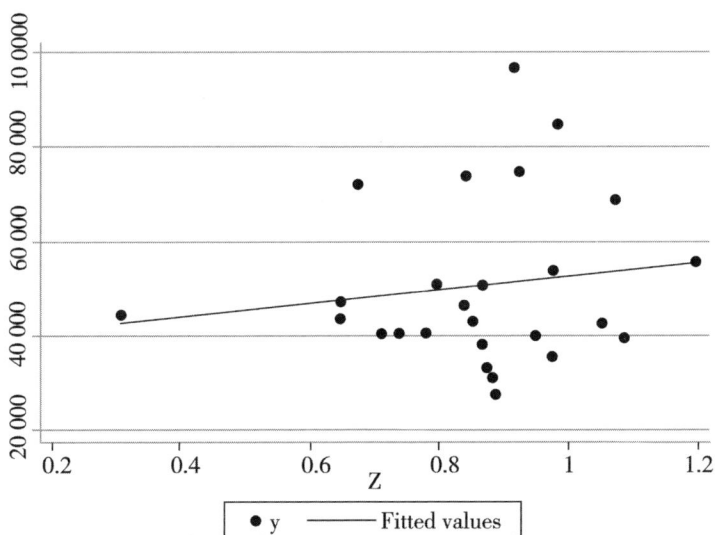

图 2-4　人均 GDP(y)与 Zipf 指数(Z)的散点图和拟合曲线

　　进一步考虑影响人均 GDP 的就业人数 l(万人)和固定资产投资额 k(亿元)等其他控制变量,以 Zipf 指数(Z)考察城市规模结构的集中度,并取双对数模型以减轻异方差和数据量纲影响,回归结果如式 2-5:

$$\ln y_i = 9.714 + 0.34\ln l_i - 0.079\ln k_i - 0.581 Z_i + \varepsilon_i$$

$$(0.732)^{***}(0.099)^{***}(0.11)\quad(0.355)*$$

$$R^2 = 0.376\ 8\quad F = 4.47^{***} \tag{2-5}$$

　　式中括号内为稳健标准误和系数显著度。可以看出,在控制了资本与劳动力对经济增长的影响后,Zipf 指数在 10% 显著度下对人均 GDP 产生反向影响。从 2016 年分省的规律来看,Zipf 指数越低、城市规模结构越集中的省份,越能够发挥出较高的要素集聚效应和经济辐射效应,实现区域经济的较快增长。

进一步具体分析我国城市体系规模结构的区域差异特征及其成因。从表2-8中大部分省份的Zipf指数均小于1可以得出,相对于理想状态的位序—规模分布规律,我国大多数省份内的城市级别差距仍较大,城市体系更偏向集中化。在空间分布上,我国省域城市规模—位序结构由东—中—西方向大致呈集中—分散—集中趋势;受区域禀赋差异影响,城市位序—规模结构的省域间特征表现出多样化和复杂性。

首先,东部沿海发达省份的城市规模结构大都为集中化模式。广东、江苏等城镇化水平较高的省份已经孕育形成了较为成熟的现代城市群和都市圈,周边小城市和农村区域强烈依靠中心城市的辐射和虹吸作用,各种要素集中流向核心大城市,导致城市之间的差距拉大,城市体系分布趋异化。典型的如广东省的Zipf指数为0.84,作为发达省份既有城市人口和工业高度集聚的珠江三角洲区域,又有城市发展相对滞后的粤北和粤西地区,从而形成了较集中的城市位序—规模格局。

其次,以中部和西南部为代表的内陆省份基本以城市规模结构较均衡、分布较分散为基本特征。这与余宇莹等(2012)对2003—2008年中国城市分形特征的实证研究的结论一致:与东部地区相比,中西部地区的城市规模分布较为均匀,城市体系的均衡化和扁平化程度更高。实际上,诸如河南、安徽、山西等中部省份,以及云南、贵州、四川等西南省份均为内陆欠发达省份。这些区域的人均收入普遍较低,城镇化进程较为滞后,尤其是历史、地理和自然条件导致初始城市分布以中小城市为主,区域中心城市或首位城市普遍级别不高、发展滞后,因此城市位序—规模结构相对较为扁平化。

再次,内蒙古、青海、陕西、新疆等西北省份反而表现为城市位序—规模结构的集中化,级别差距相对较大。这些省份的地理空间广阔、地形复杂、运输条件较差,导致低级别城市很难形成要素集聚效应;而且这些地区往往被定位为生态脆弱区或涵养区,承担着生态环境保护和修复重要责任,不宜搞大开发;这就使得西北的城市体系本质上不适合中小城市林立、人口分散居住模式。历史上,这些地区的城市人口更多地集中居住在省会(或首府)

城市,近年来发展趋势也是人口往省会城市流动,导致城市级别差距拉大。

最后,有两种异常现象值得特别关注和深入分析:一种是山东、浙江等沿海经济强省,却拥有相对分散的城市位序—规模分布。究其原因,一是在于这些省份在省会城市之外均有一个较强的副中心城市,例如青岛、宁波等城市的经济体量甚至可匹敌某些内陆省份,这种“双子星”的城市格局更容易带动城市体系的分散化。二是,这些省份均以民营经济、县域经济发达著称,政府体制内资源对高级别城市的天然偏向性相对来说不太严重。三是,自下而上形成的星罗密布的乡镇企业、发达的县域经济也强势带动了中小城市的崛起,助推了城市体系的下沉,走出了一条城市体系均衡发展路径。另一种是江西、湖南等中部省份,却拥有比较集中的城市位序—规模分布。这些省份近年来比较热衷于“强省会”战略,甚至采取了撤县设区、城市合并等行政区划调整以做大中心城市。这些中部省份的大多数城市都属于人口净流出地区,“强省会”战略的一个好处是可以将以往“跨省”流向发达省份的劳动力引流到省内中心城市就业居住,这在人口增速持续下滑、人才竞争日趋激烈背景下可以更好地支撑本省经济社会发展。“一城独大”模式也容易造成各种优势资源被虹吸到中心城市,间接导致省域内的众多中小城市出现产业“空心化”、年轻人口“流失”等问题。

第三节　我国城市体系演变的历史回顾与趋势研判

一、1980—1995 年:小城镇崛起与城市体系扁平化

(一)“离土不离乡”式非农迁移与小城镇崛起

改革开放以前,我国人口的居住与就业受到严格的户籍制度及计划经济体制的约束,流动性较弱。由于要素配置由国家计划经济体制决定,我国城市体系基本保持了初始禀赋状况,大、中、小城市的规模结构特征没有太大变化。在国家行政力量干预下,城市体系也发生了一些微调。例如 20 世

纪 60—70 年代的"三线建设"背景下重工业大规模迁往中西部偏僻地区,实质上促进了成都、重庆、贵阳、安顺、汉中、绵阳等内陆城市的发展和新兴城镇出现。

20 世纪 80 年代到 90 年代初,由于国家对乡—城人口迁移及城市间人口流动施行了严格管控,而且农业生产制度和农村生产组织方式先于城市进行了改革,从而带动乡镇企业异军突起。受此影响,我国城市体系的转变也同样是从小城镇崛起开始破局,走出一条"农村包围城市"的演变路径。

这一时期我国城市的规模普遍偏小,规模级别差距尚没有拉开,城市体系相对较为均衡。将城市规模按照从小到大排序,将其在总样本中人口累加的比重画出洛伦兹曲线并计算基尼系数。根据本书的测算,1995 年我国城市的基尼系数仅为 0.43,而同期巴西为 0.65,印度为 0.58,美国为 0.54。这一时期我国规模增长最快的城市一是内陆的地级以上城市,其凭借行政级别高、铁路交通便利等优势获得较快增长;二是沿海的新崛起的县级城市,其凭借的是乡镇企业异军突起及乡村工业化。根据奥和亨德森(2002)采用工具变量的参数估计,按照制造业与服务业比值为 2∶1 测算,1990 年我国有 43% 的城市低于自身最优规模,普遍存在集聚度较低的情况。

城市体系扁平化的主要原因在于这一时期人口流动和非农迁移的特点为"离土不离乡、进厂不进城",这也带动了以广大农村为腹地的新城镇层出不穷,尤其是发达大城市周边的小城镇、县域经济体快速发展壮大,以自下而上的方式带动了我国城市体系规模结构的重心下沉。从表 2-9 可以看出,毗邻农村富余劳动力来源地的乡镇企业成为这一时期吸纳新增非农就业的主力军:1980 年乡镇企业就业人员数仅为国有单位的 37%。到 1995 年这一比例已经上升为 114%。在农民工就地就近迁移方式影响下,这一时期我国小城市、县城的数量和人口规模快速增长。据统计,1980—1991 年我国建制镇个数从 2 692 个快速增加到了 12 455 个,年均增加 888 个,增幅高达 363%,远高于同期城市总数 145% 的增幅[1]。从表 2-9 也可看出,期间建制镇的人口规模快速膨胀,与地级以上城市的人口数量差距不断缩小,两者比

---

① 简新华,何志扬,黄锟.中国城镇化与特色城镇化道路[M].济南:山东人民出版社,2010.

值从 1980 年的 0.23∶1,迅速上升到了 1995 年的 0.33∶1。

　　城市体系扁平化的另一个原因在于户籍制度和乡镇企业限制了人口和企业的集聚。以乡镇企业为主的工业化方式对产业类型和企业选址的限制较大,居民无法卖掉自己的乡镇企业股份迁移到其他城市,企业也很难离开乡土社会而搬迁到其他区域实现集群集聚发展,结果城市人口与产业的自发性非均匀聚集失效。

表 2-9　20 世纪 80—90 年代乡镇企业与建制镇的快速发展

年份	1980	1985	1990	1995
A.乡镇企业就业人员数(万人)	3 000	6 979	9 265	12 862
B.国有单位就业人员数(万人)	8 019	8 990	10 346	11 261
A/B	0.37	0.78	0.90	1.14
C.建制镇非农业人口数(万人)	4 415	7 221	8 980	11 466
D.地级以上城市人口数(万人)	19 140	25 094	30 195	35 174
C/D	0.23	0.29	0.30	0.33

资料来源:国家统计局.中国城市统计年鉴(2011)[M].北京:中国统计出版社,2011.

(二)小城镇模式与城市体系过度分散的生态影响

　　以乡镇企业为主导的人口本地化迁移模式带动了城市体系的扁平化与底部提升。这一时期的学术研究和政策实践也大都主张发展县域经济和小城镇模式[1][2],并形成了"严格控制大城市、合理发展中小城市、鼓励小城镇"的政策取向。虽然这符合当时城市体系演化的事实,并在一定程度上促进了城乡协调发展;但是长期压制大城市、发展小城镇的政策助长小城镇的数量急剧增多,也产生了城市规模普遍较小、缺乏规模效应、污染物处置低效等问题。

　　第一,小城镇的数量多、规模小、分布分散,由此造成城市间物流运输成

　①　费孝通.小城镇新开拓(一)[J].瞭望周刊,1984(51):26-27.
　②　许学强,胡华颖.对外开放加速珠江三角洲市镇发展[J].地理学报,1988(03):201-212.

本高、市场范围窄、商品多样性差、产业集聚度低、知识扩散慢等弱势,最终必然导致企业生产效率低下,城市的外部规模效应难以发挥①②。事实上,乡镇企业由于难以发挥现代企业管理制度与大规模生产的技术优势,在90年代中期之后逐渐走向衰落。

第二,小城镇由于人口少、空间距离分散,基本公共服务供给成本如果分摊到每个纳税人,人均费用会分摊更多,经济效率更低;而小城镇的财政收入一般也比较薄弱,普遍难以负担大规模基础设施建设费用。这就导致许多小城镇的垃圾、污水、废弃处理等市政服务功能缺失,甚至还保持着农村的面貌,难以持续吸引人口流入。

第三,由于分散治污难以实现规模效益,以及污染治理的成本—收益存在不匹配,小城镇往往难以建立和运营大型的环境污染防治设施。很多乡镇企业甚至严重依赖资源的高消耗和污染物的高排放,特别是对土地的低效利用,以及对生态环境的非补偿性损害来获得超额利润,这就更容易造成国土资源的浪费以及区域生态环境恶化。

总之,“离土不离乡”的小城镇发展模式属于特定历史时期的产物,并不符合城市规模结构优化的客观规律,而且在综合生态上并不占优,小城镇为主导的城市体系分散化和规模结构扁平化也很难长期持续。

二、1995—2012 年:大城市膨胀与城市体系两级分化

(一)城市体系两级分化的主要表现

从1995年到2012年,国内城镇化的重点转变为东部沿海大城市,人口与资源也持续向高级别的城市集中,形成了一大批两百万人口以上级别的大城市。在政策层面,这一时期城市成为区域经济社会发展的中心,城市发展战略也被列为国家重点战略。虽然在党的十六大报告与“十一五”规划中,我国城市发展战略进一步明确为“坚持大中小城市和小城镇协调发展”,但是期间高位次城市的规模仍进一步膨胀,中小城市发育滞后,城市规模结

---

① 王小鲁.中国城镇化路径与城市规模的经济学分析[J].经济研究,2010(10).
② 陈甫军,景普秋,陈爱民.中国城镇化道路新论[M].北京:商务印书馆,2009:43.

构的两极分化越来越明显。在学术研究层面,这一时期学界的热点是研究
集中型和点状扩展的城市发展模式,主张珠三角、长三角模式的大城市化成
为主流[1]。例如 Roger(2002)、henderson(2007)的研究认为,中国处于城镇化
初始阶段时的主要问题是城市数量多、个体规模小,城市体系演变的自然性
质和特征决定了当时城镇化的增长主要集中在大城市。城市体系两级分化
主要表现在:

第一,城市规模级别差距不断拉大。少数大城市与超大城市的扩张速
度远超世界平均水平,自我膨胀与向心集中倾向不断增强;数量庞大的小城
市与小城镇由于缺乏有效的产业支撑与区域辐射力,与大城市相比处于相
对萎缩状态。据《中国城市统计年鉴》测算,2016 年我国百万人口以上大城
市的人口比重为 25%,要比改革开放初的 1978 年提高了 17 个百分点,而且
也远高于相同城镇化阶段国家的平均水平。另据表 2-7 所示,我国城市位
序—规模结构的 Zif 指数从 2008 年的 1.005 1,持续下降到 2014 年的 0.911 4,
其间城市体系的集中化程度提高了 9.3%。

第二,城市空间分布的异质性。2012 年东部地区的城市人口数达到
36 056 万人,超过中部和西部城市人口的总和 32 615 万人[2]。东部地区以北
上广深等超(特)大城市为核心,越来越集聚各种优势要素,形成了一批世界
级的城市群,成为我国城市体系中首要的增长级。而这一时期中西部城市
的规模普遍偏小、长期发展乏力;内陆城市群和新增长极尚在孕育中而没有
发展成形,城市间的空间溢出效应与辐射、扩散机制尚未有效发挥。尤其是
在国企改革和市场经济大潮冲击下,中西部、东北部的一些老工业城市面临
着产业萎缩与人口流失的重大转折,成为城市体系的"凹陷地带"。

第三,城镇化水平的区域差距悬殊。我国东部的城镇化远快于中西部,
城镇化率的较大差距也反映了我国城市体系规模结构的两级分化。据国家
统计局数据测算,从 1995 年到 2012 年,我国东部地区城镇化率年均提升
1.53 个百分点;中部和西部的城镇化率仅年均提升 1.23 和 0.38 个百分点,

---

① 胡兆量.北京"浙江村":温州模式的异地城镇化[J].城市规划汇刊,1997(3).
② 住房和城乡建设部:《城乡建设统计年鉴》.

城市人口比重的区域差距不断拉大①。我国城镇化水平从东到西递减的区域梯度格局已基本形成:城镇化率最高的地区是北京、天津和上海等3个沿海的直辖市,其次是珠三角、长三角、环渤海湾等城市群地区,再次是作为老工业基地的东北三省,城镇化率平均为58.8%;而中部省份和西部省份的城镇化率平均分别仅为47.98%和44.3%,普遍还处于城镇化前期,成为城市体系的凹地。

(二)城市体系两极分化的主要原因

第一,国际上劳动密集型产业在这一时期大量转移到我国沿海地区,带动了沿海大城市和城市群率先崛起。从二战后到21世纪初,国际上劳动密集型产业的梯度转移暨全球制造业中心经历了由美欧—日本—亚洲四小龙—中国沿海的过程。20世纪90年代以后,我国沿海大城市通过大力发展外向型制造业、对外贸易、吸引外商投资建立起了先发优势,不断吸引以农民工为主的流动人口群体跨区域就业,率先实现了城市加速扩张,发育形成了东部沿海三大城市群,拉大了城市体系级别差距。

第二,这一时期以农村富余劳动力为代表的流动人口不再倾向本地化非农就业,而是开始大规模从中西部"跨省流动"到东部发达地区及大城市,形成了独特的"民工潮""两栖式迁徙"现象。这在客观上延续和强化了东部大城市的人口红利和低劳动力成本优势,进一步促进了东部城市体系的集中化趋势。劳动力"两栖式东南流"持续降低了劳动力成本优势,在某种意义上是抵消或弥补了东部大城市的生态成本和资源环境代价,从而强化了大城市的集中膨胀倾向。随着资本与劳动等要素不断流向就业机会更多、收入更高、市场潜能更大的大城市,进而形成集聚效应的正循环,强化了我国城市体系规模结构的两极分化特征。

第三,城市政府在地方GDP竞赛模式下以企业思路经营城市,无论是采取高房价—高地价—高财政收入—高城市增长联动模式,还是采取金融倾斜或财税补贴模式,往往更受益的是大城市、高级别城市,这就形成了"强者愈强、弱者愈弱"的城市体系格局。以高杠杆率、土地政策拉动的房地产经

---

① 国家统计局.中国统计年鉴(2018)[M].北京:中国统计出版社,2019.

济模式也助推了大城市的扩张速度。在传统上,经济波动时政府的扩张性财政政策和货币政策的主要帮扶领域仍集中在核心城市,这实际上助长了城市集中趋势,推迟了本应发生的城市体系的分散化。

三、2012年至今:新兴城市群涌现与城市体系均衡化

(一)城市体系均衡化的主要表现

近年来国家相继出台了一系列区域均衡化战略措施,一批位于中西部的重大项目不断落地,以扶植中西部落后地区发展。一些强省会城市、区域中心城市抓住2008年金融危机以后产业内迁与人口回流的窗口机遇:一方面招商引资,大力承接外向型产业内迁,不断夯实产业基础;另一方面重视吸纳包括农民工、大学生、高技能人才等在内的各层次人口流入。人口与产业的良性互动不仅促进了武汉、郑州、成都、西安等一批中西部城市自身发展壮大,有些已经成为带动内陆发展的新增长极;而且能够有效辐射、带动周边地区,形成了中原城市群、关中城市群、武汉都市圈等一批新兴城市群,从而在全国范围内促成了城市体系规模结构的均衡化态势。如表2-10所示,从2012年到2017年,中部的合肥、郑州、芜湖、洛阳等省会城市或区域中心城市的人口规模增幅均大于20%,西部省会城市贵阳、西安的人口也迅猛增长,增速远远快于东部的北京和上海等超特大城市,在经历了前期城市规模结构的极化趋势阶段后,再次进入均衡化发展阶段。

表2-10　2012—2017年中东西部代表性城市主要经济数据的变动情况(%)

	城市	市区人口数增幅	从业人员数增幅	规模以上工业企业数增幅	固定资产投资增幅
东部地区	北京	10.80	16.04	-8.11	27.10
	上海	7.11	15.36	-15.68	28.57
中部地区	合肥	21.51	33.70	-6.79	53.97
	芜湖	20.75	23.87	15.75	76.45
	郑州	27.50	29.23	9.04	117.45
	洛阳	24.33	6.88	56.47	140.80

续表2-10

	城市	市区人口数增幅	从业人员数增幅	规模以上工业企业数增幅	固定资产投资增幅
西部地区	贵阳	11.75	37.17	54.95	77.07
	西安	34.60	29.59	76.76	26.38

数据来源：《中国城市数据库》,https://www.epsnet.com.cn/.

(二)城市体系均衡化的主要原因

第一,近年来城市体系的均衡化趋势的首要原因在于区域产业布局的重大转变。以往集中在东部沿海的外向型产业、劳动密集型产业等,在2012年之后开始大规模地向中西部梯度转移。2008年金融危机之后,珠三角地区明确提出"腾笼换鸟"战略,从政府取向上开始推进劳动密集型产业及加工制造环节向低梯度地区转移。从2010年开始,制造业巨头富士康也大规模向中西部的河南、安徽、陕西等省份转移生产线布局,进而带动其上下游产业链上的众多企业,形成了新一轮产业内迁潮流。在此背景下,内陆省份的中小城市、省会城市成为最早的承接者[①]。一大批中西部城市抓住产业内迁与人口回流的窗口期机遇,创办产业集聚区、工业园区以大力承接外向型产业内迁,带动农民工回流就业;这些以往发展滞后的内陆城市不仅迎来了自身发展机会,而且辐射、带动周边地区形成了一大批新兴城市群落。如表2-10所示,从2012年到2017年,北京、上海等东部超大城市的中低端企业不断外迁,规模以上工业企业数量分别减少了8%和16%;而中西部的郑州、芜湖、洛阳等后发城市则通过主动承接外迁产业,不仅实现了工业企业数量大幅增加,而且固定资产投资额年均增速普遍高达10%以上,远高于先发城市北京、上海的3.7%和2.3%。有力促进了城市体系的均衡化。

第二,在经济收益与生活成本、生态成本的此消彼长变动及比较下,人口与劳动力在迁移决策中开始出现流向中小城市或内陆省会城市居住、就

---

① 苏红键,赵坚.产业专业化、职能专业化与城市经济增长:基于中国地级单位面板数据的研究[J].中国工业经济,2011(04):25-34.

业的新趋势。一方面,近年来内陆后发城市的就业机会大大增加,为吸纳人口流入提供了坚实的经济基础。如表2-10,2012—2017年,北京、上海的从业人员数仅增长了16%和15%,而中部省会城市合肥、郑州和西部省会城市贵阳、西安的就业容量均扩大了30%左右,对流动人口的吸纳力大大增加。另一方面,近年来超特大城市的房地产价格不断攀升,高居住成本、环境污染成本也对人口流出形成了推力。在迁移收益—成本的此消彼长作用下,流动人口越来越倾向于"回流"到中西部家乡附近的中小城市、省会城市务工或自主创业,这也加速了城市体系的均衡化趋势。

第三,中西部新兴城市群的不断涌现和初步成型。我国拥有珠三角、长三角、京津唐等传统上的三大沿海城市群,这些城市群的形成原理、经济功能、区域布局与发展战略均是近年来学界的主流关注要点。近年来随着西部大开发、中部崛起等战略的实施,中西部的一些省会城市、区域中心城市开始引领周边地区联动发展,形成了若干大的内陆城市群落。据方创琳等(2008)采用聚类分析法的研究结论,近年来中原城市群、武汉都市圈、长株潭城市群与关中城市群等都已经表现出中度紧凑特征。这些内陆新兴城市群的中心城市辐射作用较为明显,城市体系级别与产业分工逐渐形成,城市之间的经济往来与关联度不断增强,有力地推进了我国城市体系的均衡发展态势。

当前我国整体已迈入城镇化中期的后半阶段,就像诺瑟姆曲线规律及西方发达国家普遍经验揭示的那样,我国也会持续出现新兴城市不断崛起、新城市群落陆续成形、城市体系规模结构均衡化、空间布局分散化的演变路径。这不仅有利于我国实现城市体系的重构优化,而且有利于巩固"精准扶贫"效果和缩小区域收入差距,对于中国这样一个发展中大国具有重要积极意义。

四、未来10—20年我国城市体系演变趋势研判

虽然目前"大中小城市和小城镇协调发展"已被明确为国家城镇化战略的指导思想,但是这种平衡各方利益关系的原则性说法无法回答未来城市体系的具体形态和依托重点等问题,对政策实践也缺乏实质性指导意义。

中国国土范围辽阔、区域禀赋差异较大、城市体系演变的影响因素错综复杂而相互作用,因此对城市体系演变趋势的预判不仅要理论联系实际,对全国城市发展重点和城市体系的结构分布变动进行总体把握;而且必须具体化、区域化、因地制宜①。例如,安虎森等(2007)利用市场潜能函数的分析指出,在经济发展水平较低的地区,应以小城镇为发展中心;在发达地区,大城市和城市群将是城市体系的基本形态。尚启君(2007)的研究认为,无法转变的自然地理条件是确定以何种城市为主导重心的决定因素②,因此城市体系的产生与演变具有内生规律性。管清友(2010)对英国和美国的研究得出,能源利用方式与交通运输条件显著影响着不同国家城市体系演变方式,交通效率的改进与能源利用的绿色化改造决定着大城市的可持续发展路径,进而决定着城市体系是趋同或是趋异转变③。

根据对我国城市规模结构与分形特征的研究结论,结合对我国城市体系演变的历史特征研究,借鉴国外城市体系演变的典型经验与理论规律,对未来10—20年我国城市体系的演变趋势做出以下研判:

第一,城市体系规模结构总体会出现持续的扁平化、分散化趋势。西方一些发达国家具有和我国类似的自然、地理和人口禀赋特征,这些国家大都经历了城镇化前期城市集中点状膨胀与城市体系两极分化阶段;城镇化中后期的质量提升、规模结构扁平化、空间分布分散化趋势;这一转折点一般出现在城镇化率达到60%左右时。根据城市体系演变的这一普遍拐点规律,当前我国整体尤其是东部地区已经进入城镇化中后期,会率先出现中小城市加速崛起、城市布局多中心扩散、城镇化重心下沉等趋势,持续带动城市体系的扁平化和均衡化。

第二,城市体系会迈入多中心的城市群、城市圈、城市网(带)快速形成与发展时期。东部现有的城市群会进一步扩张增大,带动要素集聚规模不断扩大;中西部的新兴城市群也将进入快速发展阶段,中原城市群、成渝城市群等一些较大的城市群将会成为带动全国发展的新增长极。这一方面是

① 许秋星.试论我国城镇化道路的选择[J].中国城市经济,2005(5).
② 尚启君.论城镇化模式的决定因素与我国的城镇化道路[J].经济经纬,2007(4).
③ 管清友.能源—交通体系与城镇化模式[J].中国市场,2010(50).

顺应城市发展规律与后期扩散效应的必然结果;另一方面也是区域经济协调发展与城市分工协作的客观要求。中国作为一个幅员辽阔,但是经济基础薄弱的二元经济体制国家,大城市决不能孤立式发展,必须发挥自身辐射力,联系带动周边中小城市、农村地区实现分工合作和共同发展。在同一区域范围内,大城市会带动周边城市形成城市圈。这方面可以借鉴日本东京的核心区集中工作岗位、卫星城承载居住与生活功能的多中心城市群模式,并依据产业在价值链的层次高低,在不同级别城市实行产业的差别化梯度布局,以多中心分工合作的城市群模式助力区域经济协调发展。

第三,未来城市体系扩展的重点城市是 200 万—500 万人口的大城市,而不是小城市或超特大城市。这些位序在 20—100 位的城市会加速吸引人口流入与产业集聚,不仅与低位序的小城市间的差距逐渐拉大,而且也能对周边较广阔的城乡区域发挥辐射带动作用,作为城市体系的中间城市起到"承上启下"的连接作用,发挥经济集聚和综合生态维护的双重效应,形成"大城市集团的共同极化",进一步促使城市结构的"扁平化"演变。

第四,城市体系的职能结构出现分化。城市职能结构是指不同城市在国家或区域城市体系中所起的作用和承担的分工,包括专业化部门、职能强度和职能规模。[①] 在城镇化发展到中后期阶段后,随着城市间人才、资金与资源的快速重构。一方面,我国大城市会在发达的商贸、娱乐等传统服务业基础上,进一步汇集基于创新能力和高素质人才优势的金融、会计、法律、研发、商业服务等知识型产业和生产性服务业,并且职能结构更加多样化、综合化。另一方面,小城市更加专注发展制造业、物流运输、康养产业等,并且职能结构更加单一化、专业化。小城市拥有劳动力、土地资源丰裕等优势,适合集中于工业生产的某一门类,或专注于产业链、供应链分工中的某一环节,充分发挥地方化经济效应,而不适于追求"大而全"。

第五,城市体系演变路径出现区域分异,增长扩张的重点区域更多在中部地区。根据诺瑟姆曲线规律,未来 10—20 年东部发达地区、大城市的人口增长速度会逐渐慢下来,转而进入人口结构优化、产业结构升级、空间分布

---

① 周一星,孙则昕.再论中国城市的职能分类[J].地理研究,1997(01):11–22.

精细化阶段。西部地区可能会更多承担生态涵养和水土维系功能,某些城市在产业引入与人口增长上会受到一定限制。但是中部地区仍处在城镇化加速的黄金期,因此城市体系的推进重点将会进一步向中部的大中城市转移。这不仅可以有效改进城市体系的质量与结构缺陷,而且能够进一步推进区域均衡发展与实现"共同富裕"。

第六,考虑到生态系统的成本约束与承载力限制,我国东部和西部地区均不适合作为未来城市体系扩张的重点区域。首先,东部地区的人口存量基数已经较大,受资源环境约束,产业持续外迁与新流入人口减缓属正常现象。大城市发展到一定发达程度后,必然会要求一些占地较多、污染较重、生态风险较大的重化工业与某些生产加工部门转移出去,这也会引导一部分普通劳动力追随迁出,以缓解城市住房、交通及生态环境压力。另一方面,地理自然环境对城市体系延伸的限制是无法逾越的。我国的宜居地形和气候大都在东部沿海与中部平原,西部广袤的高原山地在天然上不适合人口高度集聚,也很少形成较大规模城市。西部地区大部分区域要么是高山、高原、高寒、沙漠、戈壁等生态脆弱区,要么是草原、林地、水源等生态供给区与涵养区,作为生态保护的主要依托地,不适合作为城市体系发展的重点。

第三章
城市体系规模结构与生态系统的理论关系机理

第一节　城市体系生态优化的理论基础及评述

一、生态系统理论

生态系统是由"经济—社会—自然"等子系统组成的复合系统,三个不同性质的子系统之间存在辩证统一关系:经济子系统是社会子系统的前提和基础;社会子系统是经济子系统的上层建筑和保障;自然子系统是整个复合生态系统的约束或支撑条件。"经济—社会—自然"复合生态系统理论蕴含着对唯物辩证法和现代系统论原理的应用,在传统经济发展目标之外,进一步凸显了人类社会属性与自然属性的不可分割性,强调人与自然、经济与环境、整体与局部关系在时间、空间、数量、结构层面上的耦合共生性,逐渐得到人们的认可并广泛应用于实践中。

以经济增长为主要导向的发展战略容易导致对自然资源的过度索取,损害自然环境子系统对经济社会发展的可持续支撑作用,这就涉及生态环境容量的有限性和生态系统的承载力问题。环境容量、生态承载力是指某一环境区域对人类经济社会活动造成各种污染影响的最大容纳量,也是生态环境系统所能承受的人类经济社会活动强度的阈值。该阈值可以随着空间范围扩张、环境治理能力提升、经济活动强度降低而得到一定限度的提高。在传统经济发展观下,人类经济活动往往忽视了自然资源和生态环境承载力的有限性,没能维持自然生态资本的非减性与生态环境的良性循环,因此一些盲目的经济活动经常受到自然生态系统的惩罚。当人类认识了生态规律或受到生态规律的惩罚后,就开始重视按生态规律办事,由单一追求经济高速发展,转向寻求整个生态系统的和谐稳定。

二、城市生态系统理论

城市生态系统是以人类意愿、人类科技和社会行为为主导而创建的一种特殊的复合型、人工化、动态性生态系统。

第一,城市生态系统具有脆弱性和依赖性特点。由于城市是人与人之间高密度、小空间、高频度交流的场所,因此城市生态系统面对环境损害的缓冲余地更小。城市人工系统运转产生的各种废弃物如果在紧凑空间内超量增长,会在多方面影响生态环境的均衡状态与变动路径。如果经济—社会子系统对自然环境的胁迫与冲击超过系统的某一"阈值",甚至可能导致生态灾害的发生。

第二,城市生态系统具有系统性和综合性特点。与一般生态系统不同,城市生态系统以人为中心不断进行物质、能量、信息交换活动,将经济—社会系统作为整个生态系统的核心。经济—社会系统具有人口密集、要素集聚、知识扩散、物质文明程度高等特点,是城市居民进行生产、居住活动的载体;自然生态系统具有空间广阔、资源充足、生物多样、景观优美等特点,又为城市的生存和发展提供了必要载体;各子系统之间相互依存,形成城市生态系统的有机统一。

第三,城市生态系统以满足人的需求的实用性和决策性为根本。城市生态系统理论将城市总体的综合生态绩效与环境质量作为价值取向,调节城市体系中各生态要素之间的关系,包括各级别城市之间的关系,单个城市内部生产、生活、生态空间的关系,经济发展与资源环境承载力之间的关系等。城市生态系统理论的政策建议并非中性,而是强调要以人的全面可持续发展为核心,在城市经济社会发展中合理、有节制地配置资源,多使用可再生资源、绿色能源,不因眼前的利益而用"掠夺"方式推动城市"过度繁荣"。

三、城市体系演化的集聚—分散效应

新经济地理学理论认为,受要素空间流动与资源配置效率影响的集聚—分散效应对城市体系规模结构演化起着支配性作用。在理论上,集聚效应主要来源于三个层次的"规模经济":

第一个层次是企业内部的规模经济,即企业规模达到一定程度带来的生产专业化程度提高、产品类型多样化和服务品类扩大的"范围经济",以及企业沿着产业链往上下游拓展或与不同企业之间兼并重组带来的"关联经济"等诸多益处。这些益处可以提高劳动生产率,降低单位要素使用成本,使得产出增长率大于各种要素的投入增长率,因此能够带来规模报酬的递增。

第二个层次是企业外部、行业内部的规模经济,是由于企业在特定区域集聚集群发展带来的规模经济好处。各地普遍兴建产业集聚区、产业园、开发区就是要发挥这个层次的规模经济效应。特别是利用少数龙头企业带动供应商、销售商、服务商在其周边形成空间集聚,可以有效降低物流成本、人员招聘成本、交易成本,还可以发挥产业集群的品牌效应、知识溢出效应等。

第三个层次是整个城市范围的规模经济,是由于生产活动在城市范围内高度集聚带来的好处。新经济地理学认为,经济活动之所以会集中在高密度城市,而不是在广阔空间均匀分布,主要来源于要素空间集中带来的"本地市场效应"与"生活成本效应"。"本地市场效应"是指企业在特定空间范围内集中布局带来的一些节约成本的好处,例如销售市场与熟练劳动力市场的集中与扩大、要素使用成本与物流成本降低、上下游产业链完善等[1][2]。"生活成本效应"是指劳动者集中在城市区域生活可以满足多样化偏好,并节约运输费用、降低生活成本、易于就业转换。另有学者认为,在当

---

[1] "本地市场效应"与区域经济理论中所谓"地方专业化效应"与"城镇化效应"的涵义基本等同。

[2] 陈秀山,张可云.区域经济理论[M].北京:商务印书馆,2003:89-93.

前信息化时代,知识外溢、信息共享等城市层面的"外部规模经济效应"重要性越来越大①。

根据缪尔达尔的循环累积因果关系理论,城市体系中的集聚效应具有自我增强的特性②。如图3-1所示,假设某种外部条件使得人口涌向特定中心城市工作及居住,在"本地市场效应"作用下,流入地的市场规模扩大使得其对企业的吸引力增强。产业链倾向于在特定区域集中分布,以更好发挥中间品生产的规模经济效应、人才市场的共享效应,以及知识与信息的溢出效应,企业不断通过横向联合和纵向延伸实现集聚扩张,最终会带动初始中心城市的人口和产业持续扩大。

中心城市的产业集聚与人口规模扩张进一步发挥"生活成本效应"的作用,使得消费者的实际收入水平提高与多样化偏好得到满足,进一步驱使人口流向中心城市。另外,不仅产业投资和人口流动具有集聚效应,教育、医疗、交通、污染治理等公共服务和市政基础设施也都具有集聚效应,更适合在人口稠密的城市区域形成规模经济。这种集聚效应的循环增强机制最终会带来城市体系的点状集中与两级分化。

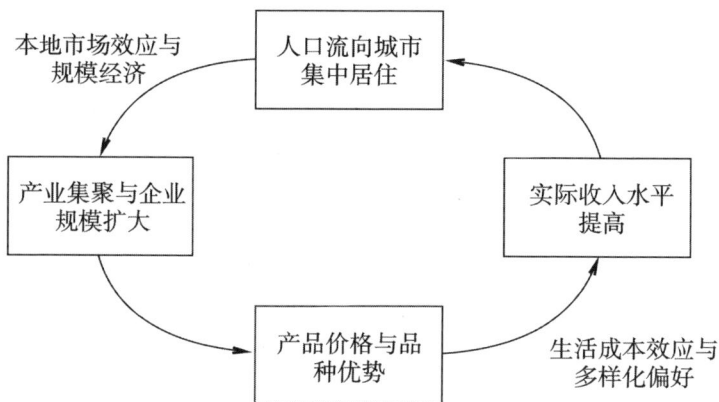

图3-1　集聚效应的循环累积因果关系

① 陈良文,杨开忠.集聚与分散:新经济地理学模型与城市内部空间结构、外部规模经济效应的整合研究[J].经济学(季刊),2008(01):53-70.
② 陈秀山,张可云.区域经济理论[M].北京:商务印书馆,2003:339-345.

城市生产的规模经济和生活的多样化偏好会持续刺激城市体系集中化。Mills（1967）以城市供求关系和内部结构特征的研究认为：一方面，城市规模结构集中化的正向动能主要是在工业生产中普遍存在的规模经济和生活成本上的多样化偏好。它们导致厂商和劳动者在大型城市聚合体中聚集，而不是在均匀分布在某个经济地理区域。另一方面，厂商通过"知识交流"加速吸纳新技术，"专业化"和"成本共享"降低了中间投入品价格，劳动者在城市就业的"搜寻—匹配成本"进一步降低，这些城市经济集聚的好处极大地提高了生产率。

人口与产业在既定城市空间的过度聚集如果超过某一阈值，也会造成较多的外部不经济。例如，厂商集中分布在大城市会提高工人的通勤成本，导致 CBD 周边区域的地租高涨，居住和消费成本上升。这种外部效应会产生离心力，导经济活动转向分散布局。早期的研究中，佩鲁（F. Perrour）的增长极理论、赫尔希曼（A. O. Hirschman）的渗透与极化效应理论、缪尔达尔（G. Myrdal）的扩散与回流效应理论都从不同角度、方式阐释了要素分布扩散化与城市体系均衡化的演变机制[①]。传统的新经济地理学模型仅从本地企业之间相互竞争过于激烈造成的所谓"市场拥挤效应"[②]来解释均衡化机制。Tabuchi（1998）在新经济地理学模型框架中加入了城市交通及住宅市场，认为城市内部的通勤成本及住宅消费提高是造成经济集聚度降低的重要分散力。Anas（2002）基于城市空间理论的分析结论为：城市规模的扩张如果超过一定限度，最优城市规模即要素效率最大化的聚集程度会持续降低，最终导致经济活动的分散化。

四、城市体系演化与诺瑟姆曲线规律

根据著名的"诺瑟姆曲线"规律（Northam，1975）[③]，一个国家或地区的城镇化进程基本表现为速度先增后减的"S"型曲线规律，其分界点大概在城镇化率 60％左右，如图 3-2 所示，第一阶段为城镇化率低于 30％的初始阶段，

① 陈秀山，张可云.区域经济理论[M].北京:商务印书馆,2003:195-204.

② "市场拥挤效应"也被称为"本地竞争效应"。

③ Ray M. Northam, *Urban Geography*, John Wiley&Sons,1975:303-304.

这时城镇化推进速度较慢,人口的乡—城迁移主要目的地是发达地区和大城市。我国在 20 世纪 80—90 年代基本处于这一阶段。

　　第二阶段为城镇化率达到 30%—60% 时,此时城市人口增长和产业扩张速度快速提升,有效带动经济要素集聚,资本和劳动投入普遍具有规模报酬递增效应,城镇化进入高速发展期。我国在 2001 年到 2015 年基本处于这一阶段。

　　第三阶段为城镇化率超过 60% 左右以后,城市发展进入到 Logistic 曲线较平缓阶段,此时不仅城市增长速度会逐渐慢下来,而且在扩散力作用下,城市发展会进入结构改善阶段。我国在 2015 年之后逐渐分区域迈入这一阶段。此时城市体系中大城市和发达区域会将劳动密集型产业等低附加值产业转移到中小城市和落后区域,自己通过产业结构优化升级,承担更为高端的金融服务、科技研发、总部经济、生产性服务业等资本或知识密集型产业。这种城市功能的细化与分化进而带动次级新兴城市与新城市群崛起,城市体系分布由集中转向分散,城市体系规模结构开始呈现扁平化。

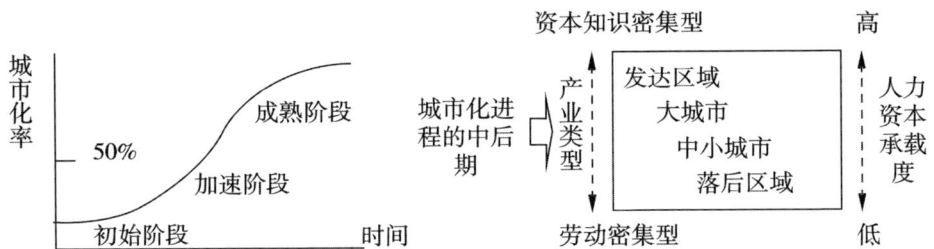

图 3-2　基于集聚—分散效应的城市体系演变

　　与集聚效应的自我强化机制类似,城镇化中后期的城市体系的扁平化与分散化也具有方向相反的循环累积因果关系。如图 3-3 所示,假设经济开始处于平衡状态,任何外部条件的冲击都会使得要素集聚或分散效果产生类似图 3-1 的循环往复机制,即使初始条件消失,这一过程也不会自发回到均衡状态,而是强化了非均衡状态。

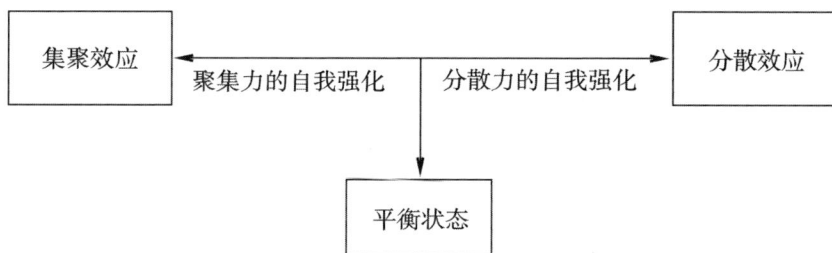

图 3-3　集聚效应与分散效应的自我强化机制

在城镇化中后期,一个国家或区域的城市体系规模结构究竟是朝极化方向演变还是趋于均衡? 城市体系作为整体能否由发展初期的集聚效应主导,转变为后期的分散效应凸显并形成自我强化? 赫尔希曼对此持乐观态度,他认为扩散力最终会发挥作用,使得城市体系趋向均衡;而缪尔达尔则认为极化趋势是城市体系发展的主流,中小城市作为边缘区与大城市等核心区的差距将会进一步加大[①]。

由于影响集聚—分散效应的市场潜力、知识溢出等收益以及通勤、居住、自然环境等成本因素在不同条件下作用大小是不一样的,因此在不同国家或区域、不同发展阶段,集聚—分散效应的对比关系及其自我增强机制也存在差别,导致对城镇化体系的演变产生不同影响。对于中国当前阶段来说,尤其不能忽视城市发展所依赖的生态系统承载容量或修复能力受限决定的分散力,包括公共服务供给压力、市区环境质量下降、居住与通勤成本高企、土地资源短缺等社会与自然子系统层面因素。

---

① 陈秀山,张可云.区域经济理论[M].北京:商务印书馆,2003:211-213.

第二节　城市规模扩张与自然生态的关系机理

一、城市规模扩张与自然生态系统的双向影响

城市体系演化在理论上主要表征在两个方面:一是单个城市的人口、建成区、经济活动等的增长或扩张;二是原有众多城市的规模发生此消彼长,以及新城市产生、旧城市衰退,带来城市个体之间相对等级结构和空间分布形态的改变。前者是后者的前提基础,后者是前者非同步增长的必然结构。本书首先分析单个城市规模扩张与自然—社会生态子系统的理论关系机理,再进一步探讨城市体系总体与生态系统的耦合共生关系。

单个城市规模扩张的表现形式和衡量标准一般有三个层面:一是空间层面上,呈现为城市蔓延带动建成区面积、城市容积率、城市空间的建筑高度和跨度等的立体空间拓展;二是经济层面上,表现为经济增长、产业结构优化升级、生产关系与社会组织方式变革等;三是人口层面上,表现为城市人口增多、人口流动与人口结构转变等。由于三者在城镇化中基本具有动态一致性和结构稳定性,本书主要以城市人口增多为视角研究城市规模扩张和城市体系问题。

城市的扩张演变与自然生态之间是一种既相互依存、又相互制约的辩证统一关系。一方面,城市要依赖特定的自然资源和环境才能产生和发展壮大,自然生态禀赋对城市规模扩张产生约束作用。西方国家受益于殖民历史和先发优势,在城市发展中受到的资源环境约束较小或不明显;而我国作为后发的人口大国、工业大国,在城市体系演变中必然面临更加突出的资源与环境问题。在资源总量既定、且经济增长的技术倾向不变的条件下,自然资源状况会抑制城市规模的"集中"扩张。例如,童玉芬(2010)利用系统动力学方法研究了北京市的水资源承载力,动态模拟仿真表明北京市如果保持惯性人口规模增速,将会不可避免地面临地下水超采和水资源紧缺压

力。张臻汉(2012)对全国286个地级市的人均水、电、气消耗及交通资源消耗的实证研究也表明,我国城市规模不宜超过280万人,才能满足资源的集约利用要求①。另一方面,城市日益增长的生产、消费与建设活动会对资源—环境系统施加过度的干预与人为影响。由于城市生态系统的人工干预属性占主导地位,这些人为活动的规模、强度从根本上决定着城市生态系统演变的优劣方向和最终质量绩效。

假设初始时期,城市处在经济活动与生态系统相协调的低位均衡状态,如图3-4所示,城市规模扩张与自然生态系统的演变会表现出双向的反馈循环关系。

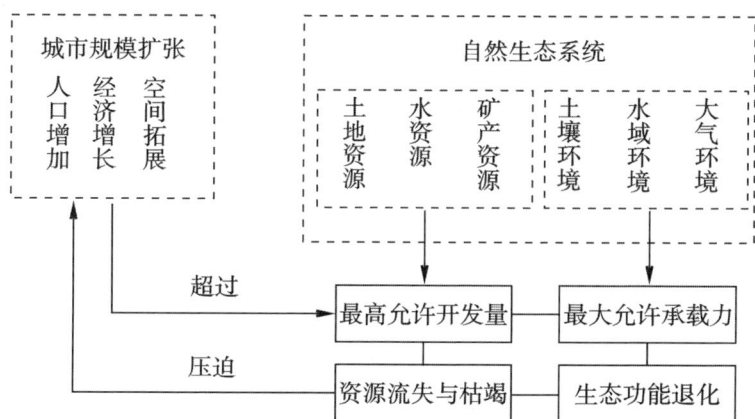

图3-4　城市规模扩张与自然生态系统的关系图

一种情况是负向的循环,城市规模扩张对自然资源的索取超过了水、土、矿产、林地等资源的最高允许开发量,造成资源紧缺与衰竭;城市工业生产的高强度资源消耗以及居民高度密集的消费活动等必然向自然界排放大量废弃物。如果未经处理,这些以人工合成物质为主的污染物不能在短时期内被自然所降解,就会导致水、大气、土壤等环境的物质能量循环与自我修复功能弱化,加剧城市环境污染。反过来,生态系统衰退也会削弱其对城市发展的物质、能量、信息、价值流的生态供给能力,威胁城市居民的健康和

---

① 张臻汉.资源集约与城镇化的最优规模[J].经济与管理研究,2012(06):79-85.

生存,城市规模扩张成为"无源之水",城市体系的发展演变也会丧失可持续性。

另一种情况是正向的循环,若城市规模扩张中能够采取集约利用各种资源的生产、生活方式,对各种废弃物能够进行集中、无害化处理,注重保护周边的水、土、大气环境与生态循环系统,就可以使得城市经济社会活动的生态足迹低于区域自然生态系统的最大承载能力。图3-4所示的情况就会向人与自然和谐共生的方向转化,这种积极状态反过来会增强自然界的自我净化、修复能力,给城市提供可持续的物质与能源、资源,最终形成相互促进的良性循环,产生城市规模有序扩张与生态功能持续优化的"双赢"。

总之,城市规模扩张与生态环境转变的互动影响通过连锁反应形成了双向反馈循环,在没有外力干预情况下,最后表现为城市体系生态绩效整体的持续好转或不断恶化的差异趋势。由于自然生态子系统的物质能量存续形态、循环特征等存在较大差异,因此城市规模扩张与自然生态系统的具体理论关系存在复杂多样性。本书根据自然生态系统中各组成要素与城市规模扩张的关系密切度,以及自然生态污染的承受体划分,主要从水、大气、土地及固废物等方面研究城市规模扩张与自然生态的互动关系机理。

二、城市规模扩张与水生态环境

(一)城市规模扩张与水资源利用的互相影响

水资源与水生态一方面是自然界和生命系统中不可缺少的要素,是自然生态系统的重要组成部分;另一方面又直接影响到城市人口增长、生产发展与产业布局,具有自然、经济、社会等多重属性。作为联系社会经济系统与自然环境系统的纽带,水资源对城市生态系统起到重要的支撑或制约作用,是城市存在和发展的基本依托。

一方面,水资源的数量、质量和结构分布均会在很大程度上影响城市规模结构的生态适应性。第一,水资源短缺越来越成为很多城市发展的瓶颈。当可利用的水资源数量短缺时,不仅会迫使城市抬高水价、压缩工业生产或实行生活用水限制等,还会压迫城市生态水系的景观面积,诱发地下水超采和水土塌陷等问题。第二,水资源质量恶化会约束城市扩张进程。当水域生态环境恶化时,不仅会直接影响水生动植物生存,破坏城市自然景观;还会降低饮用水质和食品品质,污染物质睡着食物链传递,最终危害到顶端的人类自身健康。水生态质量恶化到一定程度,会导致城市人口外流,产业发展受阻,城市环保设施不堪重负等。第三,当水资源的空间分布发生变化时,必然带动城市功能区域重组,甚至新旧城市、新旧行业凭借水资源优势而崛起或衰落,给城市体系演变带来影响。例如,我国水资源的分布十分不均衡,总体上南多北少、东多西少,同样作为超特大城市,南方的重庆水资源量达到656.1亿立方米;而北方的北京、天津的水资源量仅为29.8亿立方米和13亿立方米,为了摆脱水资源不足对城市发展的制约,不得不靠高成本的"南水北调"等途径解决用水问题①。

另一方面,城市规模扩张也在极大影响着水资源的供求关系和水生态变化趋势,使得城市体系演变与水生态变化形成互相影响、互相依存关系。在城市限定区域内,经济活动高度集中会大幅增加工业用水、居民生活用水与生态维系用水的需求量,同时污水排放量也会成倍增加,这就对城市区域水资源的供给能力、污水净化能力、循环用水能力提出很大挑战。城市扩张还会极大地改变原有河网水系的生态功能,居住与工业生产用地需求往往倾向挤占河流、湖泊、湿地范围,使得自然水系萎缩、水量减少、河道淤积、水域污染物负荷增大,结果会使水系径流量、微生物、洪峰周期、排水功能等水文形态参数发生了不利于城市发展的变化。如果没有严格的环境规制,水生态系统的完整性和良性循环不断受到压迫,处理不当甚至会引发城市断水、污染物严重超标、洪涝灾害频发等水生态危机。

(二)水污染的特性及其对城市扩张的影响

在城市环境下,水污染主要是由于工业和生活废水未经处理直接排入河流水域,导致地表水、地下水中的污染物数量超过水域环境的自净限度和承载能力,使得水文环境结构与功能退化,进而引发生态风险。城市水污染物质主要包括工业生产和居民生活排放污水中包含的重金属、钙镁离子、硫

---

① 中华人民共和国水利部.中国水利统计年鉴(2017)[M].北京:水利水电出版社,2018.

化物、氮氨、石油类、COD 等。

水污染对城市扩张的影响是多方面的,最终会降低城市从生态系统中获得的物质、能量支持,限制城市增长的最大界限。具体影响主要包括:第一,水污染对生物资源的破坏,这是水污染最直接、最严重的危害。当含有大量需氧污染物的污水进入水体后,物质分解需要消耗大量氧,进而降低水体的含氧量,提高了水生物大面积窒息死亡的风险。第二,水污染会增加城市工业和生活用水的成本,不仅制约工业生产的经营活动扩大,也会影响水流域和湿地的生态景观,降低城市宜居宜业环境。第三,水污染如果没有经过污水处理厂处理净化,而直接被人或牲畜饮用,还会危及公众健康,甚至诱发群体性食品公共安全风险。

根据环境库兹涅茨曲线"倒 U 型"规律,水污染强度应随着城镇化水平提升呈先增后减的关系。作为城市水污染的主要组成部分,我国工业废水排放的历史数据证实了这点。从图 3-5 可以看出,2003—2007 年,我国城镇化率在 45% 以下时,工业生产带来的废水排放迅速增长,城市扩张带来了严重的水生态恶化代价。2007 年之后,由于产业结构转型、经济增长动能转变,"三高"产业治理和环境规制力度加大,工业生产造成的水污染得到逐步降低,2015 年工业废水排放量已经比 2007 年高峰值降低了 20%。值得注意的是,2009—2011 年工业废水排放有提高趋势,原因可能在于金融危机后的扩张性宏观调控政策更多地拉动了重工业、化工业、能源和矿产等高能耗、高消耗、高污染行业发展,在加快经济恢复的同时也导致水污染问题出现反复。

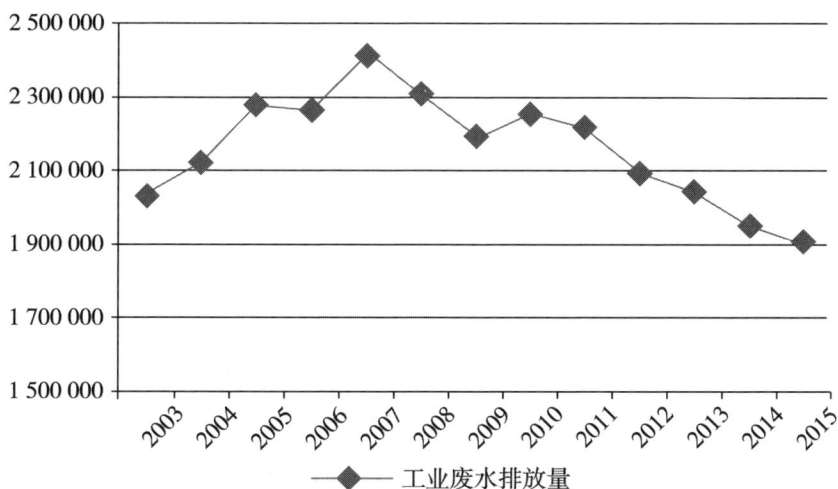

图 3-5　2003—2015 年地级以上城市工业废水排放量(万吨)

(三)城市规模扩张与水生态环境的"S 型"动态演化关系

城市规模扩张对水资源的利用强度并不是稳定线性过程,而是表现为缓—增—缓的"S 型"动态演化关系。假设城市规模扩张路径呈典型的 Logistic 诺瑟姆曲线规律;城市扩张过程的水资源利用强度(k)也是一个大致呈"S 型"的 Logistic 增长过程,如图 3-6 所示,分为初始的缓慢阶段、中间的膨胀阶段和最后的饱和阶段。这里假设整个城市的水资源承载力是一个稳定的常量(c),则水生态环境的质量或生态用水容量即为($c-k$),呈反"S 型"曲线的下降趋势,并且下降的速度是与城市扩张速度相对称的。界定水资源系统和城市扩张系统的摩擦系数 u 为两条曲线的变化率的函数:

$$u = \left| \frac{d_k}{d_t} \right| \cdot \left| \frac{d_{(c-k)}}{d_t} \right| \qquad (3-1)$$

如图 3-6 所示,摩擦系数(u)随着时间推移大致呈倒"U"型变化轨迹。当水生态环境和城市扩张系统均处于中间的高变化率的阶段时,u 较大,两个系统处于矛盾冲突期。反之,当水生态系统和城市扩张系统均处于早期或晚期的低变化率的阶段时,u 较小,两个系统处于矛盾缓和期。

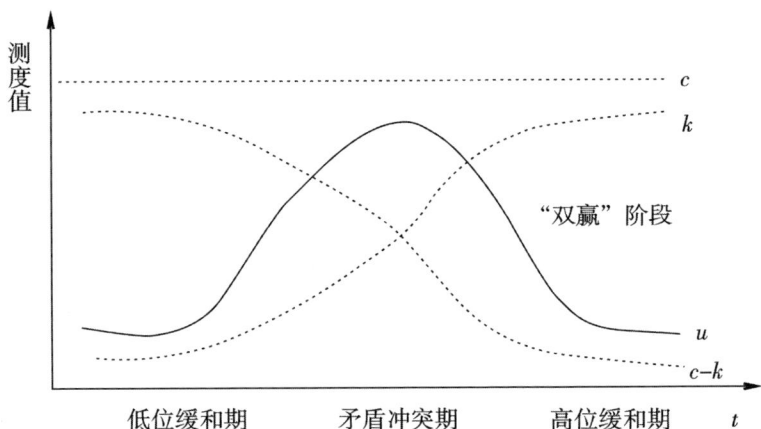

图3-6   城市扩张与水生态质量的耦合演变规律

　　根据两个系统的变化规律和摩擦系数值的变动,参考发达国家城镇化的经验,可以将城镇化过程中城市系统与水生态环境的耦合共生关系大致分为四个阶段①:一是初期的依赖适应关系阶段,此时城镇化水平小于30%,城市扩张速度非常缓慢,水生态环境质量与城市系统的摩擦系数也较小。二是中前期的过量索取关系阶段,此时城镇化水平在30%—50%,城市扩张对水资源的利用强度不断增强,与生态水剩余量之间的矛盾尖锐化,最终摩擦系数达到最大值。三是中后期的制约冲突关系阶段,此时城镇化水平在50%—70%,城市扩张对水资源的需求增速逐渐慢下来,转为质量、结构改善阶段,城市系统与水生态系统的矛盾得以缓和,摩擦系数也开始下降。四是最后的和谐关系阶段,此时城镇化水平超过70%,城市与社会经济发展进入成熟阶段,城市系统与水生态系统的矛盾得到根本和解,摩擦系数也逐渐趋于零。

　　假定城市以可持续发展为目标,总是想方设法协调水生态环境和城市扩张的矛盾,即摩擦系数 u 的最小化。由于从缓和—冲突—缓和"S型"规律的不可跳跃性,城市生态矫正政策的关键就在于尽量缩短从中前期到中后期的时间跨度,并千方百计减轻冲突期城市扩张对水生态环境的影响强度,尤其是避免造成不可逆影响。

---

①　高云福.城镇化发展与水系统的演变[J].城市勘测,1998(3).

三、城市规模扩张与大气生态环境

(一)大气污染的特性、成因及影响

城市的大气污染物质主要包括工业生产、垃圾焚烧与化石能源燃烧中排放的工业二氧化硫、总悬浮微粒、氮氧化物等。其中,二氧化硫主要来源于重化工业生产和冬季燃煤取暖时排放的气态污染物;总悬浮微粒主要来源于燃煤、燃油、扬尘、扬沙等空气传播渠道;氮氧化物主要来自于机动车尾气排放,尤其是汽车怠速行驶时排放量会剧增,因此在交通干线或十字路口该污染物浓度会较高。城市经济社会活动在密集空间产生了不定组分或可变组分的气体,增多达到一定浓度或时间累计达到足够长度时,就会超过大气系统的循环吸收和自我净化能力,导致大气污染与空气质量恶化,进而危害居民健康、福利和气候变化。

良好的空气质量是典型的非排他性、非竞争性的公共物品。对于城市来说,探究大气污染的原因,处理好城市扩张与空气质量的协调关系,是城市体系生态优化的重要内容。由于空气的流动性较大,大气污染的成因很复杂、形成机理的区域差异也较大,因此对付大气污染不能依靠事后的治理与修复,更多要靠事前的主动防控。从人为活动成因上看,城市大气污染源主要来自于工业污染、生活污染和交通污染。显然,这三个方面的大气污染强度均和城市规模扩张密切相关。在环境治理能力等其他因素不变的前提下,城市规模越大,工业化水平和产业集聚度越高,人们物质消耗和排放越大,交通需求和通勤流量越高,大气污染的程度也越强。

大气污染或空气质量恶化会对生态系统产生各种负面影响。一是破坏自然生物系统,如大多数大气污染物会使植物叶片枯萎坏死,臭氧会使植物组织机能衰退。二是人工活动排放的特定气体长期积累过度,会诱发雾霾、酸雨、臭氧层破坏、温室效应等,甚至会诱发全球气候变化。三是间接损害人的健康,导致城市人居环境下降和城市福利水平降低。大气污染物会直接损害人的呼吸道系统、免疫系统或造成某些器官癌变;严重污染时甚至会诱发突发公共安全事件。

(二)城市规模与空气质量的关系

城市生产、生活空间的过快拓展不可避免会带来人口密度增大、建筑物容积率提高,进而导致城市的大气边界层不断变化,白天储热多,晚上散热慢,造成"热岛效应""雾霾污染"等局部气候变化,影响人居环境。但是如果城市在规模扩张中能够重视加强绿色基础设施(Green Infrastructure)建设,例如建设更多的城市湿地、公园、绿道、水道、农场、荒野等,将绿色植物覆盖区和生态涵养功能区连接成有机网络,就可以有效改善城市空气质量和大气生态环境。城市湿地、公园绿地、行道绿化带等绿色基础设施可以发挥"自然生命支持系统"的作用,不仅能够有效地吸收和减少大气污染物,而且可以为城市提供休憩、文化与美学空间,是城市发展不可或缺的重要生态空间。

总之,由于空气质量受到城市扩张中多种因素的综合影响,理论和实证研究中较为一致的结论是:城市规模越大,大气污染物浓度越高;但是在城市规模达到一定程度时会出现拐点,之后大气污染浓度反而下降,表现为"倒 U 型"。对于发展中国家,空气中的颗粒物浓度随着城市规模扩张而先增后减,拐点为 400 万—500 万人口规模。对于发达国家,城市规模在 100 万—300 万人口之后,空气中颗粒物浓度就开始下降[①]。对于二氧化硫和烟雾的研究也同样支持这一规律,但是不像颗粒物那么显著。城市达到一定规模后空气质量反而改善的原因主要在于:一是区域产业结构会逐步优化升级,由高污染、高消耗、资源型产业转为气态污染物排放量较少的第三产业和智力型产业;二是人们生活方式更加追求绿色环保,对城市生态涵养功能与高质量空气的偏好更强;三是在城镇化高级阶段,城市政府对污染气体排放的环境规制也更加严格。

即使是在城市规模尚未达到使得大气污染物排放浓度降低的"拐点"之前,城市扩张也能获得人均或产均的大气污染物排放量降低的好处,从而使得整个城市体系的总污染减少。Siqi Zheng(2011)对中国大城市的实证分析得出:交通行为带来的人均碳排放量和城市人口密度呈反向关系,因此增加城市规模和密度是降低人均碳排放量、改善空气质量的有效途径。郭力对2004—2015 年我国地级市数据的实证分析表明,城市人口规模越大,每万元

---

① Shukla, Parikh. The environmental consequences of urban growth [J]. Urban Geography, 1992(13):422–449.

GDP产生的工业SO_2排放量越少,工业烟尘去除率越高;城市规模与空气质量的防治能力也呈显著的正相关关系[1]。

应当注意,在政策上依靠扩大城市规模和提高人口密度来改善空气质量并不一定可取。超特大城市虽然有空气质量防治能力强的好处,但是这是有条件的。如果城市扩张的同时产业结构没有改善,交通拥堵和尾气排放没有很好控制,绿色基础设施建设等没有同步跟上,最终仍可能会提高污染气体的排放浓度,使得有害组分的扩散速度降低,导致大气生态环境的恶化。

四、城市规模扩张与土地资源

(一)土地资源的作用与稀缺性

在理论上,土地资源可以视为由土壤及其上附着的植被、水文、气候等因素组成的自然资源集合体。土地不仅是城市规模扩张的载体,也是城市各类生产活动必不可少的稀缺资源,是城市文明扩散的先决条件。由于城市的土地资源是一种非贸易品,不能移动,其数量和结构布局会对城市规模扩张及其体系演变产生直接影响。从历史上看,现代城市往往首先产生在土地肥沃、可开发面积大、地理区位好的主要河流三角洲、沿海地带、交通航运枢纽等区域。在城市体系长期演化变中,一般地理位置优越、供给潜力较大、地形地貌适宜、土壤质量较好的土地资源能够支撑城市规模持续扩张,而且会形成城市数目较多、分布较分散、多中心结构的城市体系。可供开发面积不足、禀赋条件不好的土地资源会压缩原有城市扩张的空间,限制新城市的出现,使得城市体系朝集中化、紧凑化、单中心模式演变。

虽然不同国家和地区的天然禀赋不同,但城市或多或少均会受土地资源稀缺性的限制。我国的山地、水域、沙漠、戈壁等非适宜开发地形分布广泛,为保障国家粮食安全大局也必须保持一定耕地面积,受到"耕地红线"硬限制,因此可用于城市开发的土地资源总体偏少且供应能力持续下降。近

---

① 郭力.城镇化道路调整:基于产业转移与劳动力流动的视角[M].郑州:郑州大学出版社,2016.

年来,国土资源部门逐步加大了对城市边界的管控,城市建设用地供应增长减缓。再加上人口总量大、非农迁移进程快、经济发展所需体量大,对城市土地的需求缺口日益明显。因此,土地资源稀缺是我国城市长期面临的主要生态问题之一,处理好城市规模扩张与土地集约利用的关系,是城市生态系统协调发展的基本前提。

(二)城市规模与土地利用集约度的关系

在土地资源稀缺的背景下,城市土地利用的集约度越来越成为城市规模扩张与体系演变研究的关注点。城市土地资源的紧缺程度与城市土地利用集约度可以视为一个问题的两个方面,在市场选择机制下,土地紧缺和级差地租拉大必然导致城市越靠近中心区的土地开发强度越大、集约化利用水平越高;低土地利用率、低容积率往往也是土地资源相对宽裕、土地价格相对便宜的表现。

在理论上,城市规模与土地利用的集约度呈"倒 U 型"关系。大城市必须保证人口在空间上的密集分布,才能更好发挥知识溢出、中间产品共享、市场多样化等集聚效应好处;高度发达的服务业也要比以制造业为主的小城市的土地利用密度大。小城市的要素比较优势在于土地丰裕、资本稀缺,所以在扩张中往往倾向土地替代资本的技术和政策,例如企业用大面积低层厂房节约建筑成本、政府用土地优惠政策吸引资本流入,因此土地利用的集约度往往偏低。但是,当城市规模极大时,反而会出现城市集约度的下降。原因主要在于高度发达的超特大城市会转向质量结构提升:城市产业结构会转向环境友好度强的服务业和智力型产业;人们环保意识与诉求提升,从上至下开始更重视生态文明建设;城市更有财力投入公共设施和宜居环境建设;因此城市绿地、郊野公园、基础设施用地和公共服务用地占比会提高,带动土地利用集约度下降。这不仅不是土地利用低效表现,反而说明了城市生态发展路径的高级化转变规律。

如表 3-1 所示,我国城市人口密度的年序数据反映了城市规模与土地集约利用程度的"倒 U 型"关系。第一,低规模级别城市的人口密度较低,尤其是小城市的人口密度在各群组中最低,土地利用粗放低效的问题突出。这也证明了经验研究的一致结论,大量的小城市在没有产业和人口支撑的情况下超前建设,容易产生建设用地浪费现象,因此低密度的小城镇战略不符合土地资源集约利用的生态优化选择。第二,大城市或高级别城市具有更高的人口密集度和土地集约利用水平。城市土地利用效率最高的是500万—1000万人口的大城市,其次是中等城市,最低的是小城市。第三,城市规模大到一定程度后与土地集约利用水平转而呈反比,比如超特大城市有土地集约利用度更低的表现。李顺毅(2016)的实证研究也发现,在我国城市体系发展演变中,城市规模扩大基本与土地利用效率呈先上升、后下降的"倒U型"变化。另外不能忽视一个城市行政区划上的特殊原因:我国一些超大、特大城市,例如重庆、天津可能由于市辖区划定的空间范围较广,导致根据市辖区人口和面积之比统计得到的人口密度会较低。

表3-1　2000—2015年地级市人口密度的变动(万人/平方公里)

年份	2000	2005	2010	2015
全国均值	1.76	1.48	1.22	1.09
超、特大城市	1.96	1.70	1.34	1.23
大城市	2.33	2.00	1.65	1.38
中等城市	2.09	1.75	1.49	1.23
小城市	1.50	1.31	1.14	0.91

注:人口密度=市辖区人口数/市辖区建成区面积。

　　总之,从城市土地集约利用的视角来看,我国城市规模应保持在一定限度范围,并在体系结构上避免过度集中或过度分散,以实现土地资源可持续利用与生态宜居性的平衡。这就要求科学规划城市体系,以遵循土地生态禀赋特点和城市发展规律。

(三)我国城市土地利用集约度的动态趋势

　　进一步从人均建设用地面积的历史数据分析我国城市人居环境的动态趋势。建设用地面积是城市规划部门在总体规划中确定下来的城市地界线所围的面积,更多体现了城市拓展中的行政力量和政府意志。根据图3-7地级以上城市(市辖区)的人均建设用地面积,我国土地集约利用度或土地资源紧缺性从动态上大致分为三个阶段：

一是2004—2009年，城市人均建设用地面积基本在0.7—0.8平方公里/万人温和波动，城市扩张对土地资源的需求较为平稳，土地集约利用度较高。

二是2009—2011年，人均建设用地面积急剧攀升，土地利用效率明显下降。这一阶段为了应对金融危机影响，积极政策与货币政策带动了城建浪潮以及房地产开发需求，各地政府也普遍加大土地供应，放松了城市规划对建设用地管控，导致2011年全国城市建设用地比2010年猛增了6 800多平方千米。这虽然加速了城市规模扩张，但也降低了土地利用效率。尤其是一些新开发区的框架过大、土地浪费现象严重，造成了"空城""睡城"等用地失配问题。

三是2011年之后，由于可供开发土地资源愈发紧张以及城市规划政策收紧，城市人均占用土地量过大的情况得到缓解，全国城市人均建设用地面积从2011年0.96的高点下降到2015年的0.86，土地集约利用率转而提高。

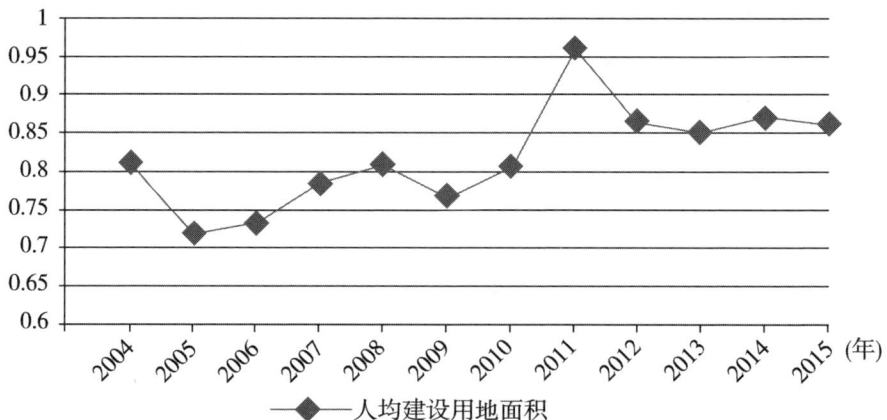

图3-7　2004—2015年地级以上城市人均建设用地面积（平方公里/万人）

五、城市规模扩张与固体废物污染

（一）固体废物污染的特性及其管理方式

城市固体废物污染主要包括工业废弃危险物、生活垃圾、医疗废弃物等,其处置适当与否直接关系到城市土壤质量与水土环境,是影响城市人居环境的重要自然生态因素。城市集中了全球一半以上的人口,在空间高度集中的工业、生活、交通活动中,人类活动需要不断产生和积累固体废弃物。因此,城市始终处在固体废物污染及处置的最前沿,对固体废物进行低成本、高效率的无害化处理,是建设生态优化型城市体系的重要前提基础。

据环境保护部统计,2016 年我国城市固废物排放量已达 15×10^8 左右。由于城镇化持续加速,居民收入和消费水平不断提高,特别是扶贫力度加大后低收入人群预期收入水平明显提升,预计未来我国固体废物排放量仍会保持较快增长。根据赵春兰(2017)的数值模拟预测,我国固废物每年将以约8%的速度增长,2030 年将会达到 3.29 亿吨,2050 年将达到 5.3 亿吨。如果固体废物无害化处置的基础设施和技术升级等没有同步跟上,工业和生活垃圾产生量的快速增长将会超过自然循环及人工处置的最大负荷。这不仅会导致"垃圾围城"等表面景观的恶化,还会引发一系列衍生生态问题,例如,垃圾在填埋或堆放中产生的各种渗透液大量排放到自然环境,会引发土壤污染、土地肥力下降、农作物重金属超标、地下水污染、下水道堵塞、恶臭与有机挥发气体、疾病传播等。

固体废物的常规处置方式主要包括填埋、堆积、焚烧等,但是这些或多或少均会对自然环境产生二次破坏。垃圾分类及循环回收利用是未来固废物无害化处置的潜力发展方向,也是当前我国各级城市在生态建设中的短板和不足之处。垃圾只有实行分类收集处置,才能高效地转变为资源,再以循环使用或堆肥等形式实现回收利用。在城市扩张中大力推广垃圾分类收集,探索建立一套流程化、规范化、高效率的固废物无害化循环处置系统,并从生活习惯、法律法规上加以强化,是当前城市精细化管理的一个重要抓手,也是未来城市生态协调发展的必然之路。另外,固体废物处置公益性强、营利性低、资本和设备密集,再加上经济外部性、投资回收周期长等因素,如何形成可持续的产业投融资机制是关键。除了政府财政资金之外,还需要推广使用 PPP 等融资模式,多方寻求政策性金融机构、国际金融组织的支持。

(二)城市规模与固体废物的关系

虽然城市规模越大,固体废排放的绝对量就越多,但是不能简单将城市规模扩张与固体废物污染归结为对立关系。第一,人均的固体废物排放量是一个和产业结构、资源利用结构、消费水平、节约文明意识等相关的较为稳定的量。当高收入、高消费人群增长较快,资源和食物浪费严重,重化工业比重较大时,人均固体废排放强度会显著增高。因此,人口的乡—城迁移、人口向消费水平更高的大城市迁移会显著提高人均排放强度,但是人口在同类同级城市间的流动不会对人均排放强度有明显的影响。第二,城市规模越大,越能够高效处置和管理固体废物。大城市更有能力增加对垃圾处理设施、技术、人员的投入力度,尤其是垃圾集中处理系统往往只有在城市规模达到一定程度时,才有技术上的可行性和经济上的规模经济效益。第三,在大城市实施垃圾分类与集中处理更为可行有效。大城市居民的环保意识、生活习惯一般较好,相关制度的制定和执行更为规范,厨余生活垃圾分类更容易实现,推进垃圾分类处理的资金、设备、场地等条件也要优于小城市。从我国实践来看,大城市、沿海城市、高行政级别城市的垃圾无害化处置率一般都远高于中小城市、内陆城市和地级以下城市[①]。

(三)我国工业固体废排放与处置的变动情况

工业固体废是城市废弃物和垃圾的重要组成部分,相比生活废弃物来说,其数量变动的弹性更大,和经济总量、结构的关联更强。从表3-2工业固体废相关指标的历年变动可看出:一方面,21世纪以来我国经济快速发展,工业固废的产生量急剧增加,从2000年到2015年共提高了3.06倍;另一方面,城市对工业固体废的综合利用水平和处置能力具有更快速度的提升,这主要得益于产业结构优化升级,工业生产的绿色化技术进步,人口集聚带来的固废无害化处理系统运营的规模经济效应;以及诸如煤渣铺路、废塑料回炉再加工、废纸再造纸等循环经济模式推广。另外需要注意,我国工业固废综合利用率在2009—2015年出现了断续下滑,原因可能在于金融危机后我国大批高能耗、高排放、高消耗的重化工业和基础设施建设相继上马,在拉动经济增长的同时,也带来了工业固体废物增多和利用率下降,对生态环境带来不利影响。

---

① 生态环境部:《2018年全国大、中城市固体废物污染环境防治年报》。

表3-2 2000—2015年全国工业固废的产生与处理情况（万吨）

年份	产生量	排放量	综合利用量	处置量	综合利用率（%）
2000	81 608	3 186.2	37 451	9 152	45.9
2001	88 840	2 893.8	47 290	14 491	52.1
2002	94 509	2 635.2	50 061	16 618	51.9
2003	100 428	1 940.9	56 040	17 751	54.8
2004	120 030	1 762	67 796	26 635	55.7
2005	134 449	1 654.7	76 993	31 259	56.1
2006	151 541	1 302.1	92 601	42 883	60.2
2007	175 632	1 196.7	110 311	41 350	62.1
2008	190 127	781.8	123 482	48 291	64.3
2009	203 943	710.5	138 186	47 488	67
2010	240 944	498.2	161 772	57 264	66.7
2011	326 204	433.3	196 988	71 382	59.8
2012	332 509	144.2	204 467	71 443	60.9
2013	330 859	129.3	207 616	83 671	62.2
2014	329 254	59.4	206 392	81 317	62.1
2015	331 055	55.8	200 857	74 208	60.2

资料来源：国家统计局,环境保护部.中国环境统计年鉴(2016)[M].北京：中国统计出版社,2017.

注：工业固废综合利用率＝工业固废综合利用量/工业固废产生量。

第三节 城市规模扩张与社会生态的关系机理

由经济—社会—自然三个子系统构成的城市生态系统具有显著的人工干预特征。人口高度密集、要素快速流动、资源大量消耗、环境快速变化的城市运转过程必然要求有足够完善的社会服务子系统提供支撑。城市生态系统中的社会子系统的包含面较广,主要包括教育、医疗、社保、文化等无形的公共服务系统,以及有形的城市交通、能源、治污、园林绿化基础设施等。一方面,社会子系统作为城市复合生态系统的重要人工组成部分,是城市规模扩张的主要表现形式和受益者;另一方面,社会子系统提供的各类有形和无形服务功能的强度、质量、结构、分布又直接影响城市的经济增长与自然环境质量,最终关系城市规模扩张与城市体系的演变路径。

本书根据当前我国城市扩张中面临的社会生态领域短板,考虑未来城市社会服务完善的主流趋势,主要从城市基础设施、公共服务、交通系统及通勤效率等角度,分析城市规模扩张与社会生态系统的理论关系机理。

一、城市规模扩张与基础设施

城市基础设施(Infrastructure)又称为"社会分摊资本",是指为城市生产和居民生活提供基础性服务和共同条件的设施与机构,主要包括能源供应基础设施、交通运输基础设施、通讯服务基础设施、环保基础设施与消防安全基础设施等。基础设施是支撑城市生态系统正常运转和可持续发展的必须物质载体。完备的基础设施不仅是城市生态文明高度发达的重要物质表现形式,也是城市社会生活区别于乡村生活的显著特征。

从理论上来看,城市基础设施建设的完备度及其运转效率主要与城市规模级别呈正比,即高规模级别城市的基础设施普遍会优于低规模级别城市。主要原因在于:

第一,城市基础设施具有高固定成本、低可变成本的"自然垄断"属性,只有城市规模大到一定程度后才能支撑起高级别、大投入的基础设施建设。例如,城市轨道交通的固定资产投资额大、建设周期长、必须多线路联网才能发挥规模效应;一旦建成,额外增加服务人数的边际成本很低,能够长期持续应对城市人口增长带来的巨大通勤需求压力。事实上,不仅只有大城市才有财政实力和融资条件进行大规模基础设施建设,而且大型基础设施的良性运营也需要以较高的人口密度和经济集聚度作为前提条件。显然只有在规模达到一定程度的城市,才能拥有使这种自然垄断行业获得盈利所需的消费者规模。

第二,由于城市基础设施具有准公共物品(public goods)性质,消费者使用的边际成本小于平均成本,因此人口集中的大城市可以更高效建设运营基础设施。基础设施具有市民群体的"共享性"和"非排他性"等公共物品属性;诸如交通、通讯、消防、环保等基础设施提供的服务不仅会受益于投资方和费用支付者,还能"外溢"到城市周边未付费区域,"共享"给城市新迁入人口,提升整个城市体系的运行效率。由于公共物品的市场需求曲线是个体消费价格的垂直相加,而不是水平相加,因此在公共物品供求市场的最优均衡状态下,大城市的人口众多,单个个体意愿支付价格的加总额更高。更高的消费者意愿支付总额,意味着消费者剩余或福利更高,即市民能够以更低的成本享有更充裕的优质基础设施。

第三,由于城市基础设施的整体系统性,只有集中连片的规模化建设才能有效提供服务,而这显然在规模较大的城市才能实现。基础设施在城市体系中是一个不可分割的整体系统,小规模、分散化、间断性的建设无法有效发挥作用。例如,如果城市体系是众多小城市分散分布,规划建设给排水网络的平均成本会较高。特别是大部分环保设施只有在规模较大时才有技术和经济上的可行性,例如垃圾的分类收集、集中管理和无害化处置均需要大量的机器、设备、车辆等,小城市人口居住分散,污染排放者和支付者的人数偏少,环保设施不得不面临高人均运营成本、低经济收益的困境。

但是也应看到,城市规模扩大有利于基础设施建设运营的正效应也存在"天花板"效应,主要体现在:

第一,随着城市规模扩张到一定程度,用于基础设施建设的土地资源会逐渐紧张,可利用空间愈发狭小。尤其对于超特大城市的核心区来说,由于历史传统上生态空间和公共土地预留较少,近年来老旧建筑的拆迁改造成本也越来越高,要新建、扩建、改建道路、水电管网、环保设施等,常常会面临无空余土地可用的窘地。

第二,城市基础设施建设可以在一定程度上缓解资源供给,但是没办法长期根本解决资源紧缺问题。例如,面对城市膨胀带来的水资源短缺困境,虽然大城市可以建设更多、更先进的污水处理厂和自来水厂,铺设更长的供水管网来缓解困境,但是水源这种自然禀赋很难被人为力量改变,远距离调水工程也往往面临成本和价格约束,资源紧缺始终是制约大城市发展的因素。

第三,虽然完善的基础设施可以缓解常规条件下的自然资源和环境限制,但是无法应对大城市可能遇到的生态灾害"黑天鹅"事件。一旦超特大城市发生小概率且潜在破坏性极大的水源污染、有害气体扩散、传染病爆发等"黑天鹅"事件,城市人口规模过大、分布过度集中就会成倍放大其基础设施承担的压力,更容易导致医疗体系崩溃,甚至引发群体性公共安全危机。

基础设施建设虽然可以凭借经济上的自然垄断、外部性、规模报酬递增等性质,使得城市规模扩大与基础设施运营效率相互促进;由于自然资源的有限性、生态环境的脆弱性等非人为因素,城市规模过大也会限制或阻碍基础设施的支撑效用,形成"天花板"效应。两者的具体关系需要分城市类型、发展阶段及其资源环境承载力差异而具体分析。

二、城市规模扩张与公共服务

(一)公共服务的内涵及其均等化目标

如果将基础设施视为社会生态系统的有形硬件组分,那么公共服务则是在市场失灵的领域,由城市政府或社区为居民提供无形社会软件环境。随着城市发展与人民生活水平提高,城市公共服务的范围也不断扩展,当代城市文明理念认为其范围不仅包括教育、卫生、文化、体育、科学等传统领域,也涉及居民的社会保障、基本政治权利,就业与居住权等广泛内容。公共服务质量是评判城市宜居性和综合生态绩效的重要标准之一。如果城市在吸引人口不断流入的不能同步提升公共服务供给质量,不能将基本公共服务覆盖到所有新迁入居民,那么这种城镇化只能称之为仅有经济规模效应,而缺乏人本主义本质的"伪城镇化"。

城市公共服务的非均等化是大部分国家均面临的普遍问题。即使在经济发达、收入差距较小的欧美国家,也存在高档社区与一般地区在基础教育、治安服务、医疗卫生等方面的巨大差异化现象。在西方国家,公共服务的非均等化多是居民迁移决策和少数族裔聚居造成;在我国,更多可归结为制度性或人为原因。除了历史和体制原因造成的城乡差距、区域差距等以外,公共服务在城市体系层面的非均衡性也较为明显,例如教育、医疗服务在大、中、小城市之间存在差距、在城市内部核心区与郊区之间也存在差距。应当看到,城市公共服务在城市规模级别和空间布局上的非均衡配置不仅会直接影响城市体系演变路径,还会降低城市生态系统的综合绩效。如何在现实条件和理想目标之间权衡博弈,不断纠正公共服务的非均等化问题,应是城市体系生态优化的重要内容之一。

(二)城市规模与公共服务供给的关系

近年来我国城市在快速经济增长与规模扩张中,普遍忽视了公共服务供给的同步建设与完善,短板集中体现在义务教育、公共卫生和养老保险等方面,严重影响城市综合生态绩效。深入研究城市规模与公共服务供给的关系机理,对于从城市体系演变角度探索改善公共服务质量的可行路径,具有重要的理论与现实意义。

城市规模大小对公共服务供给的影响主要取决于城市公共服务供给与需求的弹性对比,以及相应的资源投入方向决策。一方面,城市规模扩张能够增加税源和土地转让费等非税收入,为公共服务均等化提供更充足的人财物保障,显然城市规模越大越具有供给优势;另一方面,新增人口流入也会大幅度增加对社会公共服务的需求,且城市规模越大,这种需求压力越大,尤其是以劳动密集型产业为主的城市具有更大压力。由于城市政府对公共服务的供给具有固定性与滞后性,一般来说供给弹性较小;新迁入居民由于收入水平低、失业压力大、就业稳定性差等原因,对公共服务需求的弹性较大。因此,城市在面临稀缺资源分配决策时,以经济效益最大化为导向的市场均衡结果往往是鼓励竞争与效率,而公共服务往往供不应求。

要实现公共服务均等化目标,矫正这种供求失衡矛盾,就需要从深层次的体制着手,修正对经济增长速度和城市规模扩大的单一标准导向,将教育、医疗、社保等公共服务评价指标体系纳入城市综合绩效考核中,和财政资源分配、官员政绩相挂钩。作为公共服务供给的主体,政府必须在城市发展规划中根据人口流入趋势预先为教育、医疗等服务机构预留下足够的土地、资金与资源安排。政府还要根据人口迁移的方向规律合理安排公共服务资金在城市体系中的投入方向。人口大量流入哪种类型城市,就应当给予该类城市与潜在公共服务需求相匹配的财税、土地等资源,做到"事权相符"。如果一味将公共服务资源朝超特大城市、高行政级别城市倾斜,只能是优先保障少数原有居民,很难将基本公共服务覆盖到更广泛人群。

三、城市规模扩张与交通系统

(一)城市扩张与城市内部交通系统

交通系统是指实现人和物空间流动或位移的一定交通工具和交通设施构成的有机整体。城市交通系统包括城市内部交通和不同城市间交通两个体系。完善的城市交通系统不仅可以畅通人员、物质、信息等要素流动的渠道,加强城市各区域以及城市之间的有机联系;还可以扩展城市中心区向周边辐射的影响半径,为新增长点或城市次中心的产生创造必要条件,对城市发展的意义重大。

不同的城市扩张路径适用不同的交通系统模式,而交通系统一旦建成并延续强化,反过来也会影响到人们通勤方式的选择,对城市扩张起到基础支撑或约束作用。城市扩张路径与城市内部交通系统互相影响、相辅相成,形成了两种不同的城市交通解决方案:第一种,如果城市是以低密度、平摊式、跳跃型蔓延,各个卫星城相对独立、且中间存在大片未开发区域,那么公交车、轨道交通等公共交通系统的运营就会变得低效,人们会倾向选用小汽车+高速公路作为主要通勤模式。私人交通工具的普及使用会进一步刺激人们往远郊区迁移居住,以享有宽敞、宜居的生活环境,这显然会进一步诱发更多的小汽车购置和公路建设需求。第二种,如果城市围绕着中心区采取高密度、紧凑式、连续型扩张,城市次中心之间保持较近距离或没有明显隔离界限,那么发达的公共交通网络即可以高效运营,限制私人交通工具,鼓励公交车、轨道交通、出租车、共享单车等以提高交通运载效率成为合理选择。

全球城市发展中几乎都会面临不同程度的交通拥堵问题,应当采用以上哪种方式才会更高效、低成本地解决城市快速扩张对内部交通的需求压力呢?从城市生态系统的优化角度考虑,参考国内外经验教训,城市扩张中应主要依靠公共交通系统,并在一定程度上限制私人交通,主要原因在于:

第一,城市交通系统是典型的准公共物品,具有明显的正外部效应。如果能够以大运量、高效率的公共交通体系，替代分散化、低运能的私人交通方式，不仅可以减少车流密度，缓解道路拥堵，降低交通事故发生率；可以有效降低城市的整体能耗，节约资源和能源，减少人类活动对自然环境的改变和影响。由于城市公共交通的定价普遍低于服务的平均成本，一般需要依靠政府的财政补贴来支持和鼓励公共交通出行，并形成群体效应降低边际成本。

第二，更多小汽车—更宽道路—更拥挤通勤的恶性循环无法解决城市内部交通难题。全球诸多大城市的发展实践证明，加大道路建设力度只能在短期内缓解交通拥挤，新的交通设施建设或早或晚都会诱发潜在的交通流量需求，最终新建道路又会重现拥堵，这也被称为"当斯定律"。除了上下班通勤等刚性交通需求之外，城市居民外出购物、游玩等随机出行需求的增长潜力几乎是无限的，如果没有合适引导措施，该部分交通需求会无节制地抵达道路拥堵极限。例如，美国洛杉矶市民普遍依靠小汽车通勤，虽然各具特色、星罗密布的卫星城拉大了城市框架，提高了人均居住面积；各个大区之间的公路建设速度永远赶不上小汽车增长速度，导致严重交通堵塞成为常态，是城市扩张路径与交通系统选择的一个深刻教训。

第三，公共交通的运量大、线路规律、效率高，可以缓解交通行为对外部生态环境的负面影响。广泛采用清洁能源的公共交通工具可以缓解汽车燃烧化石能源对城市大气环境的污染，减轻温室效应和雾霾污染；地铁等公共交通还能减少噪音污染，解决机动车停放难题，节约道路资源。考虑到交通流量对自然环境的影响具有规模递增效应，因此规模越大的城市越应当限制私人交通工具使用，发展公共交通系统才是实现城市生态优化的合理路径。

（二）城市间交通系统对城市体系演变的影响

城市间交通以大城市和超特大城市为中心节点，首先，形成联结少数中心城市的核心轴线；其次，在轴线上形成众多中小城市的中间节点；最后，各中心和节点城市之间相互联结，构成发达的交通网络。在城市体系演变过程中，交通系统的建设完善是会更快地促进沿线中小城市崛起，带来城市体系的均衡化，还是会进一步强化城市体系的向心集中和两级分化？

自2008年京津高铁开通运营以来，我国在10余年的时间内建成和运营了全球最大的高速铁路网络,不仅缩短了城市间交通距离,密切了城市间联系,极大促进了城市群协同发展;也深远地影响到城市间的规模结构和空间布局。高速铁路的开通和运营作为一个准自然实验,可以从中考察新建城市间交通系统对原有城市体系演变的影响效应。

第一种可能是高铁网络加强了中心城市的辐射与扩散效应,城市间级别差距缩小,城市体系会变得扁平化。在理论上,高铁开通后会降低城市间的交易成本,物流运输、资源交换、人才流动的可达性提高,有利于中心城市的人口、资本、技术等扩散到边缘中小城市,促进了城市体系的分散化。这种效应的前提是中小城市能够凭借内在要素禀赋承接中心城市转移出的产业和人口,形成显著的区域比较优势。任晓红等(2020)采用双重差分模型的比较实证研究即表明,长期中高铁开通对沿线的地级以上中小城市的经济增速具有显著的正向促进作用,但是对于没有一定政治、地理和要素禀赋优势的县级城市来说,高铁开通可能带来进一步衰退。

第二种可能是高铁强化了中心城市对沿线城市的经济集聚效应,且这种集聚效应具有规模报酬递增性质,对周边区域形成"虹吸效应",使得人口分布进一步集中,城市体系两极分化。理论原因在于交通可达性提高后,中高档次产业和技能型就业人群会进一步向中心城市集中,以获得集聚效应的好处。例如,智力密集型的生产性服务业需要高度集聚才能通过学习、分享机制增强知识溢出效应;技能型人群由于本地市场效应和消费外部性也会偏向在高级别城市就业居住。边缘城市面临高端产业和高素质劳动力的流失,在新的主导产业和专业分工没有形成之前会陷入相对衰退。叶德珠等(2020)对全国284个地级市数据的实证分析得出:高铁开通对沿线城市的创新效应按照离中心城市的距离,呈先减后增再减的规律;离中心城市100千米内存在虹吸效应,最优作用半径为离中心城市200千米,然后创新力随距离而递减。

城市间交通系统的改善对城市体系演变的影响效应具有复杂性:大城市周边临近的次级城市、低行政级别城市、专业分工程度低的城市容易出现进一步凹陷,使得区域城市体系出现两级分化趋势;较远的次级城市、高行政级别城市、具有专业化优势特色的城市能够进一步获益,使得区域城市体系出现均衡化趋势；城市间交通改善会使得整个城市体系的内部联系更加密切，进一步凸显城市群对于区域协调发展的核心驱动作用。

第四节　城市体系与生态系统的互动耦合关系

一、生态系统对城市体系的影响机理

城市体系作为一个人工系统，必须依赖与周边生态系统进行双向的物质、能量、信息、价值循环与交换活动。因此，一定区域内生态系统的资源、环境承载容量的有限性约束着城市人口规模的扩张，也从根本上影响着城市体系规模结构的演变路径。虽然现代人类经济社会活动的深度与广度不断强化，尤其是近一百年来生产技术的飞跃已经在很大程度上降低了自然生态条件对城市人为活动的限制；但是生态系统的地理风貌基础、物质能量循环、资源能源供应与区域性气候变化等因素仍然约束着城市人口流动方向、产业集聚选址与交通线延伸，进而塑造了城市体系的规模结构、空间结构与职能结构。因此，对于城市体系演变的研究无法回避生态系统的自发性、客观性、全局性影响效应。生态系统对城市体系的影响机制具体主要体现在三个方面：

一是生态系统提供生态产品的数量与质量直接影响不同级别城市的扩张速度、方向、动力等，从而改变城市规模结构演变路径。这些生态产品包括肥沃的土地、优美的园林绿化、干净的水源、多样化的生物群落、清新的空气、充足的能源供应等。以土地和地理风貌为例，在城镇化初始加速期，城市空间扩展使得其边缘区与接壤的纯天然生态空间发生耦合关系。如果与城市边缘接壤的生态空间的土地较为肥沃，地形较为平坦，不存在难以逾越的山地、丘陵、河流等不利地理条件，那么初始中心城市向周边生态空间的扩展往往表现为建筑物大面积联结延伸和人口高密度集中居住，城市更可能会朝着单中心的集中扩张模式演变，城市体系的规模级别差距拉大。如果原始城市周边被山体阻挡，或地理条件、水土生态不适宜集中建设，单个城市在发展空间受限后只能在周边逐步形成新的城市体，城市体系分布形态就会由集中型向分散型演变。

二是不同城市的差异性自然资源特征会直接影响城市生产、生活、生态空间的结构关系，进而影响到城市体系的演变路径。在历史上，一些中心城市兴起和周边城市体系成型的重要诱因就是该区域发现了丰富的资源或能源。尤其在后发国家或地区，工业化的起始加速与经济起飞一般都是率先依赖资源密集型或劳动密集型产业，因此矿产资源、生物资源的区域分布状况极大地影响着其城市体系的初始形态和发展路径。很多资源型城市本身就是以矿而立，依矿而生，先有资源产业再有城市形成，因此资源是否可持续、低成本开采，甚至决定了这类城市的发展前景。随着科学技术进步，煤、石油、天然气、水力、风力、太阳能等不同资源对于城市发展的重要性排序也在发生变化，这也影响着城市体系的演变路径。例如在全球气候变化和生态安全问题凸显背景下，清洁能源、可再生能源等对于传统化石能源的替代成为大趋势，而相关技术革新也使得新能源的跨区域传递和运用越来越便捷、便宜、高效，这就给城市体系脱离传统能源限制，朝多中心、分散化、均衡化演变提供了有利条件。

三是生态系统的区域差异特征从根本上塑造了不同城市的主体功能划分。在生态涵养区或生态产品供给区内，城市不能过度追求经济效益，而要把恢复和保持水土资源，生物多样性资源，调节大气环境、洪水调蓄等放在优先地位，并在一定限度内提供农产品、畜产品、水产品和林产品等生态产品。此类区域内的城市体系一般以中小城市为主，人口规模不能过大，分布不能过度集中，以避免过度侵占脆弱的自然生态空间。在人口承载区或经济功能区内，城市的主要功能是加快吸引人口与产业流入，追求企业、产业和整体经济层面的规模收益递增，发挥集聚效应。在这类区域内，典型城市体系形态表现为规模大、占地面积广的大城市、都市区、城市群。此外，为了保持生态系统物资、能量流动的总体平衡，还需要在生态型城市与人口、经济型城市间建立生态补偿和协作机制，以实现城市体系与生态系统的良性协调互动。

二、城市体系对生态系统的影响机理

城市体系的结构、分布特征及其演变路径会影响区域生态承载力—生态足迹禀赋,改变经济—社会—自然系统的初始稳态关系,通过多种途径极大地影响着生态系统协调状态。

一是城市体系规模结构会影响自然生态系统的物质能量循环过程,进而改变生态平衡状态。一方面,城市体系的过度均衡化或扁平化会弱化城市经济集聚和规模报酬递增,降低城市对各类污染物的集中治理能力,增加城市的人均占地面积,引发土地浪费和面源污染问题。另一方面,城市体系的过度集中化或两极分化,特别是少数大城市的单中心膨胀也容易导致在限定空间内各类废弃物产生过多,远远超出城市生态系统的自然净化能力,即使城市加快环保设施建设,往往也赶不上城市污染物产生的增速,导致城市生态系统的自然平衡关系被破坏。

二是城市体系规模结构会影响社会生态系统的服务供给能力,在很大程度上制约着城市发展的速度、规模和内涵质量。在一个接近奇普夫法则理想状态、大中小城市级别差距适宜的城市体系中,每个城市都能够组建与其人口承载量、主导职能等相匹配的社会公共服务系统,并在不同等级城市间形成公共服务成本的梯度分摊、横向补偿,城市公共服务不足的风险被降低。城市体系与社会生态形成良性互动的理想状态是:顶部的超特大城市以高效率通勤、优质教育、医疗为经济运转提供高效能的社会服务支持;大中城市以普及性教育、高覆盖社会保障、宽敞居住等宜居环境提升自身社会服务优势;小城市则以各具特色的休闲、养老、园林绿化等优势吸引人群分流,分担城市体系的生态压力。

三是城市体系的空间分布及其演变路径影响生态系统的空间连通性,进而关系生态空间的服务功能与生态质量的可控性。由道路、厂房、高层住宅等人工建筑为基本形态的城市空间拓展必然不断侵蚀原生态空间,改变生态空间的物理环境结构。在不同的城市体系演变路径下,这种影响效果具有较大差异。在理论上,集中型的城市体系及相伴的高密度、高容积率的生产生活空间布局不仅更容易分割自然生态空间,使得原有地理风貌被大型人工建成区割裂;更容易破坏原有生物圈与食物链关系,降低生态系统提供物质、能量、信息等的功能。分散型城市体系可以为不同生态区域提供相互联结的通路,更好地维持生态系统的自我循环和自我更新功能。

三、城市体系与生态系统的耦合共生机理

城市体系规模结构演化与生态系统转变之间是一种在交互胁迫中又相互促进的耦合共生关系①。耦合共生关系并不是意味着城市体系与生态环境之间没有矛盾冲突,而是两者所蕴含的多种力量因素相互制衡、关联、妥协、平衡,最终达成了一种高等级、多层次、复杂性的稳定状态。城市体系的产生与发展演变必须遵循与生态系统耦合共生的基本准则。在实证分析中,常用耦合协调度模型来衡量这种耦合共生关系。耦合协调度是指不同要素或系统之间的作用强度,耦合度越大,说明系统发展越有序,要素之间依赖关系越稳定,驱动力的交互作用越强烈。

城市规模结构与生态系统的耦合协调关系主要体现为两个层面:一是城市规模结构演化对生态环境的胁迫作用,二是生态环境对城市规模结构的约束影响或促进环节。随着各个级别城市的数量与规模的此消彼长变化,不仅持续影响着城市体系的等级结构与空间分布,同时也大幅度地改变了城市生态环境的组成与结构,使得城市扩张与生态环境的耦合协调关系发生重大转变。

一方面,如图 3-8 所示,随着城市人口和各种产业在不同城市间不断集中、扩散、分化、重新组合,城市体系在规模结构和空间布局上也不断调整转变。城市体系规模结构的两级分化与空间分布的过度集中会对自然生态系统产生各种影响和胁迫效应。这种胁迫影响的根本原因在于人类社会从根本上归属于、服从于自然生态系统,而过度集中和高强度的改造自然生态的活动,会形成经济社会属性与自然属性的矛盾对立,对水土生态、大气生态、生物圈的各种胁迫影响加剧,进而造成生态系统质量的持续恶化。

---

① 耦合原为物理学概念,在经济领域是指两个或以上经济因素或经济系统通过各种相互作用和运动形式而彼此影响的现象。

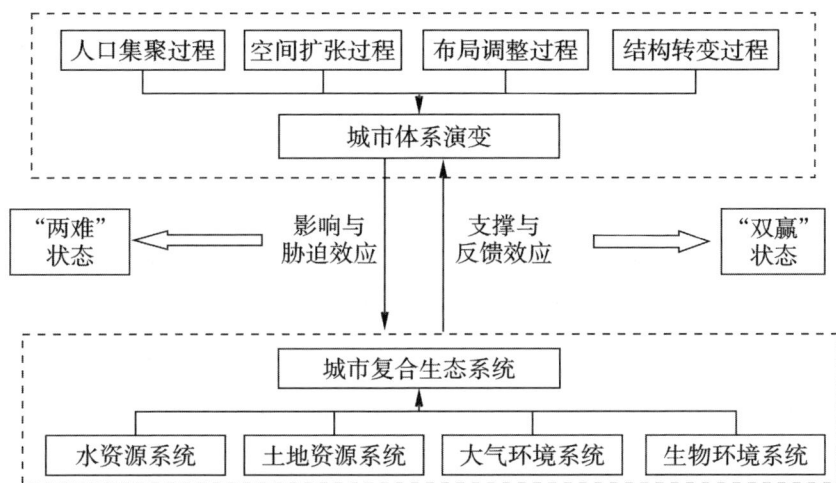

图 3-8　城市扩张与生态系统的耦合共生关系

另一方面,自然生态系统通过水资源、土地资源、大气环境和生物环境等的物质能量循环服务功能,形成了对城市体系经济—社会子系统的支撑与反馈效应。在城市体系失配时,这种支撑与反馈效应在失配区域或领域会供给不足。由地理、自然等禀赋状况决定的区域生态阈值是有限且稳定的,很难被人类主观能动性所改变或扩容。一旦这种阈值被突破,生态超载的负面效应反而会限制或遏制城市可持续发展,最终表现为城市体系与与生态系统的"两难"状态。

城市体系与自然生态系统的耦合共生关系也有正向的反馈循环的一面。如果城市体系规模分布较为均衡,空间分布相对分散,经济—社会子系统对资源的索取和环境的胁迫被限制在生态阈值之内,那么优质的资源与环境禀赋可以反过来支撑起城市内部的正向物质能量循环,城市扩张与生态系统可以达到"双赢"状态。因此,城市体系演变与生态系统的耦合共生关系存在"两难"与"双赢"的双重稳态。

如图 3-9 所示,"两难"稳态一般发生在"环境库兹涅茨倒 U 型曲线"的城镇化中前期的上升阶段(阶段Ⅱ)[1]。由于人们对高消耗、高消费、高排放生活的过度追求,以及城市生态系统本身的脆弱性和依赖性,在城镇化中前期的较长阶段,两者总是表现为胁迫与约束的"两难"关系:一方面,急剧扩张的城市体系呈规模结构两级分化趋势,大城市的人口高增长、资源高消耗和交通高拥堵对生态环境产生胁迫,污染物排放大量增加导致城区环境质量快速下降;小城市开始脱离原始自然风貌,但是土地浪费严重,资源利用粗放,污染治理能力弱化,生态环境建设处于较低层次。另一方面,各级城市的生态环境恶化又会破坏城市美学环境,降低居民生活质量,通过人口驱逐、资本排斥、能源短缺和环境恶化等对城市体系演变产生约束。相关实证研究普遍认为,在20世纪90年代的集中城镇化阶段,中国大多数城市是处于"两难"状态。例如,在长三角城市群中,不仅上海市规模快速膨胀过程导致市区水环境质量下降,城市用地扩张与水质下降呈显著正相关[2];无锡市经济社会发展对生态环境的正效应也低于水污染、土地硬化等生态负效应[3];城市体系集中化加剧了各类城市与生态的相互胁迫影响。

如图3-9所示,"双赢"稳态一般处于城镇化率超过60%的"环境库兹涅茨曲线"下降阶段(阶段Ⅲ)。城市体系在这一时期往往开始由集中膨胀转向分散延伸,规模结构由两极分化转向扁平化;同时城市居民不再单一地追求高收入,而是环保意识开始凸显,对综合生态绩效提升的偏好增强。城市级别差距缩小和空间分布分散不仅降低了城市对生态系统的索取压力与胁迫压力,而且增大了整个城市体系的资源环境承载潜能,使得城市体系与生态系统呈现互相支撑与正向的反馈循环运动,直到城市生态系统进入高级耦合阶段。2000年以来,相关研究表明我国逐渐向"双赢"状态规律转变。例如马磊(2010)的实证研究证明了1995—2005年中国城市工业污染具有先上升后下降的"倒U形关系",并认为21世纪以来城市体系和生态环境实

---

① Grossman, Krueger. *Economic growth and the environment* [M]. National Bureau of Economic Research, 1994.

② RenWW, et al. Urbanization, land use, and water quality in Shanghai: 1947-1996[J]. *Environment International*, 2003, 29(5): 649-659.

③ 杨山, 汤君友. 无锡市空间扩展的生态环境质量综合评价研究[J]. 中国人口·资源与环境, 2003(01): 67-71.

现"共赢"的原因主要是治污部门存在知识外溢的规模收益递增特征,以及城市集中治污能力提高。

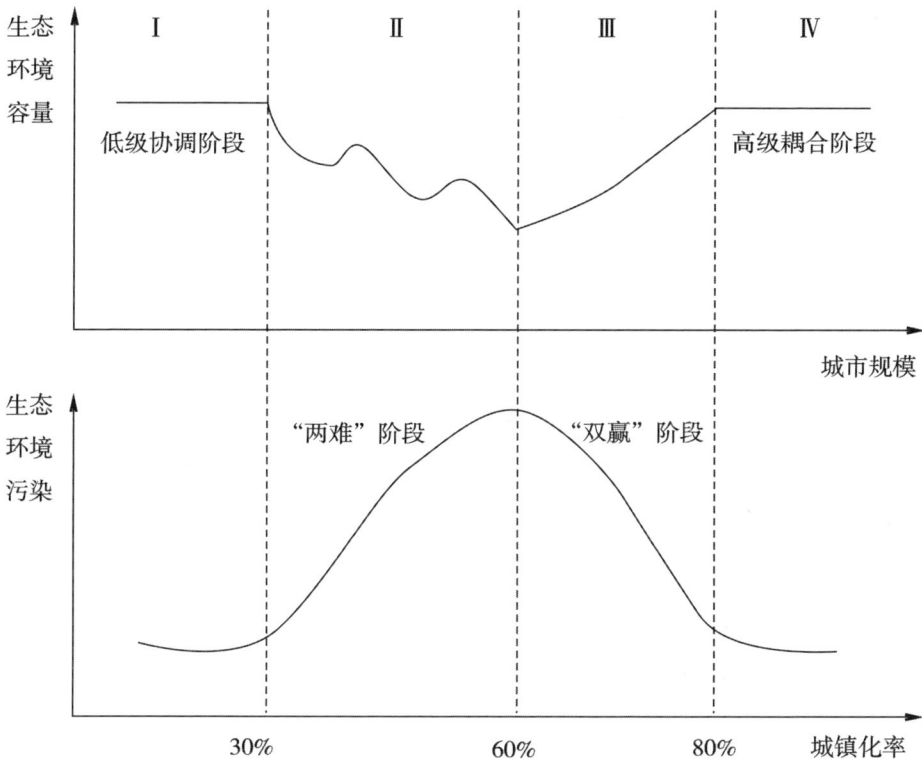

图3-9 城市体系与生态环境耦合共生关系的阶段性演变规律

四、城市体系与生态系统耦合关系的动态演化规律

城市体系与生态系统的耦合共生关系并不是静态不变的,而是表现为非线性的动态演变规律过程。依据动态耦合模型,如图3-9所示,可以将城市体系与生态系统的耦合共生关系分为5个阶段。

第一阶段:城市体系扩张初期,城镇化率低于30%的阶段Ⅰ。此时城市体系发育尚不成形,各级别城市的初始规模较小,少数大城市的扩张尚未明显影响生态系统的自发循环过程,人类活动对资源的索取与污染物的排放没有超过区域生态承载力,城市体系处于不受生态系统限制的低级协调共生阶段。此时经济系统与自然系统之间是以正反馈循环为主。对生态环境的有限开发利用首先支撑着经济要素在城市中初步集聚,城市物质文明与生活条件的改善又不断吸引新移民与农村剩余劳动力迁入,为城市生态环境改善提供更为有利的物质与人力基础,最终维持城市体系与生态系统处于协调共生的稳态。

第二阶段:城市体系低速扩张期,城镇化率处于30%—40%的阶段Ⅱ前期。此时一些大城市率先进入急剧膨胀期,面临的生态环境约束愈发凸显。这种约束尚可以通过生态成本转嫁、生态费用外部化或大量吸引外部资源流入等加以缓解。大量的发展滞后的小城市与乡村地带不仅能为大城市提供生态产品和自然资源供给,而且可以承接吸收部分大城市转嫁的污染物,从而维持整个城市体系处于生态矛盾的潜伏期。

第三阶段:城市体系高速扩张期,城镇化率处于40%—60%的阶段Ⅱ后期。此时不止少数大城市,原先生态容量充裕的小城市均出现对资源的紧缺和环境污染的日益加剧,生态矛盾的空间范围覆盖整个城市体系。一方面,城市体系的集中化演变会极大地改变大城市周边自然子系统的结构、性质与功能,甚至一些区域的经济社会活动强度远远超出生态承载力极限,使得自然生态被割裂、生物多样性减少,甚至引发极端气候变化等生态危机。另一方面,城市体系集中趋势逐渐会被通勤成本上升、物价上涨、宜居环境恶化等反向动能所阻碍。尤其在围绕CBD布局的单中心城市中,少数大城市集中扩张的反向动能最终会抵消规模效益,使得城市限制在均衡规模状态。

第四阶段:城市体系的生态优化期,城镇化率处于60%—80%的阶段Ⅲ。此时城市体系的结构、布局失衡带来的负面生态影响越来越严峻,城市无限扩张与生态系统容量有限的矛盾在紧张—缓和—紧张的循环中不断往复,迫使城市体系不断朝着生态协调状态优化调整,沿着"S"型轨道螺旋上升。在生态文明理念引导下,大城市人口出现疏解,城市级别差距开始缩小,城市体系不断适应生态环境变化,两者从相互胁迫关系转化为相互促进关系,在妥协中达到协调共生发展状态①。

第五阶段:城市体系与生态系统的高级协调耦合阶段,城镇化率处于

---

① 方创琳,鲍超,乔标.城镇化过程与生态环境效应[M].北京:科学出版社,2008.

80%以上的阶段Ⅳ。在这一城市文明的高级阶段,虽然城市扩张的速度放缓,但是城市体系结构分布不断调整优化,城市生产、生活、消费等活动的绿色环保意识普遍提升,资源节约与环境友好倾向加强,经济—社会—自然系统通过交互影响、博弈、妥协、试错、双赢等复杂过程,最终推进整个城市复合生态系统过渡到协调耦合的高级均衡状态。

应当注意的是,从第三阶段"两难"到第四阶段"双赢"的转变虽然是发达国家的普遍经验,但跨越环境库兹涅茨曲线转折点(F点)并不能看作是一个城市体系演变的自发过程或必然规律。这取决于是否能够达成对自然索取上限的强约束,城市生产与生活能否形成生态价值取向,以及政府生态保护政策的实施效果。这种转变的动力主要来源于:一是城市扩张可以更高效地配置和利用土地、水等自然资源与煤、天然气等能源,带动生态环境的极大改善,从而在宏观上扩大了既定生态区域的人口容量。二是城市经济社会发展为增加环保投入、绿色技术研发等创造了更为雄厚的财力条件。三是大城市对污水、废气、固废物的处理和循环利用设施运营比小城市更高效,更有利于发挥污染物集中治理成效。四是城市扩张往往伴随着生态文明扩散和经济结构高级化,这些有利于更好地引导城市体系与生态系统向耦合共生的"双赢"状态转变。

应当指出的是,在政策上,城市体系的生态优化并不必须经过漫长的先污染、后治理的过程。尤其是对于发展中国家来说,政府应主动对城市体系演变施加生态导向的强约束和严格规制,例如引导城市产业结构优化升级、严格环境保护执法、构建绿色消费习惯、推广节能减排技术、规模化建设治污产业等(丁达,2004;格罗斯曼,1991),以尽量缩小从"两难"阶段到"双赢"阶段的螺旋循环过程所经历的曲线弧度和时间跨度。

第四章
生态拓展的城市体系演化模型与实证分析

第一节　经典的城市规模效率模型

城市增长模型的构建和拓展分析是本书研究城市体系规模结构演变的重要理论基础。要系统分析城市体系发展演变与生态系统转变的动态过程,不仅要考虑影响城市增长的人口、资本、技术、市场潜能等传统因素,在此基础上建立一般性的城市经济增长模型;还应充分考虑我国当前所处城镇化发展阶段,突出生态文明建设迫切背景,重点分析多维生态系统因素与城市发展及城市体系演变之间的理论关系机理。

阿朗索(Alonso,1971)建立了基本的城市集聚经济和人口规模的二次函数模型,如式(4-1),其中,pop 指城市人口规模。

$$f(pop) = a + b * pop + c * (pop)^2 (b > 0, c < 0) \qquad (4-1)$$

欧振中和安德森(Au and Henderson,2006)基于新经济地理学的"D-S"垄断竞争模型框架进一步拓展了 Alonso 模型。Au-Henderson 模型假设企业生产异质的最终产品并出售给其他区域,中间服务投入是非贸易品,贸易品物流符合冰山运输成本规则,即运输成本消耗与出发地到目的地的空间距离呈正相关。对于一个代表性城市,最终商品的产出 y 是资本投入 k_y、有效劳动 l_y、中间投入品 $x_{(i)}$、技术进步 $A(\cdot)$ 的函数,c_y 是单个企业的固定成本,则代表性城市的净产出为:

$$y - c_y = A(\cdot)\, k_y^\alpha\, l_y^\beta \Big(\int_{Sx} x_{(i)}^{\rho}\, di \Big)^{\frac{\gamma}{\rho}} - c_y$$

$$\alpha + \beta + \gamma = 1, 0 < \rho < 1 \tag{4-2}$$

由于城市中生产者集聚可以带来知识外溢效应、本地市场多样化效应、以及搜寻-匹配成本降低等诸多好处,在外部规模经济假设下,技术进步可写成:

$$A(\cdot) = A\, l^\varepsilon \tag{4-3}$$

从城市居民对最终商品的需求角度来看,假设需求的价格弹性为 $-\sigma_y$,则消费者的效用函数可表示为:

$$U = \Big(\int y_i^{(\sigma_y-1)/\sigma_y}\, di \Big)^{\sigma_y/(\sigma_y-1)}\quad \sigma_y > 1 \tag{4-4}$$

假设每一个生产者在国内和国际市场上都是一个垄断竞争者,在代表性城市 j 中最终商品的价格可以表示为:

$$P_{y,j} = MP_j^{1/\sigma_y}(y - c_y)^{-1/\sigma_y} \tag{4-5}$$

式(4-5)中 MP_j 是代表性城市 j 的市场潜能,在 Au-Henderson 模型中将其定义为与城市内部价格指数、总消费支出成正比,与冰山运输成本成反比。

关于有效劳动的界定是研判最优城市人口规模的重点。假设城市初始地理形态为一个单中心的圆形,所有居民均在中心城区尤其是 CBD 就业,而在城区边缘或周边分散居住。t 代表综合通勤成本,是从边缘居住地到市中心的通勤时间的函数。对于劳动力数量为 N 的城市来说,其有效劳动为:

$$l = N - (2/3\,\pi^{-1/2}t)\, N^{3/2} \tag{4-6}$$

假设生产最终商品和中间商品的每一个生产者均追求最大化利润,每一个消费者均追求最大化效用,产量 Q 是关于成本 c_y 的一个外生参数,K/N 是一个城市的劳均资本投入。在垄断竞争框架下,研究城市规模效率的一般模型可以由劳均净产出 VA/N 的形式给出:

$$VA/N = QMP^{1/(\sigma_y(1-\alpha))}(K/N)^{-\alpha/(1-\alpha)} A^{1/(1-\alpha)}(N - a_0\,N^{3/2})^{(\varepsilon+\gamma/\rho+\beta)/(1-\alpha)} N^{-1} \tag{4-7}$$

根据式(4-7),给定劳均资本投入和技术水平,通过最优规划求解,可得出使得劳均净产出最大化的劳动力数量,或者说是在经济导向下,对应"倒

U 型曲线"顶点处的最优城市人口规模:

$$N^* = \left(\frac{\varepsilon + \gamma(1-\rho)/\rho}{a_0(\varepsilon + \gamma(1-\rho)/\rho + 1/2(\varepsilon + \beta + \gamma/\rho))} \right)^2 \tag{4-8}$$

最后,在模型式(4-7)中加入服务业增加值与制造业增加值的比重 MS 以区分不同类型的城市,并对模型取对数,即得到研究城市规模效率问题的基本理论模型:

$$\ln(VA/N) = \frac{1}{\sigma}\ln MP + \ln A + \alpha\ln(K/N) + \alpha_1 N - \alpha_2 N^2 - \alpha_3 N \times MS + \alpha_4 MS \tag{4-9}$$

第二节　生态拓展的城市体系演化模型

本书基于城市经济学中城市体系的一般均衡模型,在生产者的供给行为、消费者的效用行为、地方政府的生态公共投资行为基础上,增加社会与自然子系统的生态因素变量,从生态系统层面拓展城市体系模型,并对城市规模结构的演化机理进行比较静态均衡分析。

一、模型的理论假定

本书将影响城市体系演变的经济或非经济因素放置在一般均衡的理论框架下,探讨为什么城市之间的经济功能和规模会有所不同,以及城市之间相对规模和空间分布的决定因素。

城市体系的理论思想和相关模型设计最初来源于中心规划理论(central plan theory)［克里斯塔勒(Christaller),1966］。该理论认为,在传统农耕型经济中,城市产生和发展的根本原因是要服务于农业人口,城市需要向乡镇和农村区域出口或出售非自给型的商品和劳务,因此城市的规模和等级结构取决于周边农村人口与农业基础条件。这个模型虽然确立了城市体系概念,但是缺少供求关系、价格和市场出清等关于城市内部经济结构的模型设计(Beckman,1958)。

米尔斯(1967)提出城市体系形成的根本原因是工业生产中存在规模经济(包括本地市场效应和生活成本效应)。对生产率的追求使得工人和厂商不是均匀分布在特定空间,而是在地理上形成聚合体。一些导致城市体系分散化的负面因素也被注意。例如城市过度集中化的通勤成本、犯罪、污染等。亨德森(1980)对 34 个国家的城市规模分布的实证研究表明,更多的农业活动、更分散的社会结构会降低城市的集中度。虽然这些可以通过加强城市治理或经济结构转变加以缓解,但是规模不经济的后果仍将持续抵消生产的规模经济,最终把城市规模限制在特定均衡水平(迪克西,1973)。

本书首先假设存在不同种类的城市,每一类城市均专业化地生产不同的(可移动的)贸易商品,众多不同种类、专业从事不同生产活动的有限效率规模(limited efficient sizes)个体组成了城市体系。一方面,由于几个不同类型的行业挤在同一城市生产时,会导致这个优势城市的地域面积过度扩张,空间距离拉大提高了物流成本和交易成本,同一行业的产业链纵向延伸不足,不同行业的横向联合也变得低效。考虑到物流成本和产业联结范围的有限性,如果不同类型的工业企业能够专业化地集中布局在不同的城市,那么企业就可以享有更大的规模经济和范围经济好处。另一方面也应当注意,城市专业化的程度是有限的,有些超特大城市也会呈现生产多样性和综合化,原因主要在于两点:一是由于贸易运输成本的存在,零售、房地产、学校教育等(不可移动的)非贸易品的生产是所有城市均不可或缺的,不适合专业化。二是总部经济、研发产业、生产性服务业等由于产业链关联性强或技术溢出效应广,也需要在某些超特城市集中,以实现空间上的紧密联系。

二、生产者的供给

本书对单一城市模型的设定建立在一般函数形式基础上(如式 4-10 至 4-17 所示),包括生产部门、消费部门和地方政府部门 3 个不同述求主体。

假设每个城市生产两种最终产出,一种是专业化生产的贸易品,一种是非贸易品。生产贸易品的厂商处于希克斯中型技术进步路径,产量的增长完全靠要素投入量的增加,不存在规模报酬递增或递减。界定行业的生产函数为:

$$X = Ag(N) N_0^{\alpha} K_0^{1-\alpha} \tag{4-10}$$

其中 X, N_0, K_0 分别为行业产出、劳动投入和资本存量。$g(N)$ 是流动要素投入量，定义为城市人口规模 N 的函数：

$$g(N) = e^{-\theta/N} \tag{4-11}$$

非贸易品的生产以城市住宅为代表。住宅生产是房地产资本投入 K_1 和生态场所 l 的函数，具有稳定的规模报酬：

$$H = B\, l^{\beta} K_1^{1-\beta} \tag{4-12}$$

本书为分析生态系统因素对城市有效规模与城市体系演变的影响机制，这里界定"生态场所 l"为城市生态承载容量，即包含提供社会公共服务、保护自然环境、供给资源等所需的广义"生态场数"。l 是由城市人口总量 N、投入生态保护或维系的劳动时间 N_2，以及公共投资 K_2 影响的函数：

$$l = D\, N^{-\delta} N_2 K_2^{\gamma} \tag{4-13}$$

N_2 代表了居民为增强城市社会——自然子系统承载容量所投入的劳动资源或时间，与投入到贸易品生产的时间 N_0 存在互补关系。N 表征不断增长的城市居民数量，通过对生态资源的索取实际上不断抵消了生态场所容量。并且可以得出，人口增长（N 和 N_2）对生态场所增长的作用弹性处于小于 1 的低效率状态。K_2 代表城市政府在生态维系和治理方面的公共投资。

假定投入和产出价格既定，对于 X、H、l 的生产函数来说，求厂商利润最大化的拉格朗日条件，即边际产品价值等于要素价格，根据生产函数可以得到 X 和 H 的价格（单位成本）函数：

$$q = c_0\, w^{\alpha}\, r^{1-\alpha} g(N)^{-1}，\text{其中 } c_0 = A^{-1}\alpha^{-\alpha}(1-\alpha)^{\alpha-1} \tag{4-14}$$

$$p = c_1\, p_l^{\beta}\, r^{1-\beta}，\text{其中 } c_1 = B^{-1}\beta^{-\beta}(1-\beta)^{\beta-1} \tag{4-15}$$

其中 w 是地方工资率，r 是全国资本出租率，p_l 是地方化生态空间价格，q 是贸易商品 X 的全国价格，p 是非贸易性的住宅商品 H 的地方价格。在生产的方面，城市充分就业的条件为劳动力将时间资源 N 全部投入贸易品生产和生态生产；城市资本 K 全部投入贸易品生产、非贸易性的住宅生产与交通运输等公共事业投资，即：

$$N_0 + N_2 = N \tag{4-16}$$

$$K_0 + K_1 + K_2 = K \tag{4-17}$$

三、消费者的需求

假设居民的效用函数形式 U 和预算约束函数为：

$$\begin{cases} U = x_1^{a1} x_2^{a2}, \cdots, x_n^{an} h^b \\ y = w - r \dfrac{K_2}{N} \end{cases} \tag{4-18}$$

其中 x_j 是 j 类贸易商品，h 是非贸易性的住宅消费，个人收入 y 是工资收入 w 减去为生态生产所筹措的人均地方政府税金。根据消费者在既定预算约束下追求效用最大化的决策原则，可以计算得出城市住宅的总需求方程：

$$H = \frac{b}{f} y N P^{-1} = \frac{b}{\Sigma a_j + b} y N P^{-1} \tag{4-19}$$

其中 b/f 是消费者对于住宅产品的偏好参数。可以看出，消费者的住房需求与其个人收入、城市人口规模呈正比，与房地产价格水平呈反比。将住宅需求方程代入效用函数，可得到间接效用函数：

$$U = \sum (a_j/f)^{aj} (\sum q_j^{-aj}) y^f p^{-b} \tag{4-20}$$

四、地方政府的行为

在城市体系模型中，地方政府决定用于生态维系的公共投资 K_2 的水平。假设政府的目标是全体居民福利的最大化，在全国市场的资本回报率既定条件下，政府会选择使消费者效用 U 最大化的 K_2。

无论是社会子系统的基础设施、交通系统和公共服务供给，还是自然子系统的资源集约利用和人居环境维护，城市政府的生态治理与生态公共投入都会增加可供利用的广义"生态场数 l"。由于城市中几乎一半的面积都是提供道路、公园、教育、环保、水电气供应等非贸易品的公共空间；因此，地方政府是否能够提高公共投资 K_2 对"生态场数"增加的作用弹性系数 γ，对于城市的有效规模和体系分布具有关键影响。

五、城市规模效率模型分析

将边际生产率条件代入基本的住宅需求和住宅供给方程，得到 K_1 的表达式为：

$$K_1 = \frac{(1-\beta)b}{f} N y \, r^{-1} \tag{4-21}$$

对于任意的 N，求解关于 K_2 的最大化 U，解 $(\partial U / \partial K_2) / K_2 = 0$ 可得到 K_2 的表达式：

$$K_2 = \frac{\gamma \beta b}{f} N y \, r^{-1} \tag{4-22}$$

最后，求解城市收入、产出和效用水平。将 K_2 的表达式代入预算约束方程得到：

$$y = \frac{f}{f + \gamma \beta b} w \tag{4-23}$$

将该式代入间接效用函数，替换掉 y，用城市工资函数替换掉 w，用住宅的价格函数替换掉 p，用生态投资函数替换掉 K_2。可得效用函数的最终形式为：

$$U = E \left(\prod q_j^{-a_j} \right) \left[c_0^{-1} q \, r^{-1} g(N) \right]^{(f-b\beta(1-\gamma))/\alpha} r^{f-b} N^{\beta b(\gamma-\delta)} \tag{4-24}$$

其中 E 为一个参数集合。

六、封闭经济中的城市数量和规模分布

用流动要素投入函数 $g(N)$ 代入该式，并求解效用最大化条件 $\partial U / \partial N = 0$，最终可以得到满足拉格朗日条件的城市有效规模的表达式：

$$N = \frac{\theta}{\alpha} \left(\frac{f - b\beta(1-\gamma)}{b\beta(\delta-\gamma)} \right) = \frac{\theta}{\alpha} (\psi) \tag{4-25}$$

根据城市有效规模函数，可以得到结论：第一，与城市有效规模呈反比的因素包括消费者对于住宅的偏好参数 b/f，住宅生产的生态场所密度 β 等。如果住宅生产需要更多地依赖城市社会—自然子系统的承载容量，而更少地依赖增加资本投入，那么城市的有效规模会下降；反之亦然。因此，过于偏好房地产拉动城市增长，或房地产生产方式过于利用生态空间时，会对城市有效规模形成潜在负影响。第二，如果城市政府对生态公共投资的作用效率 γ 提高，能够抵消人口增长对生态场所的侵蚀效率 δ，则人均生态成本的增加将会变得缓慢，城市有效规模会增加。因此，应当重视政府的主

动生态治理与环境规制,加大公共财政对交通、资源、环保等生态领域的投入力度。第三,城市有效规模随着城市规模经济程度 θ 的提高而增长,而规模经济是城市之所以集聚的理论基础。第四,城市有效规模随着贸易品生产中资本密度 $(1-\alpha)$ 的提高而变小。因为资本密度越高,意味着一个城市可以用较少的人口生产出同样的贸易品数量,因此城市有效规模越小。

为分析每一类城市的数量比例(m_j),使得每一类贸易商品的全国需求和供给相等,因此供给的数量为 $m_j X_j$ 。基于对数线性效用函数 U ,全国的需求是 $(a_j/f) I q_j^{-1}$,其中 I 是地方国民收入净值。因此,对于任意两类城市,有:

$$\frac{m_j X_j}{m_1 X_1} = \frac{a_j}{a_1} q_j^{-1} \qquad (4-26)$$

用前述公式替换掉 X 与 q ,可得:

$$\frac{m_j}{m_1} = \frac{a_j}{a_1} \frac{\alpha_j}{\alpha_1} \left(\frac{N_j}{N_1}\right)^{-1-1/\psi} = \frac{a_j}{a_1} \frac{\alpha_j}{\alpha_1} \left(\frac{\alpha_j/\theta_j}{\alpha_1/\theta_1}\right)^{-1-1/\psi} \qquad (4-27)$$

消费者对于城市 j 生产的专业品 X_j 的相对需求偏好 a_j/a_1 增长时,城市体系中各类城市的相对数量比例 m_j/m_1 提高。而当劳动的相对产出弹性升高,或者城市规模经济的相对程度降低时,则城市的相对规模 N_j/N_1 会出现下降趋势。总之,上述情况导致同样数量的贸易品专业化生产会由更多但更小的城市体系承担,即城市体系的均衡化、分散化趋势加强。城市体系的规模—位序和空间分布并不是随机的,其规律性蕴含着非常独特的市场供求的潜在条件。

七、城市政府强化生态投资的政策效果

中央政府如果加强在生态领域进行公共投资的力度,这种政策如何影响城市的规模结构分布? 首先假定城市的生态公共投资 K_2 除了原先地方政府投入外,另由中央政府从国民收入税收中进行返还补贴。s 是中央政府支付的地方生态公共投资的比例。t 是国民收入税率。则人均收入方程变为:

$$y = w(1-t) - r(1-s)\frac{K_2}{N} \qquad (4-28)$$

与亨德森(1982)的不存在中央税收的模型公式相比,这个补贴方案影

响到生态公共投资的地方需求 K_2^* 和地方效用水平 U^*：

$$K_2^* = K_2(1 - s)^{-1} \qquad (4-29)$$

$$U^* = U(1 - t)^{f + \gamma\beta b}(1 - s)^{-\gamma\beta b} \qquad (4-30)$$

可以看出,中央补贴比例 s 的提高会引起城市生态公共投资 K_2 的上升,中央税率 t、补贴比率 s 分别会对消费者效用水平产生负的和正的影响。中央政府的补贴政策对城市体系的影响分为 4 种情况：

第一种情况,假定中央政府给所有城市以相同比率的生态公共投资补贴。那么在整个城市体系中,政府补贴的作用是中性的,不影响效用函数 U^* 中的 N 项,即该政策对城市规模和每一类城市的相对数量、相对地位没有影响。

第二种情况,假定中央政府只给一种类别 j 的所有城市以相同的补贴,例如对水土涵养地城市或资源输出型城市给予生态补偿性的财政转移支付。由于 j 类城市的效用函数 U^* 仍和初始一样,因此 j 类城市的有效规模不变。对城市数量比例公式进行适当的替换可得：

$$\left(\frac{m_j}{m_1}\right)^* = \frac{m_j}{m_1}(1 - s_j)^{-\frac{\gamma\beta b}{f - b\beta(1 - \gamma)}} \qquad (4-31)$$

可以看出,实施生态公共投资补贴政策后的 j 类城市的数量比例 $(m_j / m_1)^*$ 随着补贴率 s_j 的提高而不断增多。对生态公共投资的补贴政策会带来相对生产成本的下降,这和将补贴施加于产品 x_i 生产的影响一样,最终导致 j 类城市的数量增加。值得注意的是,任何一个 j 类城市都不能从生态投资补贴政策中长期受益,因为补贴的价值并没有被资本化为更高的工资或租金。由于其他类城市竞相转变为 j 类城市以获得补贴,最终会抹平补贴带来的利益。

第三种情况,只给一个特定的城市以生态公共投资补贴,例如中央政府在特定时期内对将要举办公共大型活动或国家窗口的某个城市提供生态公共投资补贴率 s。虽然这个补贴只惠及某个城市,但它是由国民收入税收支付的。则补贴投向城市的效用函数变为：

$$\widehat{U}_j = U_j(1 - s)^{-\gamma\beta b} \qquad (4-32)$$

生态公共投资补贴政策对于不同城市的影响效应如图 4-1 所示。一方面,对于无补贴的 j 类城市来说,均衡的城市有效规模在 N_j^* ,满足 $\partial U_j/\partial N_j =$ 0。在均衡点处,$U_j = U_e$,即无补贴的 j 类城市的消费者效用处于全国均衡效用水平。另一方面,对于有补贴的城市,虽然在 N_j^* 处仍然满足 $\partial U_j/\partial N_j = 0$,但是 N_j^* 处补贴城市的效用曲线 $\hat{U}_j$ 在无补贴城市的效用曲线 U_j 之上。在没有准入限制的情况下,有补贴的城市的规模将会扩展到 $\hat{N}_j$ 处,使得消费者效用回归到全国均衡效用水平。

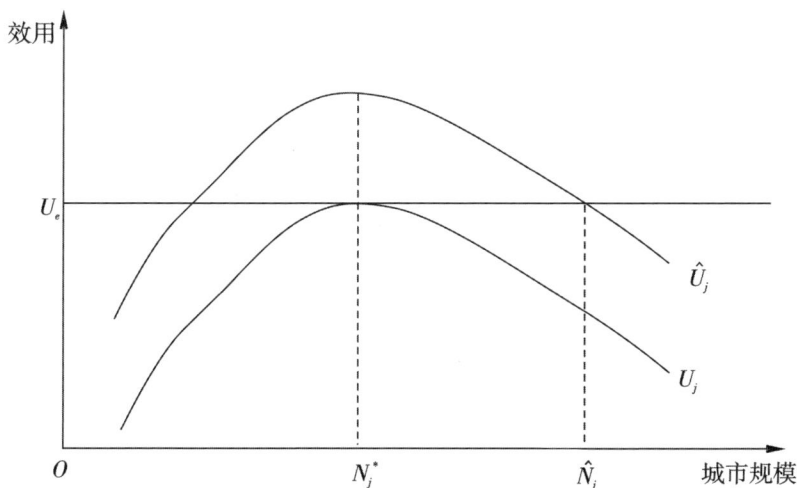

图 4-1 生态公共投资补贴政策对于不同城市的影响效应

总之,在短期中,生态补贴政策对投向城市具有额外的净收益,增加了消费者福利。在长期中,生态补贴政策将会持续吸引人口与要素流入该城市,在使该城市规模扩大的同时,导致该城市的实际生活成本上升,最终抵消掉了净收益。

如果想长期维持生态补贴的福利效应,必须对受到补贴照顾的城市施加准入限制,例如,对新迁入居民收取一定的额外定居费用,这个额外费用相当于图 4-1 中两条效用线的差额部分 $\hat{U}(N_j^*) - U_e$。额外费用在理论上被资本化为土地价格,而不会随着城市的扩展而消失。在实践中,除非采用行政强制措施,通过直接的准入费用或限制居住单元的数量来约束城市规模是很难做到的。这也解释了为何在一些拉美国家,会出现"大城市病"和人口持续流入并存的怪圈。同时,在一些新兴发展中国家,通过高房价、准入限制等措施避免大城市过度膨胀,在客观上也维持了大城市的生态稳定性。

第三节　我国城市规模效率与生态最优规模的实证分析

一、研究背景及意义

根据城市经济学经典理论和西方国家的实证研究结论,城市人口规模扩张对产出效率呈先扬后抑的"倒 U 型"曲线规律①②,即城市规模存在一个最优值或最适区间,太小或太大均不适宜。然而,长期以来我国城镇化主要表现为一些超特大城市过度膨胀的"大城市化"③,这不仅直接导致了城市级别差距拉大与规模结构失衡,而且进一步加剧了城市生态超载,使得城市居民和管理者受房价高涨、交通拥挤、环境污染、公共服务短缺等诸多"城市病"的长期困扰。

从实证来看,我国城市规模是愈大愈好,还是如"倒 U 型"曲线规律所示,存在某个拐点? 这一拐点的具体人口规模为多少? 这不仅关系我国应当以何种规模级别城市作为城镇化推进重点,而且关系不同城市在城市体系中的角色定位与政策导向。然而,当前学界对这一问题的实证研究普遍仍是以城市人均 GDP④、投入产出⑤等经济层面标准为导向,评价方式普遍单

①　陈秀山,张可云.区域经济理论[M].北京:商务印书馆,2003:99.

②　Duranton G. ,D. Puga. Nursery cities:Urban diversity,process innovation,and the life cycle of products[J]. *Cepr Discussion papers*,2000(91):1454-1477.

③　李玉柱."中国城镇化的反思与创新"学术研讨会综述[J].中国人口科学,2012(3):96-105.

④　关静.中国城市规模适度性研究[J].湖北民族学院学报,2013(3):34-37.

⑤　习强敏.城市效率与城市规模关系的实证分析:基于 2001—2009 年我国城市面板数据[J].经济问题,2012(10):37-41.

一化和片面化,尤其忽视了城镇化本质内核是城市居民对现代生态文明的共享。

从公平与效率的关系来看,虽然在自由市场下要素集中配置到较大城市是高效率的,但是对于整个城市体系来说,必须考虑到低级别城市居民的发展权利,降低贫富差距,补偿生态涵养区和供给区的付出等目标。本节针对现有研究不足,充分考虑近年来我国城市生态问题凸显及生态维系成本边际递增的现实背景,以城市经济—社会—自然复合生态系统的综合绩效为评价标准及视角,全面研判城市最优规模阈值,进而分析城市体系规模结构的生态优化路径。

近年来,学界对城市生态综合绩效的测度方法主要有层次分析法、熵值法、因子分析法、数据包络分析法、生态足迹法等。从城市生态系统的内涵原理和复合性来看,正是各种能量与物质在生物群落与无机环境间往复循环,发挥着为城市生态系统提供各类支撑和服务功能[①]。本节首先采用因子分析法综合测度城市生态综合绩效;其次使用2004—2015年我国地级市面板数据,利用动态面板模型实证分析生态视域下我国城市规模效率特征,并重点比较分析生态层面与经济层面上最优城市规模的差异;最后为我国城市规模的适宜区间界定和城市体系优化提供生态层面的决策依据与对策建议。

二、实证模型设定与变量选取

(一)因变量

我们将复合城市生态系统纳入城市规模效率问题分析中,除了在经济层面上选取人均地区生产总值表征各地市的产出效率水平;还在生态层面上,根据城市生态系统的物质与能量循环特征,从三个层面选取代表性指标:一是气态循环领域,选取每万元 GDP 产生的工业二氧化硫排放量、工业烟尘去除比率、建成区绿化覆盖率、每万人拥有的园林绿地面积等表征城市空气质量维系水平;二是水循环领域,选取每万元 GDP 产生的工业废水排放

---

① 王玉明.地理环境演化趋势的熵变化分析[J].地理学报,2011(11):1508-1517.

量、生活污水集中处理率等指标表征水资源保护与再生水平;三是沉积物循环领域,选取工业固体废物综合利用率、生活垃圾无害化处理率等表征沉积物循环利用水平。在多维指标体系基础上,以因子分析方法得到城市生态系统的绩效水平作为因变量。

(二)核心解释变量

本节采取市辖区年末常住人口数(万人)作为表征地级市规模的变量。尽管常住人口数并不能直接获取,但是国家统计局从 2004 年起要求各地市统一用常住人口数而非户籍人口数计算人均地区生产总值,因此通过"地区生产总值/人均地区生产总值"得到了各地市的常住人口数。

(三)控制变量

1.人均资本

采用城市固定资产投资额除以常住人口数作为人均资本投入的表征指标。

2.产业结构

以第三产业增加值占 GDP 的比重表征产业结构优化升级因素。

3.市场潜能

城市的市场潜能受到所有对该城市的产品有需求的城市购买力和交通运输成本的影响。考虑到数据的可得性,借鉴栾贵勤等(2008)的计算公式得到市场潜能 MP ,其中 gdp 表示地区生产总值,S 表示区域空间面积,如式(4-33)所示:

$$MP_{it} = \frac{gdp_{it}}{\frac{2}{3}\sqrt{\frac{S_{it}}{\pi}}} \qquad (4-33)$$

三、数据来源与描述统计

所用数据主要来自于国家统计局的《中国城市统计年鉴(2004—2015)》、中经网数据库和 EPS 全球统计数据库。考虑我国现行市管县行政体制,文中各地级市的数据范围皆指市辖区,数据起止年份为 2004 年至2015 年。由于拉萨、三沙、毕节、铜仁等市数据严重缺失,巢湖 2011 年调整行政区划并划归合肥市代管,重庆市辖区比较特殊,故将这6个城市等剔除,最终有284个地级城市纳入考察。变量的描述统计情况如表4-1。

表4-1　变量描述统计

变量名及代码	单位	均值	标准差	最小值	最大值
人均地区生产总值(rgdp)	元	43 333.82	33 999.97	13 450.00	467 749.00
常住人口数(pop)	万人	131.82	150.57	14.35	1 913.00
人均资本(inv)	元/人	92 915.73	66 594.03	27.49	1 006 593.00
产业结构(ind)	%	42.03	10.98	8.58	79.65
市场潜能(mp)	N/A	1 420 736.00	1 443 589.00	153 792.00	14 900 000.00
工业二氧化硫排放量(SO_2)	吨/万元	0.025 3	0.039 6	0.000 0	0.532 3
工业烟尘去除比率(smk)	%	92.21	14.80	0.82	100.00
建成区绿化覆盖率(gre)	%	36.93	15.16	0.00	86.64
园林绿地面积(gar)	公顷/万人	39.13	54.31	0.03	1179.22
工业废水排放量(wat)	吨/万人	25.77	39.64	0.09	574.79
生活污水集中处理率(wat2)	%	68.58	24.53	0.00	100.00
工业固体废物综合利用率(sol)	%	79.16	23.06	0.49	143.24
生活垃圾无害化处理率(hou)	%	81.25	26.31	0.00	362.00

四、城市生态系统的因子分析与绩效评价

城市生态系统的复合性决定了其评价指标的多元化。因此采用因子分析方法,可以提取出影响或支配可测变量的潜在因子,通过因子旋转估计潜在因子对城市生态系统可测变量的影响程度及之间的关联性,达到即减少分析指标的个数,又能概括原始指标主要信息的目的。

首先,将工业废水排放量和工业二氧化硫排放量等反向指标以取倒数的方式作正向化处理。其次,检验所选取的变量是否适合因子分析:KMO检验值为0.607,大于0.5;Bartlett球形检验的相伴概率小于0.05;表明适合进行因子分析。最后,采取主成分分析法提取因子,保留特征值大于1的所有公因子。考虑到缺失值产生原因与解释变量不相关,故选择删除所有含有缺失值的个案,不会对分析结果产生显著影响。

表 4-2   旋转后的因子载荷矩阵

变量名	f1	f2	f3
工业二氧化硫排放量(取倒数)	−0.105	0.775	0.041
工业烟尘去除比率	0.619	−0.277	0.08
建成区绿化覆盖率	0.138	0.001	0.76
园林绿地面积	0.005	0.073	0.758
工业废水排放量(取倒数)	0.188	0.706	−0.085
生活污水集中处理率	0.754	0.213	0.148
工业固体废物综合利用率	0.066	0.307	0.19
生活垃圾无害化处理率	0.719	0.185	−0.009

通过方差最大正交旋转法对因子载荷矩阵旋转,简化对因子的解释以方便命名,结果如表 4-2 所示。经过 4 次旋转迭代后数据出现收敛,共选取 3 个公因子,累计方差贡献为 52%。因子 1 与生活污水集中处理率、工业烟尘去除比率、生活垃圾无害化处理率等高度相关,定义为"污染治理能力因子"(f_1),反映城市政府在环境保护方面的投入力度与治理能力;因子 2 与工业固体废物综合利用率、工业废水排放量、工业二氧化硫排放量等高度相关,定义为"产业集约度因子"(f_2),反映城市经济增长的生态环境代价与集约发展水平;因子 3 与建成区绿化覆盖率、每万人拥有的园林绿地面积等高度相关,定义为"环境宜居因子"(f_3),反应城市环境宜居程度。最后用回归系数法计算因子得分,并对各公因子得分按照旋转后的方差贡献率大小加权平均,计算出复合城市生态系统的绩效值($fall$)如下式(4-33),历年各地市的平均生态绩效值如图 4-2。

$$fall = 0.435 * f_1 + 0.303 * f_2 + 0.262 * f_3 \qquad (4\text{-}34)$$

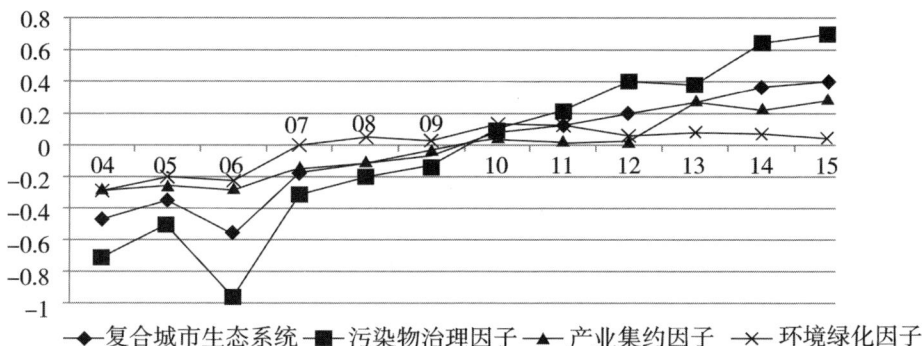

图 4-2　2004—2015 年复合城市生态系统的平均绩效值

从图 4-2 可以看出：第一，2004 年以来我国城市生态系统的整体绩效基本呈上升趋势，这主要归因于各城市对水污染、大气污染、固体废物污染的治理水平和环保投入力度大幅度提升。第二，产业集约度在总体提高的同时，却在 2010—2012 年出现下滑，这种反常现象可能与金融危机之后大规模刺激政策带动的重化工业扩张有关。强刺激政策在客观上制造了过剩产能和落后产能，加剧了城市生态系统的承载压力。第三，城市环境宜居水平在2010 年后逐年下滑，说明近年来城市在规模扩张与经济发展的同时，普遍弱化了配比建设生态绿色空间，忽视了改善宜居宜业环境。

五、经济视阈下城市规模效率的实证分析

(一)估计方法与相关检验

由于城市经济增长路径具有惯性与滞后影响，以及城市生态系统的脆弱性和依赖性特征，城市人均 GDP 和生态绩效水平不仅受当期人口规模等因素影响，也会受到自身滞后值的影响。因此本书建立含有因变量一阶滞后的动态面板数据模型，以考察城市规模效率的动态效应。对于模型中加入因变量滞后项后产生的内生性问题，一般有矩估计(GMM)和两阶段最小二乘法(2SLS)两种解决方法。由于在异方差、过度识别情况下，GMM 比2SLS 更有效率；系统 GMM 可提高估计效率，估计不随时间变化的变量的系数，因此本书采用系统 GMM 估计方法。

系统 GMM 方法必须额外假定扰动项不存在自相关，因此首先对模型进

行扰动项的自相关检验。Arellano-Bond 检验结果显示,所用动态面板模型在 5% 的显著性水平上均不拒绝"扰动项无自相关"的原假设,即适用系统 GMM。然后,进行过度识别检验,根据 Sargan 检验结果,使用因变量的两个滞后值作为工具变量,所有动态面板模型均可在 5% 水平上接受"所有工具变量都有效"的原假设,即不存在过度识别问题。最后,根据 Hausman 检验结果,所有静态面板模型的卡方值均拒绝"u_i 与解释变量均不相关"的原假设,即应当选择固定效应面板模型。

(二)实证分析

使用 STATA13 对以对数人均 GDP 为因变量的城市规模效率模型进行实证分析,结果如表 4-3 所示。静态面板模型一中人口规模及其平方项系数均在 0.1% 水平下显著,且"倒 U 型"曲线规律成立,经计算静态意义上的最优城市规模为 1 070 万人。这说明即使从经济层面考虑,也不是城市人口越多越好。城市扩张到一定规模后,资源紧缺、环境承载力不足等会抵消经济上的"外部规模经济"和"集聚效应",城市人口流动会出现离心分散趋势。为考虑城市产出增长的动态效应,模型二、三为包含因变量一阶滞后的动态面板模型,并加入人均资本投入、产业结构、市场潜能等控制变量。模型二结果显示城市产出与人口规模呈"U 型"关系,这可能是由于市场潜能与人均 GDP 之间存在双向影响,容易导致内生性问题。模型三在剔除市场潜能变量后表明,在动态意义上城市产出与人口规模仍呈"倒 U 型"曲线规律,但最优城市规模下降为 938 万人,这可能是由于模型控制了人均投资、产业结构等变量对城市产出的影响效应。总体来看,以经济效益衡量的城市最优规模约为 1 000 万人,从这个意义上说,当前中国大多数城市的规模还是偏小,继续吸引人口流入仍是主导政策方向。

表 4-3 经济层面的城市规模效率实证分析结果

因变量:ln(rgdp)	模型一	模型二	模型三
pop	0.00 903***	−0.00 335***	0.00 167*
	(0.001 39)	(0.000 680)	(0.000 873)

续表 4-3

因变量:ln(rgdp)	模型一	模型二	模型三
pop²	−0.000 004 22***	0.000 001 04**	−0.000 000 890*
	(0.000 000 662)	(0.000 000 351)	(0.000 000 425)
ln(inv)		−0.036 5	0.091 3
		(0.020 3)	(0.048 8)
ind		0.002 68	−0.009 81***
		(0.001 44)	(0.002 10)
ln(mp)		0.920***	
		(0.065 0)	
L. lnrgdp		0.229***	0.800***
		(0.053 1)	(0.062 4)
_cons	9.393***	−3.978***	1.363***
	(0.158)	(0.380)	(0.126)
最优规模(万人)	1 070	(1 610)	938

说明:括号中为异方差稳健标准误,*表示 p<0.05,**表示 p<0.01,***表示 p<0.001。

六、生态视阈下城市规模效率的实证分析

(一)静态面板分析

为考察城市人口规模与城市生态系统绩效的实证关系,以因子分析得到的复合城市生态系统及其 3 个子因子的绩效值作为因变量,人口规模及其平方项为核心自变量,人均资本投入、产业结构与市场潜能等变量作为控制变量,使用 STATA13 进行实证分析的结果如表 4-4 所示。

从静态面板模型四、六、八、九的结果来看,在控制了产业结构及其与人口规模交叉项的影响效应后,城市复合生态绩效、污染治理能力、产业集约度均与人口规模存在显著的“倒 U 型”曲线规律,对应的最优城市规模分别为 749 万人、968 万人、489 万人。从实证结果中可以得出:第一,总体上生态视阈下的城市适度规模边界约为 750 万人,要比经济层面上更小。第二,城

市污染治理能力在城市人口达到 1 000 万之前一直是不断改善的,即城市污染治理和环保投入需要在较强的人口集聚程度上才能发挥规模效应和净收益。第三,500 万人口左右城市的产业集约发展水平最高,这一方面说明中小城市的产业结构亟待转型升级;另一方面也证实了一些大城市在急剧扩张的同时,并没有同步实现经济增长方式的转变,节能减排任务仍然艰巨。第四,人口规模增长与产业结构升级对城市环境宜居的影响效应均不显著,说明城市宜居度并没有随着人口增长或产业转型升级而得到明显改善,仍是各地城镇化建设中的薄弱环节。

表 4-4　生态层面的城市规模效率实证分析结果

因变量:	模型四 复合生态绩效	模型五 复合生态绩效	模型六 污染治理能力	模型七 污染治理能力	模型八 产业集约度	模型九 环境绿化
ind	0.0104 * (0.00418)	0.00224 (0.00262)	0.0147 * (0.00741)	0.0171 (0.00975)	0.00548 (0.00568)	0.00679 (0.00353)
pop	0.00466** (0.00166)	−0.00175 * (0.000838)	0.00906 * * (0.00281)	−0.00192 * (0.00136)	0.00368 * (0.00180)	−0.000430 (0.00105)
pop2	−0.0000311*** (0.000000601)	0.000000796 * (0.000000403)	−0.00000468*** (0.000000999)	0.00000100 * (0.000000638)	−0.00000376*** (0.000000787)	−0.000000359 (0.000000305)
popxind	0.0000405 * (0.0000166)		0.0000154 (0.0000298)		0.0000984*** (0.0000260)	0.0000164 (0.0000167)
lninv		0.0453 (0.0309)		−0.0704 (0.0573)		
lnmp		0.181*** (0.0563)		0.432*** (0.115)		
L. (−1)		0.503*** (0.0627)		0.384*** (0.111)		
_cons	−1.185*** (0.213)	−3.268*** (0.755)	−1.743*** (0.381)	−5.707*** (1.300)	−1.166*** (0.301)	−0.332 * (0.150)
极值点	749	(1099)	968	(960)	489	—

说明:括号中为异方差稳健标准误,* p<0.05,** p<0.01,*** p<0.001。

(二)动态面板分析

从加入因变量一阶滞后的动态面板模型五来看,城市综合生态绩效与人口规模呈较平缓的"U型"曲线规律,而且拐点为1 099万人的较高水平。这种异常表现主要归因于模型七中城市人口增长对污染治理能力产生的先抑后扬的影响效应。这一方面可能是由于模型七控制了人均资本投入、市场潜能等变量对城市污染治理能力的影响效应,另一方面也说明只有人口集聚程度达到一个比较高的水平,城市污染治理的成本才能显著降低,治理效率才会明显提高。

从各控制变量对生态系统绩效的影响效应对比来看,城市人均资本投入增加对生态系统的影响效应并不显著;产业结构升级和市场潜能扩大能够显著地改善城市生态系统的总体绩效,尤其是对城市污染治理能力的促进效应较强。因此,生态视阈下的城镇化建设不能仅以吸纳人口流入或促进投资增长为推动力,现阶段更要重视产业结构由重化工业到服务业的转型升级,以及扩大本地消费市场,减少区域间交通与物流成本。

七、主要结论与对策建议

(一)主要结论

(1)城市规模效率的"倒U型"曲线规律无论是在经济效益层面还是在生态绩效层面均显著存在。城市人口规模的生态最优值约为750万人,要小于1 000万人左右的经济最优值。如果我们在政策和实践中长期偏向经济效益,而忽视生态系统协调,很容易进一步刺激一些超特大城市进一步扩张,进而加重区域生态超载与"城市病"难题。

(2)城市污染治理的成效只有在人口高度集聚时才会显著提升,而提高城市"三废"治理能力可以极大地扩张一个城市的人口承载空间。如果按照集中化、高效率、广覆盖的污染治理标准,我国大部分的小城市(镇)很难达标,而大型以上城市通过对环保基础设施的大力投资和高效运营,反而能进一步提升自身生态空间,支撑人口规模的持续增长。

(3)城市规模的生态适宜区间并不是固定的,而是随着城市自然禀赋、产业结构、市场特征而不断改变。产业结构优化升级与市场潜能扩大能够显著地提高生态层面的城市规模阈值。

（4）我国城市环境宜居度并没有随着城市规模扩张而改善。近年来虽然一些大城市的基础设施、房地产、产业园区等发展较快，但是园林绿化、休闲空间等人居环境改善仍是薄弱环节，人本城镇化的本质内核有待进一步落实。

（二）对策建议

根据主要结论，对不同规模等级类型的城市提出差异化的对策建议：

（1）对于现有 1 000 万人口以上的超大城市来说，人口规模扩张已经达到极限，必选转变城市集中膨胀的发展模式，更多注重建设宜居宜业环境、治理污染等领域。

（2）对于 500 万—1 000 万人口的特大城市，保持人口适度增长在经济上与生态上均是比较适宜的，不能继续"摊大饼"式扩张模式；而是要将城镇化重心由"量"转变为"质"，将政策重点放在降低重化工业比重、促进节能减排、扩大本地消费市场、减少交通物流成本等方面。

（3）对于 500 万人口以下的大多数城市而言，主导政策仍是通过行政区划合并、土地、财税、金融扶植等手段加快吸引人口流入，扩大城市人口规模。

第四节　城市生态效率评价及其影响因素分析
——基于沿黄 34 地市的实证

基于黄河流域生态保护和高质量发展国家战略实施背景，以黄河流域 34 个地级市为例，利用数据包络分析法与 DEA-Malmquist 指数模型对城市生态效率进行综合测度，分析生态效率的时空变动特征规律，并通过指数分解找出其理论原因与现实根源。进而利用面板数据模型实证分析黄河流域城市层面生态效率的影响因素，以及分流域异质性特征。最后提出有利于推进黄河流域生态保护与高质量发展的可行路径与对策建议。

一、研究背景及意义

　　黄河流域横跨我国东、中、西三大地理阶梯,是我国北方的重要生态屏障、人口与产业密集区、"一带一路"开发的东西陆路主通道。近年来,黄河流域各地不断加快产业集聚集群与结构布局优化,城镇化水平持续提升,新兴城市群逐渐形成;在快速工业化与城镇化同时,也普遍出现了生态质量下降、污染物排放超标、水土环境恶化等问题,发展质量亟待提高(陈世强,2020)。一方面,黄河流域的自然生态本底脆弱,水资源短缺,水土流失严重,近年来愈发突出的人地矛盾、水沙矛盾、城乡矛盾、开发与保护矛盾、规模与效率矛盾,对城市增长和产业转型带来硬约束;另一方面,黄河流域的能源重化工产业集聚,导致污染物排放控制难度大、生态环境恶化速度快、生态安全形势严峻。2017 年,黄河流域煤炭消费量高达 18.17 亿吨,占全国总量的 41.9%,直接导致 SO_2、PM2.5、PM10 等大气污染物浓度严重超标(金凤君,2020)。作为经济中心的山东半岛、中原、关中、兰西等几个大的新兴城市群,生产与生活空间需求激增对生态空间形成了压迫挤占,成为当下我国产业结构调整与生态安全保障协调推进的重难点地区。

　　党的十八大以来,黄河流域生态文明建设进入新时期。2019 年 9 月,习近平总书记在郑州主持召开座谈会,将黄河流域生态保护和高质量发展上升为国家战略。2020 年 8 月,中共中央政治局召开会议审议《黄河流域生态保护和高质量发展规划纲要》,强调黄河流域生态保护和高质量发展要遵循"因地制宜、分类施策、尊重规律,改善黄河流域生态环境""加快新旧动能转换,建设特色优势现代产业体系"等原则。2021 年 10 月,中共中央、国务院印发《黄河流域生态保护和高质量发展规划纲要》,提出流域要"共同抓好大保护,协同推进大治理,着力加强生态保护治理、保障黄河长治久安、促进全流域高质量发展"。在此背景下,通过科学识别和协调解决黄河流域生态保护存在的突出问题,在尊重生态运行规律、考虑环境承载限度的基础上大力提升黄河流域的生态效率,是贯彻"两山"理念、实现中华民众伟大复兴的必由之路。

　　基于国家重大战略指导精神,以 2005—2018 年黄河流域 34 个地级市为样本数据,利用数据包络分析法与 DEA-Malmquist 指数模型对沿线城市的生态效率进行综合测度,具体分析生态效率的总体特征、时空变动趋势,分流域异质性、空间自相关性与集聚分布特征。利用面板数据模型,实证分析黄河流域生态效率的影响因素及其效应机制,通过效率指标分解探析生态效率差异的理论与现实根源。最后提出相应路径启示与对策建议,有效促进黄河流域生态保护与高质量发展。

二、文献综述

生态效率(Eco-efficiency)最早由 Schaltegger 和 Sturn(1990)提出,指某区域一段时期内的经济增量,与其所对应付出的要素投入、资源消耗、环境损耗等生态代价增的对比关系。世界可持续发展商业委员会将其定义为:"在使用更少的资源、产生更少的废弃物和污染的前提下,生产更多的商品和劳务"(王胜鹏等,2020)。国外关于生态效率的研究多以特定行业、企业经营、农业种植等微观领域为主(Talley,1994),国内研究集中在对全国或区域层面的发展绩效进行评价。

生态效率可以反映一个区域产出增长中的污染物排放和资源消耗问题,广泛用于衡量城市生态绩效与可持续发展水平。自 2001 年以来,国内学者对区域生态效率问题的实证研究日益增多,成果颇丰。从研究视角来看,现有文献多集中在生态效率的测度评价(杨玉春等,2021)、时空差异(张煊等,2014)、影响因素(岳立等,2021)等方面。在研究对象方面,除了大多数对省级层面的研究之外(姜启波等,2021),也有一些从城市群或经济区视角展开(梁一灿,2021)。特别是 2016 年以来,针对长江经济带整体或分流域的生态效率研究增多(马骏等,2019;邓荣荣等,2021)。在研究方法上,学者们采用较多的有随机前沿生产函数法(杨勇等,2019)、超效率 SBM 模型(闫涛等,2021)、Malmquist 指数模型(于丽英等,2018)等。

随着 2019 年黄河流域生态保护与高质量发展上升为国家战略,针对黄河流域生态效率问题的研究成为热点,众多学者分别从旅游生态效率(王胜鹏,2020)、能源生态效率(孙伟等,2020)、矿产资源生态效率(马丽等,2020)、用水效率(刘华军等,2020)、水-能源复合效率(赵康杰等,2020)等方面测度评价了黄河流域生态效率的时空演变特征及驱动机制,并研究了产业结构、环境规制等外部因素的胁迫特征、影响效应与优化路径(金凤君等,2020)。综合当前国内对黄河流域生态效率问题的研究,不足之处主要有:一是大多数研究是针对黄河流域生态系统的水环境、能源环境、大气环境等某一子系统,对生态效率的综合测度分析较薄弱;二是研究样本多选取省级数据,基于地级市层面的实证研究较少;三是研究方法上多采用静态比较分析,较少采用 DEA-Malmquist 指数模型进行动态演化分析与面板数据实证。

基于黄河流域生态保护和高质量发展规划纲要及其实施要点,针对黄河流域城市生态系统的禀赋特性,采用 DEA-Malmquist 指数模型,利用地级市面板数据对生态效率进行综合测度,并区分上、中、下流域探索生态效率的异质性,进一步深入探究其原因、效应与协同提升路径,在研究视角、方法、全面性等方面对现有研究具有一定边际贡献。

三、研究方法和数据样本

(一)研究方法

当前对区域生态效率的测度和评价研究大都采用数据包络分析(DEA)方法[1][2]。DEA 方法选取决策单元的多个投入和产出数据,利用线性规划方法构建数据包络曲线,计算达到资源最优配置时所需的最多产出量或最少投入量。位于前沿面上的点为有效点,效率值为1;相对效率值小于1的无效点位于前沿面外。在传统 DEA 模型中,假定规模报酬不变条件,可测算出技术效率(CRS_TE);假定规模报酬可变条件,可测算出纯技术效率(VRS_TE),则规模无效单元的规模效率值(SE)可以由技术效益和纯技术效益之间的差异计算出来:

$$SE = \frac{CRS\_TE}{VRS\_TE} \tag{4-35}$$

---

① 金凤君,马丽,许堞.黄河流域产业发展对生态环境的胁迫诊断与优化路径识别[J].资源科学,2020(1):127-136.

② 张会恒,杨媛媛.生态效率研究现状、热点及前沿:基于 CiteSpace 的可视化分析[J].西昌学院学报(社会科学版),2021,33(02):73-80.

　　但是,传统 DEA 模型所衡量的生产函数边界是确定的,只能对决策单元某一时点进行静态分析。在动态分析或面板数据分析中,不同时期生产技术的可能变动会带来生产前沿的不同,导致效率值在多期比较时产生偏差。*DEA-Malmquist* 指数模型可以修正这一偏差,反映决策单元某一效率的动态演变情况。该模型中的生产率指数(*Malmquist Productivity Index*,简称 *MPI*)是在假设规模报酬不变条件下,利用 *t* 期实际值与前沿面的距离表示的距离函数(*D*)进行运算得出:

$$MPI_I^t = \frac{D_I^t(x^{t+1}, y^{t+1})}{D_I^t(x^t, y^t)} \tag{4-36}$$

$$MPI_I^{t+1} = \frac{D_I^{t+1}(x^{t+1}, y^{t+1})}{D_I^{t+1}(x^t, y^t)} \tag{4-37}$$

将 *t* 和 *t*+1 期的技术水平都考虑在内,取两者的几何平均数:

$$MPI_I^G = (MPI_I^t * MPI_I^{t+1})^{\frac{1}{2}} = \left(\frac{D_I^t(x^{t+1}, y^{t+1})}{D_I^t(x^t, y^t)} * \frac{D_I^{t+1}(x^{t+1}, y^{t+1})}{D_I^{t+1}(x^t, y^t)} \right)^{\frac{1}{2}}$$
$$\tag{4-38}$$

　　该 *MPI* 指数衡量的是全要素生产率从 *t* 到 *t*+1 期的动态变动情况,如 *MPI* > 1,意味着效率改进。*MPI* 指数可以进一步分解为技术效率变化(*effch*)和技术变化(*techch*)两个部分:

$$MPI_I^G = effch_I * techch_I^G = \left(\frac{D_I^{t+1}(x^{t+1}, y^{t+1})}{D_I^t(x^t, y^t)} \right) * \left(\frac{D_I^t(x^t, y^t)}{D_I^{t+1}(x^t, y^t)} * \frac{D_I^t(x^{t+1}, y^{t+1})}{D_I^{t+1}(x^{t+1}, y^{t+1})} \right)^{\frac{1}{2}}$$
$$\tag{4-39}$$

　　其中,*effch* 是给定一组生产要素不变的条件下,实际产出与最大产出之比,表征决策单元在 *t* 到 *t*+1 期间对生产前沿面的追赶趋势。若 *effch*>1,表示该决策单元在此期间由于组织管理形式优化和决策正确使得技术效率上升,反之亦然。技术变化(*techch*)表示决策单元由于技术进步或退步带来的生产前沿面移动趋势。进一步放松规模报酬不变的假设,在可变规模报酬下 *effch* 又可分解为规模效率变化 *sech* 和纯技术效率变化 *pech* 两个部分:

$$sech = \left[\frac{D_{VRS}^{t+1}(x^{t+1}, y^{t+1}) / D_{CRS}^{t+1}(x^{t+1}, y^{t+1})}{D_{VRS}^{t+1}(x^t, y^t) / D_{CRS}^{t+1}(x^t, y^t)} * \frac{D_{VRS}^t(x^{t+1}, y^{t+1}) / D_{CRS}^t(x^{t+1}, y^{t+1})}{D_{VRS}^t(x^t, y^t) / D_{CRS}^t(x^t, y^t)} \right]^{\frac{1}{2}}$$

$$pech = \frac{D_{VRS}^{t+1}(x^{t+1}, y^{t+1})}{D_{CRS}^t(x^t, y^t)} \tag{4-40}$$

在理论上,导致决策单元未达到相对有效率状态($effch<1$)的原因可能有两个:一是纯技术无效率($pech<1$);二是规模无效率($sech<1$)。特别是当决策单元在最有生产力的规模下运作时($sech=1$),此时技术效率等于纯技术效率。综上,MPI指数在衡量动态效率时可分解为技术变化、纯技术效率变化、规模效率变化三个部分:

$$MPI = techch \times effch = techch \times pech \times sech \qquad (4\text{-}41)$$

(二)数据样本

黄河发源于青藏高原,流经青海、四川、甘肃、宁夏、内蒙古、陕西、山西、河南、山东9个省区。根据相关文献做法,考虑城市行政区划调整、数据可得性及离群值原因,剔除济源市、海东市,以及以草地、高原、山岭地貌为主的上游7个自治州和阿拉善盟,最后选取黄河干流流经的34个地级市为样本。需要强调的是,虽然黄河下游作为地上悬河基本没有大的支流流入,但是沿岸地区也深受黄河水文地理环境影响,因此按常规将郑州、开封、济南、菏泽、济宁等地级市纳入研究。

所选样本的时间范围为2005—2018年,数据主要来源于《中国城市统计年鉴》《中国环境统计年鉴》《中国区域经济统计年鉴》,以及各地国民经济和社会发展统计公报等,部分缺漏数据用指数平滑法补齐。所用数据的空间界限采取"市辖区"口径,即由城区和郊区共同组成的地理范畴,大致包括核心城市周边连续的城镇化地区,而不包括地级市下辖的县级行政区域。

(三)变量选取

参考陈明华等(2020)、韩永辉等(2016)的研究,测算生态效率时选用各地市的地区生产总值(GDP)作为产出指标,投入指标选取依次为:以固定资产投资总额(INV)表征资本投入,以年末城镇从业人员数(HUM)表征劳动力投入,以城市建成区面积(ARE)表征土地资源投入。根据复合城市生态系统及其子系统的组成部分,考虑目前黄河流域生态保护的重心在于防控水土污染和大气污染,选取主要污染排放指标作为"非期望产出"(UndesirableOutput):以工业废水排放量(WAT)表征水资源利用与水环境状况,以工业固体废物产生量(SOL)表征土壤污染与绿色循环经济水平,以工业二氧化硫排放量(SO2)和工业烟尘排放量(SMO)表征空气污染与大气环境状况。

在其他因素不变条件下,"非期望产出"指标的值越小,表示城市生态效率越高,因此依据相关文献做法将其作为投入指标处理①。具体生态效率测算的变量设定及其描述统计如表4-5。

表4-5   生态效率测算的变量描述统计

变量类别	变量	单位	Mean	Std. Dev.	Min	Max
产出	地区生产总值(GDP)	万元	7 597 814.6	10 220 671	272 710	72 705 875
投入	固定资产投资总额(INV)	万元	6 530 988.8	9 680 393.7	302	84 677 695
	年末城镇从业人员数(HUM)	万人	22.704	25.43	2.36	153.92
	城市建成区面积(ARE)	平方公里	110.836	91.18	15	544
非期望产出	工业废水排放量(WAT)	万吨	6 660.027	5 060.582	373	22 522
	工业固体废物产生量(SOL)	万吨	723.5	278.8	41.9	3 437.9
	工业二氧化硫排放量(SO2)	吨	85 814.603	63 037.729	917	337 164
	工业烟尘排放量(SMO)	吨	53 002.038	238 164.12	775	5 168 812

四、静态生态效率分析

首先采用 DEA 方法测算黄河流域各地市的静态生态效率。利用 STATA14 软件,选择面向投入的 DEA 方法,即在至少满足已有的产出水平的情况下最小化投入,可得到决策单元每年的静态生态效率,以及分解的纯技术效率和规模效率,限于篇幅,这里仅报告期初 2018 年与期末 2005 年各地市的静态生态效率测算结果,如表4-6 所示。

---

①   韩永辉,黄亮雄,王贤彬. 产业结构优化升级改进生态效率了吗?［J］.数量经济技术经济研究,2016,33(04):40-59.

表 4-6 黄河流域 34 地市的静态生态效率及其分解

城市	2018 年				2005 年			
	技术 效率	纯技术 效率	规模 效率	规模 报酬	技术 效率	纯技术 效率	规模 效率	规模 报酬
兰州市	0.492 2	1.000 0	0.492 2	−1	0.528 1	1.000 0	0.528 1	−1
白银市	0.652 2	0.850 8	0.766 6	−1	0.661 5	0.827 1	0.799 9	−1
中卫市	0.519 0	0.535 2	0.969 7	1	0.827 7	0.990 5	0.835 6	1
吴忠市	0.859 9	1.000 0	0.859 9	−1	1.000 0	1.000 0	1.000 0	0
银川市	0.492 0	1.000 0	0.492 0	−1	0.616 0	0.903 4	0.681 9	−1
石嘴山市	0.740 2	1.000 0	0.740 2	−1	0.712 6	0.754 0	0.945 1	−1
乌海市	1.000 0	1.000 0	1.000 0	0	1.000 0	1.000 0	1.000 0	0
巴彦淖尔市	0.572 0	0.690 1	0.828 9	−1	0.747 9	0.749 4	0.998 0	−1
包头市	0.247 0	0.648 5	0.380 9	−1	0.235 6	0.525 8	0.448 2	−1
呼和浩特市	0.347 0	1.000 0	0.347 0	−1	0.339 8	0.646 3	0.525 7	−1
鄂尔多斯市	0.452 6	0.674 7	0.670 8	−1	0.633 7	1.000 0	0.633 7	−1
忻州市	0.726 2	0.803 5	0.903 8	−1	1.000 0	1.000 0	1.000 0	0
吕梁市	1.000 0	1.000 0	1.000 0	0	0.949 6	1.000 0	0.949 6	1
临汾市	0.687 2	1.000 0	0.687 2	−1	0.544 5	0.925 2	0.588 6	−1
运城市	0.824 7	1.000 0	0.824 7	−1	0.783 1	0.806 1	0.971 5	−1
榆林市	0.354 7	0.421 6	0.841 5	−1	1.000 0	1.000 0	1.000 0	0
延安市	0.483 1	0.487 4	0.991 1	−1	0.245 4	0.259 4	0.946 3	1
渭南市	1.000 0	1.000 0	1.000 0	0	1.000 0	1.000 0	1.000 0	1
三门峡市	0.641 1	0.644 9	0.994 1	1	0.972 4	1.000 0	0.972 4	−1
洛阳市	0.471 0	1.000 0	0.471 0	−1	0.467 0	1.000 0	0.467 0	−1
焦作市	0.730 8	1.000 0	0.730 8	−1	1.000 0	1.000 0	1.000 0	0
郑州市	0.421 8	1.000 0	0.421 8	−1	0.511 3	1.000 0	0.511 3	−1
新乡市	0.499 9	0.768 5	0.650 5	−1	0.932 6	1.000 0	0.932 6	−1
开封市	0.671 8	1.000 0	0.671 8	−1	0.912 4	1.000 0	0.912 4	−1
濮阳市	0.788 6	1.000 0	0.788 6	−1	0.641 4	0.850 2	0.754 5	−1
菏泽市	0.587 2	1.000 0	0.587 2	−1	0.879 1	0.907 0	0.969 2	−1
济宁市	0.404 9	1.000 0	0.404 9	−1	0.420 5	0.428 3	0.981 9	−1
泰安市	0.493 7	0.880 4	0.560 8	−1	0.366 2	0.516 1	0.709 5	−1

续表 4-6

| 城市 | 2018 年 | | | | 2005 年 | | | |
	技术效率	纯技术效率	规模效率	规模报酬	技术效率	纯技术效率	规模效率	规模报酬
聊城市	0.676 8	0.979 9	0.690 7	−1	1.000 0	1.000 0	1.000 0	0
济南市	0.285 1	1.000 0	0.285 1	−1	0.312 7	1.000 0	0.312 7	−1
德州市	0.556 4	1.000 0	0.556 4	−1	0.720 2	1.000 0	0.720 2	−1
滨州市	0.844 3	1.000 0	0.844 3	−1	1.000 0	1.000 0	1.000 0	0
淄博市	0.222 5	1.000 0	0.222 5	−1	0.276 2	1.000 0	0.276 2	−1
东营市	0.179 6	0.400 8	0.448 1	−1	0.229 5	0.470 9	0.487 3	−1

注:规模报酬中,1=规模报酬递增,−1=规模报酬递减,0=规模报酬不变。

首先,在整个考察期内,黄河流域各地市的静态生态效率水平较低,处于静态有效状态的城市的数量较少且在不断下降。全部 34 地市的平均静态效率值仅有 0.64,远低于前沿面上有效点的效率值 1。有效城市数量由 2005 年的 8 个下降为了 2018 年的 3 个,主要是中上游的乌海、吕梁、渭南等中小城市;而郑州、济南、包头等经济实力较强的大城市却普遍处于生态低效率之列。这也说明在黄河流域,城市的规模扩张可能并不一定能带动生态效率提升,城市规模、经济发达水平与生态优化的复杂关系有待实证分析。

其次,从图 4-3 可以看出,黄河流域各地市的静态生态效率表现为 2005—2009 年"上升"阶段—2009—2012 年"波动"阶段—2012—2018 年"下降"阶段的演变过程。究其原因,2008 年金融危机及随后几年实施的强刺激政策作为突变重大事件,对黄河流域生态优化路径带来了一定的负面影响。大规模财政投入和宽松货币政策诱导黄河流域各城市更加依赖政府主导、投资驱动增长模式,资源更集中流向重化工、资源型产业、基础设施建设等领域,在刺激经济增长和就业的同时,也容易导致高能耗、高污染、高排放等生态环境不利影响。

最后,从静态生态效率的分解指标来看,黄河流域各地市的纯技术效率基本处于相对稳定的高值区,导致总效率下降的主要原因在于规模效率表现不佳。从表 4-6 可得出,2018 年大多数地市都处于生态意义上的规模报酬递减状态,偏离了生态适度规模水平。不仅郑州、济南、兰州、包头、呼和浩特等区域中心城市在生态效率上处于规模过大状态,而且一部分次级城市,如吴忠、忻州、榆林、焦作、聊城等也相继由规模报酬递增或不变转变为递减。在区域环境胁迫压力趋紧条件下,亟需进一步认识城市规模快速扩张与生态效率的关系,科学界定黄河流域城市发展的生态适宜性路径。

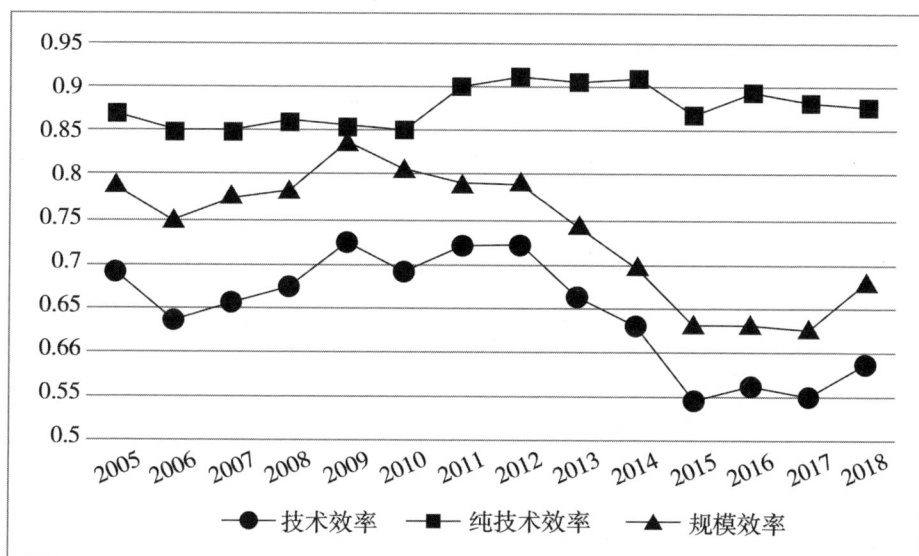

图 4-3　2005—2018 年黄河流域 34 地市的静态生态效率变动情况

五、动态生态效率分析

借鉴卡夫(Caves,1982),克里斯坦森(Christensen,1982),戴维德(Diewert,1982)的面向投入的 Malmquist 生产率指数模型方法,利用 STATA14 软件,测算 2005 到 2018 年黄河流域各地市的 MPI 指数,并分析生态效率的动态演变情况、分解原因、分流域特征和空间自相关性。

(一)总体变动分析

从动态生态效率的总体变动来看,黄河流域 34 地市的平均 MPI 值为 0.944,在整个考察期内降低了 5.6%。对城市个体的技术效率考察进一步验证了在此期间黄河流域生态环境状况的加速恶化。根据表4-7测算,在2005—2009年、2009—2012年、2012—2018年三个时间段内,剔除具有经济外生性的技术进步变动因素后,技术效率下降幅度低于1.5%的城市个数分别为26个、25个、10个;而技术效率下降幅度高于2.5%的城市个数分别为4个、5个、14个。因此,黄河流域亟需转变传统粗放式开发模式,把生态保护放在更加优先的地位。

从各分解指标来看,在考察期内只有纯技术效率有微弱增长,技术进步、技术效率和规模效率均偏离了生态适应性路径,分别下降了4.5%、1.1%、1.2%。纯技术效率的增长说明企业生产组织方式与决策路径相对比较恰当,通过提高要素配置效率和资源利用合理性,进而支撑了黄河流域生态效率改进。导致生态效率下降的主要原因在于生态层面的技术退步,这一方面说明黄河流域促进环境改善和生态保护的技术创新力度相对不足,另一方面也意味着转变技术进步倾向,从以往依赖要素投入、资本或劳动密集,转向节能减排、资源集约使用,是提升黄河流域生态效率的潜在途径。

(二)分流域变动分析

细分上、中、下游分析生态效率变动及其成因,如表4-7所示,样本期内黄河流域动态生态效率表现为下游>中游>上游。中下游生态效率较高的可能原因在于产业结构更高级,生产技术含量更高,资源能源的消耗强度和污染物排放浓度相对较小,为生态绿色转型提供了物质基础和技术支持(陈明华,2020)。事实上,大多数污染物的事前减排与事后治理效能均依赖于要素空间集聚后的技术创新和规模效应。例如,城市只有在具有一定人口规模和经济基础时,才能更有效地建设运营现代化污水、垃圾集中处理设施。因此,在政策上应鼓励黄河流域生产功能往产业园区等集聚集群发展,并在园区集中配套建设由众多企业成本共担、受益共享的污染物防控设施,以更高效提升城市的生态效率。

进一步将技术效率分解为纯技术效率和规模效率,比较可得:黄河下游城市具有比中上游城市更优异的纯技术效率进步,但是也存在更严峻的规模效率下降问题。一方面,下游中原城市群、山东半岛城市群区域的人口与要素分布更加密集,产业集聚度更高,经济结构更高级,有效支撑了企业生产组织和管理方式的绿色化改进,通过节约投入、降低消耗、减少污染物排放等途径显著支撑了城市生态效率。样本期内下游城市的纯技术效率增长了0.71%,而中游和上游分别下降了0.35%、0.07%。但是另一方面,下游某些城市的人口规模与国土空间开发程度也愈发超出区域生态承载阈值,导致了生态层面的规模效率下降。因此在政策上,下游应当警惕单个城市规模过度无序扩张,转而引导大城市与中小城市形成城市群、都市圈联动协同发展,以适应区域生态环境胁迫压力对城市扩张的约束性要求。

表4-7　2005—2018年黄河流域34地市的平均MPI指数及其分解

城市	MPI指数	技术效率变化指数	技术进步指数	纯技术效率变化指数	规模效率变化指数
兰州市	0.927 5	0.994 6	0.932 5	1.000 0	0.994 6
白银市	0.929 9	0.998 9	0.931 0	1.002 2	0.996 7
中卫市	0.905 0	0.964 7	0.938 1	0.953 7	1.011 5
吴忠市	0.938 9	0.988 5	0.949 9	1.000 0	0.988 5
银川市	0.926 8	0.982 9	0.942 9	1.007 8	0.975 2
石嘴山市	0.914 3	1.002 9	0.911 7	1.022 0	0.981 4
乌海市	1.034 6	1.000 0	1.034 6	1.000 0	1.000 0
巴彦淖尔市	0.927 9	0.979 6	0.947 3	0.993 7	0.985 8
包头市	0.925 1	1.003 6	0.921 7	1.016 3	0.987 6
上游平均	0.936 0	0.990 6	0.945 0	0.999 3	0.991 2
呼和浩特市	0.946 4	1.001 6	0.944 9	1.034 2	0.968 5
鄂尔多斯市	0.947 7	0.974 4	0.972 5	0.970 2	1.004 4
忻州市	0.878 4	0.975 7	0.900 3	0.983 3	0.992 2
吕梁市	0.927 7	1.004 0	0.924 0	1.000 0	1.004 0
临汾市	0.964 4	1.018 1	0.947 3	1.006 0	1.012 0
运城市	0.957 4	1.004 0	0.953 6	1.016 7	0.987 5
榆林市	0.884 6	0.923 4	0.958 1	0.935 7	0.986 8
延安市	1.027 9	1.053 5	0.975 7	1.049 7	1.003 6
渭南市	0.951 8	1.000 0	0.951 8	1.000 0	1.000 0

续表4-7

城市	MPI 指数	技术效率 变化指数	技术进步 指数	纯技术效率 变化指数	规模效率 变化指数
三门峡市	0.954 3	0.968 5	0.985 4	0.966 8	1.001 7
洛阳市	0.986 3	1.000 7	0.985 7	1.000 0	1.000 7
焦作市	0.945 4	0.976 2	0.968 5	1.000 0	0.976 2
中游平均	0.946 9	0.991 2	0.955 3	0.996 5	0.994 7
郑州市	0.941 8	0.985 3	0.955 8	1.000 0	0.985 3
新乡市	0.940 0	0.953 2	0.986 2	0.979 9	0.972 7
开封市	0.920 0	0.976 7	0.941 9	1.000 0	0.976 7
濮阳市	0.969 5	1.016 0	0.954 3	1.012 6	1.003 4
菏泽市	0.905 8	0.969 4	0.934 4	1.007 5	0.962 2
济宁市	0.977 3	0.997 1	0.980 2	1.067 4	0.934 1
泰安市	1.003 7	1.023 3	0.980 9	1.041 9	0.982 1
聊城市	0.934 3	0.970 4	0.962 8	0.998 4	0.971 9
济南市	0.935 6	0.992 9	0.942 3	1.000 0	0.992 9
德州市	0.937 8	0.980 3	0.956 6	1.000 0	0.980 3
滨州市	0.923 2	0.987 1	0.935 3	1.000 0	0.987 1
淄博市	0.960 4	0.983 5	0.976 5	1.000 0	0.983 5
东营市	0.971 3	0.981 3	0.989 8	0.987 7	0.993 6
下游平均	0.947 4	0.985 7	0.961 1	1.007 1	0.978 8

（三）技术效率变动的时空差异分析

这里根据34地市的技术效率变动,剔除相对外生性的技术进步变动影响,以分析黄河流域各地市生态效率的时空差异特征。根据生态效率值的阶段特征,将样本期划分为2005—2009年的上升阶段、2009—2012年的波动阶段、2012—2018年的下降阶段进行比较分析,结果如图4-3所示。

首先,对城市个体的技术效率考察也验证了2005—2018年间黄河流域生态绩效的下行状态,且2012—2018年下降速度加快。技术效率下降幅度不高于1.5%的两个较高等级的城市个数由2009年之前的26个,下降为2009—2012年的25个,再降为2012年之后的10个;技术效率下降幅度高于2.5%的城市个数由2009年之前的4个,增加为2009—2012年的5个,再增为 2012 年之后的 14 个。

其次,细分城市来看,样本期内技术效率值提高的城市主要有上游的石嘴山、乌海、包头,中游的呼和浩特、吕梁、临汾、运城、延安、渭南、洛阳,以及下游的濮阳、泰安等。这些城市特征一是多为大中城市、区域性中心城市,而非小城市或超特大城市,这说明城市规模和生态效率并不呈正比,而可能存在非线性关系。二是这些主要集中在黄河中游,上游和下游城市偏少,说明上游生态涵养区或脆弱区可能缺乏提高生态绩效的经济产出量和生态容量基础支撑,而下游城市群地区虽然人口与产业集中,但是产业结构与生产要素组合方式在生态上并不占优。

最后,各区域技术效率变化具有阶段差异性。一是上游青海、宁夏等地的技术效率值下降多发生在 2012 年之前,2012 年后生态效率下降势头得到遏制。这一方面验证了黄河上游生态涵养区或脆弱区加强生态保护的显著效果,另一方面也再次启示特殊生态功能区不适宜搞传统大开发、粗放增长模式。二是中游内蒙古、陕西、山西等地生态效率下降更多发生在 2009 年之后。原因可能在于 2008 年金融危机爆发后,政策主导、投资驱动型增长方式对资源能源型城市、重化工业城市的生态环境带来负面影响。三是下游的山东、河南等地是技术效率下降幅度最大的地区,由 2012 年之前的技术效率领先区逐渐变为滞后区。

(四)空间自相关性分析

利用 2012—2018 年 34 地市的莫兰指数(Molan's I)分析黄河流域生态效率的空间自相关性,选取相邻法计算空间权重矩阵,并判断是否存在空间集聚特征。从图 4-4 莫兰散点图中可以看出,第一、三象限的点明显多于第二、四象限的点。全局莫兰指数为 0.195,使用标准正态分布的临界值检验可得存在显著的正向空间自相关。这说明黄河流域各城市存在生态效率高值区与低值区的空间趋同分布特征,即效率较低或较高的地市在空间更易聚集,而并不是交叉或随机分布。一方面,这说明受地理空间禀赋特征影响,处于同一区域的城市由于共同的人文、水土、资源、交通条件表现为生态效率趋同性。另一方面,这也印证了一些学者的研究结论,即辖区政府间在影响生态效率的财政政策、税价竞争、吸引 FDI 等行为上存在相互模仿、学习与竞争(李永友等,2008)。一旦某个地市采取措施提高或降低生态效率,周边其他地市也会随之跟进,形成"空间趋同特征"。值得警惕的是,在弱环境规制条件下,一些经济欠发达地区的城市政府出于就业、财政压力或经济增长指标考核,相互之间可能会产生生态上的逐底竞争行为。这种行为在临近连片空间的扩散蔓延会对区域生态效率产生持续不利的影响。

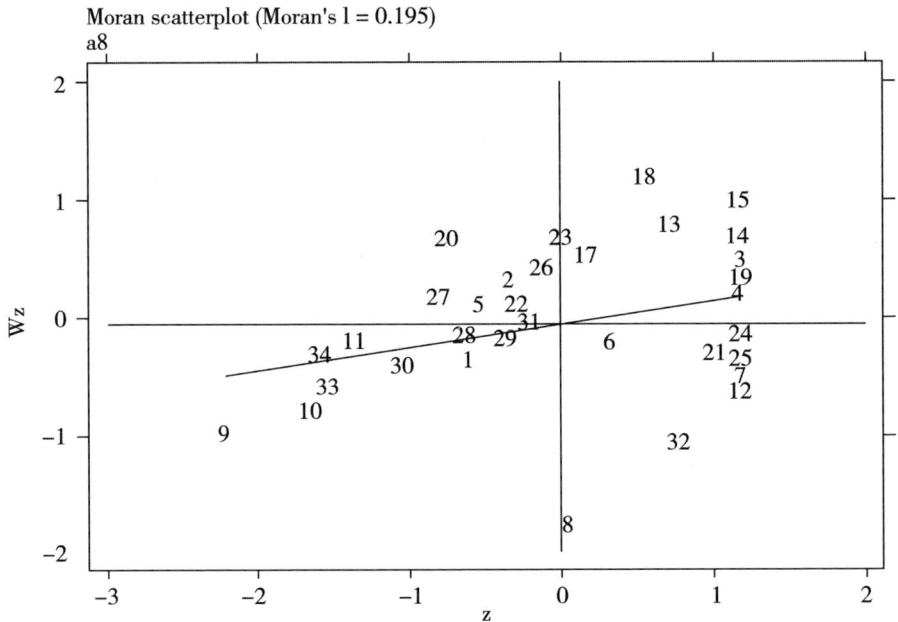

图4-4 莫兰散点图

进一步从表4-8中34地市的局部莫兰指数可以看出,空间集聚主要发生在黄河中游内蒙古、山西,例如,包头、呼和浩特、忻州、临汾、运城等地市。这些地市的局部莫兰指数不仅通过显著性检验,且 Z 值大于 0,因此形成了"高-高"集聚区,即普遍存在生态效率高值地区被周边的高值地区所包围的特征。事实上,这些城市在十八大后普遍愈发重视生态建设和绿色发展,一方面积极实施移民搬迁、封山禁牧、退耕还林还草、建设休闲绿地公园;另一方面加强水污染治理和大气污染防治,生态环境建设成效斐然。而上游的宁夏和下游山东等地的局部莫兰指数大都为负,但是均不显著,"高-低"型和"低-高"型聚集特征并不明显。

表4-8　黄河流域34地市的局部莫兰指数及检验值

地区	Ii	E(Ii)	sd(Ii)	Z	p-value
兰州市	0.226	−0.030	0.983	0.260	0.397
白银市	−0.100	−0.030	0.684	−0.102	0.459
中卫市	0.497	−0.030	0.684	0.771	0.220
吴忠市	0.218	−0.030	0.550	0.451	0.326
银川市	−0.026	−0.030	0.550	0.008	0.497
石嘴山市	−0.083	−0.030	0.550	−0.097	0.462
乌海市	−0.632	−0.030	0.684	−0.865	0.193
巴彦淖尔市	−0.020	−0.030	0.684	0.015	0.494
包头市	2.259	−0.030	0.550	4.162	0.000
呼和浩特市	1.336	−0.030	0.550	2.483	0.007
鄂尔多斯市	0.311	−0.030	0.309	1.105	0.134
忻州市	−0.717	−0.030	0.469	1.466	0.071
吕梁市	0.557	−0.030	0.550	1.068	0.143
临汾市	0.793	−0.030	0.469	1.757	0.039
运城市	1.166	−0.030	0.550	2.176	0.015
榆林市	−0.044	−0.030	0.412	−0.032	0.487
延安市	0.098	−0.030	0.684	0.188	0.426
渭南市	0.658	−0.030	0.550	1.251	0.106
三门峡市	0.385	−0.030	0.550	0.756	0.225
洛阳市	−0.495	−0.030	0.550	−0.844	0.199
焦作市	−0.368	−0.030	0.550	−0.614	0.270
郑州市	−0.025	−0.030	0.550	0.009	0.496
新乡市	−0.000	−0.030	0.412	0.073	0.471
开封市	−0.168	−0.030	0.550	−0.25	0.401
濮阳市	−0.470	−0.030	0.412	−1.068	0.143
菏泽市	−0.047	−0.030	0.469	−0.036	0.486
济宁市	−0.112	−0.030	0.550	−0.149	0.441
泰安市	0.167	−0.030	0.412	0.479	0.316

续表 4-8

地区	Ii	E(Ii)	sd(Ii)	Z	p-value
聊城市	0.068	-0.030	0.469	0.211	0.417
济南市	0.478	-0.030	0.469	1.084	0.139
德州市	0.017	-0.030	0.550	0.086	0.466
滨州市	-0.868	-0.030	0.469	-1.788	0.037
淄博市	0.965	-0.030	0.550	1.809	0.035
东营市	0.613	-0.030	0.684	0.940	0.174

六、生态效率的影响因素分析

（一）变量选取与模型构建

基于黄河流域各地市生态效率的显著空间异质性与时间变异性，这里采用面板数据模型分析城市生态效率的影响因素及其机理成因。借鉴陈明华等（2020）、任保平等（2019）的研究，因变量选取 MPI 指数表征各地市的生态效率；自变量选取及其描述统计如表 4-9。

表 4-9　变量描述统计

变量名	代码	单位	Obs	Mean	Std. Dev.	Min	Max
生态效率变动	MPI	-	442	0.971	0.324	0.197	6.187
人均 GDP	PGDP	元	442	55 938.17	40 882.76	6 620	326 030
服务业占比	IND3	%	442	47.21	12.512	13.31	78.66
城镇化率	URB	%	442	49.629	16.083	17.479	95.533
外商直接投资占比	FDIP	%	442	0.708	0.927	0	5.764
人口规模	POP	万人	442	112.5	94.129	23.73	587.2
政府财政支出占比	GOV	%	442	15.047	7.472	3.539	47.731

（1）经济发达程度，以人均地区生产总值的对数（lnPGDP，元）表示。一个地区的生态效率和经济发达程度紧密相关，一方面，生产规模扩大会增加污染物排放，对生态环境带来胁迫压力，导致生态效率降低；另一方面，经济

发达城市一般处于价值链的核心增值环节,对要素数量投入的依赖性较低,技术进步的资源节约优势显然更具环保效果,可以更好地改进生态效率。经济发达程度对生态效率的影响不确定。

(2)产业结构高级化程度,采用服务业产值占 GDP 的比重(IND3)衡量。由于服务业多为轻资产行业和人力资本密集行业,污染废弃物排放强度相较加工制造、重化工、建筑等行业少得多;而且产业结构升级可以带动次优产业向区外转移与高级产业替代,使得高级别地区享有产业转移-承接对污染治理的叠加效应。预期服务业比重提高对生态效率产生正向促进作用。

(3)人口结构转变,采用城镇化率(URB,%)表征。一方面,人口从乡村迁往城本集中居住可以发挥外部规模经济带来的集聚效应,降低人均土地消耗和产均污染物排放;另一方面,居民在城市高密度空间的高强度活动会带来气态和固态污染物集中,通勤拥堵也会对局部生态环境带来负面作用。人口结构转变对生态效率的影响不确定。

(4)对外开放度,采用实际利用外商直接投资额占 GDP 的比重(FDIP,%)表征。发达国家或我国沿海地区往黄河流域所在的北方内陆地区转移产业是近年来明显趋势。这种高-低梯度转移的产业中相当部分为资源和要素密集型产业,且往往带有隐性的污染转移性质,可能增加本地污染物排放。这里假定对外开放度与生态效率呈反比。

(5)城市人口规模,以市辖区常住人口数(POP,万人)表示。生态效率与城市规模等级紧密相关,不同规模级别的城市在职能定位、产业结构、要素禀赋、地理区位等方面存在较大差异,这些均会影响到城市生态效率变动。根据环境库兹涅茨曲线规律,一个城市的生态环境状况与其规模大小可能呈非线性变动。这里加入城市人口规模的平方项,以验证城市规模效率的"倒 U 型"规律在黄河流域生态视域下是否存在。

(6)政府对经济的干预程度,采用政府财政支出占 GDP 的比重(GOV,%)表示。一般认为,财政支出占比越高,意味着政府对经济活动的干预度或直接参与度越高。虽然政府投资可以有效改善市政设施并提高污染治理能力,但是黄河流域城市政府的开发性财政支出往往直接投向基础设施建设、房地产、重化工业等领域,显然容易导致资源消耗增强和排污增多,而且还会通过提高城市通达性和生活便利性,促进制造业和人口空间集聚,进而间接增大城市中心的生态环境压力。假设政府财政支出占比对生态效率呈"倒 U 型"影响。

根据以上分析,构建面板数据模型为:

$$MPI_{it} = PGDP_{it} + IND3_{it} + URB_{it} + FDIP_{it} + POP_{it} + POP_{it}^2$$
$$+ GOV_{it} + GOV_{it}^2 + u_{it}$$

其中,i 代表 34 个城市,t 代表时间 2005—2018 年,u 为残差项。MPI 为生态效率的变动,人均地区生产总值 $PGDP$ 以 2006 年为基期进行平减处理。数据来源于历年《中国城市统计年鉴》《中国区域经济统计年鉴》和各地城市统计公报。

(二)黄河流域整体的生态效率实证分析

为了避免伪回归的出现,确保估计结果的有效性,首先对各面板序列的平稳性进行 LLC(Levin-Lin-Chu)、IPS(Im-Pesaran-Shin)、Fisher-ADF 和 Fisher-PP 单位根检验。检验结果显示生态效率变量为一阶单整,各自变量均为一阶单整。在面板数据平稳性检验的基础上,进一步考察数据之间的协整关系。对各变量进行 Kao 和 Pedroni 协整检验,显示黄河流域 34 地市的生态效率与相关自变量之间存在协整关系,因此可以进行回归分析。对各模型进行 Hausman 检验,结果显示均应采用个体固定效应模型。为避免多重共线性问题,将自变量分为 3 个模型分别回归,采用带稳健标准误的最小二乘法拟合模型,结果如表 4-10 所示。

表 4-10   黄河流域整体生态效率的影响因素面板估计结果

变量名	代码	(1)	(2)	(3)
对数人均 GDP	lnPGDP	0.125***(0.031)		
服务业占比	IND3	0.001 (0.003)		

续表 4-10

变量名	代码	(1)	(2)	(3)
城镇化率	URB	0.004 * (0.002)		
外商投资占比	FDIP	-0.027 * (0.014)		
人口数	POP		0.003 056 3*** (0.000 804 1)	
人口数的平方	POP2		-0.000 003 49*** (0.000 000 945)	
政府财政支出占比	GOV			0.024 763 6*** (0.008 193 2)
政府财政支出占比的平方	GOV2			-0.000 438 2** (0.000 163 2)
常数项	Constant	-0.503 * (0.276)	0.702*** (0.07)	0.722*** (0.08)
样本数	N	442	442	442

注:＊＊＊、＊＊ 、＊ 分别表示在 1%、5%、10% 显著性水平上显著,括号中是异方差稳健标准误。

第一,人均 *GDP* 对生态效率提升具有呈显著的正向影响,人均 *GDP* 每提高 1% ,可以带动生态效率值 MPI 提高 0.125。这说明黄河流域的生态优化目标与经济增长目标并不矛盾。实际收入水平提升带来的居民生态文明意识增强、政府环保投入增多、集中治污技术设施改善等对生态效率的增进效应,可以抵消生产规模扩大的环境污染效应。因此,持续提高人均收入仍是改善黄河流域生态效率的基本途径之一。

第二,在控制了人均 *GDP* 等因素后,以第三产业占比表征的产业结构高级化并没有对生态效率产生显著影响,这和一些前期研究结论相同(杨冬梅,2014)。这一方面印证了黄河流域的第三产业多为传统消费型服务业,绿色环保的生产性服务业、高端服务业相对匮乏,也说明 2005—2018 年间黄河流域产业结构升级的减排增效和绿色环保效果并不明显。因此黄河流域各城市应重新审视产业升级的路径方向,通过促进企业绿色技术革新、加快新能源技术替代、激励知识与人才集聚等,重塑产业结构提升对生态效率的基础性支撑效应。

第三,人口结构转变即城镇化率对生态效率具有显著的正向影响,城镇化率每提高 1%,可以使得 MPI 值提高 0.004。这说明黄河流域仍应当鼓励城镇化进程,通过人口迁往城市集中居住以发挥资源利用与污染治理中的技术外溢、知识共享、市场潜能等,从而提高城市生态效率。

第四,吸引外商直接投资会显著降低黄河流域城市的生态效率。这也在一定程度上印证了全球污染产业转移的环境"污染天堂假说":黄河流域沿线尤其是中、上游城市作为低产业梯度区、资源密集型地区,在招商引资中更容易放松环境规制,成为发达地区转移污染产业、高能耗产业的承接地,这显然在生态上是不利的。

第五,黄河流域城市生态效率与其人口规模存在显著的先升后降的"倒 U 型"关系,拐点约为市辖区人口 437.9 万人。理论原因在于:中小城市的初始生态承载力较强,城市规模扩张和人口流入尚未超过一定的生态阈值,此时要素空间集中的知识溢出、市场潜能扩大、运输成本节约等正效应发挥主导作用,可以有效提升城市生态效率;当城市扩张到一定规模、人口居住过度拥挤之后,交通拥堵、污染物集中、土地资源短缺、环境治理成本边际递增、社会公共服务供给不足等生态胁迫性问题会凸显,进而降低生态效率。事实上,2005—2018 年黄河流域生态效率持续提高的城市主要是包头、临汾、洛阳、泰安等区域性中心城市、中等规模城市,几个特大城市和众多小城市大都为下降趋势,也印证了城市规模和生态效率的非线性关系。

第六,政府财政支出占比上升也导致生态效率呈"先升后降"的非线性变动,拐点为政府财政支出占 GDP 比重约 28.3%。地方政府更积极的财政投入虽然可以通过增加环保公共设施、拉动经济结构升级等途径来改善生态效率,但是政府支出超过一定比重后,政府财政投入偏向重化工业、基建、资源型产业部门对生态效率的"挤出效应"会凸显,从而导致生态效率恶化。

(三)分上中下流域的生态效率实证分析

考虑到黄河流域上中下游在地理、自然、经济等方面的禀赋差异,有必要分流域分析生态效率的影响因素。其中上游城市包括兰州、银川、呼和浩特、鄂尔多斯等 11 个城市;中游包括忻州、吕梁、临汾、洛阳等 10 个城市;下游包括郑州、开封、济南、东营等 13 个城市。实证分析结果如表 4-11,可以看出,上中下游各地的经济水平、产业结构、自然地理禀赋差异巨大,生态效率的影响因素和作用机制也存在明显差异。

表 4-11　分流域城市生态效率的影响因素回归结果

变量名	上游			中游			下游		
	(4)	(5)	(6)	(7)	(8)	(9)	(10)	(11)	(12)
对数人均 GDP	0.098**			0.139**			0.078*		
	(0.034)			(0.052)			(0.041)		
服务业占比	-0.001			-0.002			0.001		
	(0.002)			(0.008)			(0.002)		
城镇化率	0.002			0.012			0.003		
	(0.002)			(0.014)			(0.002)		
外商投资占比	-0.05***			-0.031**			-0.023		
	(0.015)			(0.013)			(0.018)		
人口数		0.008 46			0.002 72			0.002 7***	
		(0.008 01)			(0.005 56)			(0.000 75)	
人口数的平方		-0.000 01			-0.000 0 01 25			-0.000 0 03 07***	
		(0.000 02)			(0.000 02)			(0.000 0 00 87)	
政府财政支出占比			0.027 03**			0.005 1			0.019 16*
			(0.0104)			(0.019 91)			(0.009 74)
政府财政支出占比的平方			-0.000 43**			-0.000 19			-0.000 06
			(0.000 17)			(0.000 37)			(0.000 29)
常数项	-0.18	0.391	0.66***	-0.851	0.811**	0.98***	-0.051	0.631***	0.709***
	(0.276)	(0.447)	(0.114)	(0.517)	(0.3)	(0.197)	(0.388)	(0.089)	(0.073)
样本数	143	143	143	130	130	130	169	169	169

注:＊＊＊、＊＊、＊分别表示在 1%、5%、10% 显著性水平上显著,括号中是异方差稳健标准误。

第一,经济增长对生态效率的增进效应存在中游>上游>下游的区域差异。人均 GDP 每增长 1%,可以分别为中游、上游、下游带来生态效率值提高 0.139、0.098、0.078。黄河下游经济增长对生态效率的拉动效应较低,可能原因是作为人口密集的城市群区域,人均收入增长的同时也伴随着污染物排放的空间集中,尤其是重化工发展和资源产业的粗放经营,均会对生态形成较大胁迫压力。由于不同流域的经济—生态效应存在空间异质性,因此黄河流域生态效率提升的对策战略也应分类分区决策,而不能一刀切。

第二,外商直接投资对生态效率的负效应在中上游显著,但在下游不显著。下游相对发达地区有更大余力选择发展绿色环保、技术密集型产业;中上游欠发达地区为实现经济增长、就业等目标,在招商引资中更容易放松环境规制去吸纳带有污染转移性质的产业,导致生态效率下降。如果在政策上要求中上游地区放弃大量承接外来污染产业,那么其保护生态环境的经济代价就应由生态受益地区通过税收返还、转移支付等方式进行部分补偿。

第三,城市人口规模对生态效率的"倒 U 型"影响在中游和上游不显著,仅在下游城市群地区显著,拐点为市辖区人口 439.7 万人。这说明黄河中上游地区的人口集中度普遍没有超过生态承载阈值,但是黄河下游城市群地区近年来的空间结构集中化趋势明显。郑州、济南、西安等中心城市规模在"强省会"战略下快速膨胀,可能更有利于发挥知识溢出、市场集中、产业链共享等集聚效应,但是在生态效率上偏离了由规模报酬递减规律和环境承载限度决定的适度规模区间,亟需"瘦身健体、减量增效",更加重视生态保护与高质量发展。

第四,政府财政支出比重对生态效率的"倒 U 型"影响在中游和下游均不显著,但是在黄河上游显著,拐点约为财政支出占 GDP 比重达到 31.3%。这说明上游城市的市场化程度低、民营经济不发达,政府可能更加依赖高财政支出来拉动地方经济增长,但是这也加剧了区域生态质量下降。故此,黄河上游生态脆弱区或资源型地区应当及时转变政府主导、投资驱动的传统增长动能,缓解高财政支出刺激模式对生态效率的不利影响。

七、主要结论与对策建议

(一)主要结论

第一,黄河流域各地市的静态生态效率值偏低,其中规模效率下滑是主要动因,而纯技术效率相对稳定。生态效率变动具有 2005—2009 年"上升",2009—2012 年"波动",2012—2018 年"下降"的阶段特征,主要原因在于 2008 年金融危机及随后强刺激政策强化了沿黄城市的政府主导、投资驱动增长模式,导致更加依赖重化工、资源能源、基础设施建设等产业。

第二,黄河流域各地市的动态生态效率持续下降,分流域动态生态效率表现为下游>中游>上游。其中技术效率值提高的主要是黄河中游的一些区域性中心城市,下游的特大城市与上游的小城市均不占优。下游城市虽然具有更优异的纯技术效率进步,但是却面临更严峻的规模效率下降问题。

第三,黄河流域各城市存在生态效率高值区与低值区的空间趋同分布特征。在弱环境规制条件下,城市地方政府在生态上的逐底竞争行为可能会导致相邻区域的生态效率下降蔓延扩散。

第四,人均 GDP、城镇化率能够显著促进生态效率提升,吸引外商直接投资会显著降低黄河流域尤其是中上游城市的生态效率,但是城市人口规模、财政支出占比均对生态效率产生先升后降的"倒 U 型"影响,拐点约为市辖区人口 437.9 万人、财政支出占 GDP 比重 28.3%,即城市规模过度与政府财政支出占比过大均会损害城市生态效率。

(二)对策建议

黄河流域各城市的传统发展路径中存在重速度而轻质量、重经济增长而轻环境保护。在黄河流域生态保护和高质量发展国家战略背景下,以生态效率提升为导向引导城市体系生态化、绿色化、高质量发展具有重要意义。根据研究结论,提出以下对策建议。

第一,对于中下游的三大城市群地区,遏制生态效率下降的主要对策是转变经济增长的技术进步倾向,从以往要素投入密集型,转向节能减排、资源能源集约型。将城市群的生产功能集中到各地优势特色的产业园区,并在园区集中配套建设由众多企业成本共担、受益共享的污染防控治理设施,以更高效地提升城市生态效率。

第二,济南、郑州、西安等沿黄特大城市应当警惕城市"摊大饼"式过度无序扩张对生态系统的胁迫挤压,按照"瘦身健体、减量增效"要求调整国土空间规划。转而引导人口有序流动,使得大城市与中小城市形成城市群、都市圈多中心网络化协同发展,聚焦创新型、研发型、技术密集产业,以适应规模报酬递减规律和区域生态环境承载限度对城市扩张的约束性要求。

第三,上游生态涵养区或资源型城市要加强生态保护、降低政府支出比重。及时转变政府主导、投资驱动、粗放式开发的传统增长模式,尤其防止在生态功能弱化地区大规模建设产业园区、开发区,可以由发达地区通过税收返还、转移支付等方式补偿黄河中上游城市维护生态环境的经济代价。

第四,根据生态效率的影响因素分析,黄河流域各地市应重塑产业结构升级的绿色化、知识化、集约化路径方向,在城市空间规划建设中注意保持生态适应性;在招商引资中注重强化环境规制,避免落后地区成为污染转移承接地;减弱地方政府通过财政奖补、投融资平台等强刺激政策对市场化活动过多直接干预;重视城镇化进程对生态效率的基础性支撑效应。

第五章
我国城市体系规模结构失配的生态成因与效应

第一节 城市体系规模结构失配的生态成因

根据本书研究,近年来我国城市体系规模结构的失配问题凸显,主要体现在:第一,"大城市过度膨胀""小城市萎缩"带来的城市之间规模级别差距拉大与城市体系"两极分化";第二,城市位序—规模分布偏离 Zipf 规律状态,某些区域的城市首位度越来越高;第三,城市分布大体呈东—中—西部递减的非平衡态势,大城市及以上集中在东部,中小城市更多地分散在广阔的中西部,导致城市空间布局过度集中等。

城市体系的规模结构失配与生态系统失衡是研究的两个主题,两者不仅存在着内在的深层理论联系,在我国现实中还有一系列特殊表现特征。在理论上,两者之间存在负向的反馈循环关系:一方面,城市生态系统中经济子系统的收益分享主体的非匹配性,社会子系统的成本约束机制弱化、公共服务质量非均等化,以及自然子系统的价值评估与补偿机制缺失,再加上污染的外部性,均会约束城市规模扩张的速度和效率,进而导致城市体系规模结构的失配。另一方面,城市体系规模结构的失配、特别是"大城市化"还会进一步加剧人口过度集中区域的生态超载,恶化城市人居环境、加剧自然资源紧缺、降低公共服务覆盖面,进而诱发一系列生态问题。旨在系统分析我国城市体系规模结构失配与生态系统失衡之间的因果关系和影响效应，深入探究其间的复杂作用机理和传导机制，为我国城市体系的生态优化提供理论依据与现实基础。

一、经济子系统的收益分享机制扭曲

城市规模扩大的经济集聚效应包括企业、居民、行业和整个城市层面的"规模经济""范围经济""产业集群效应"以及"生活成本效应"等。这些好处如果能在企业、居民、政府等之间合理分享，公平再分配，那么会促进城市体系朝更协调的方向演化。如果这些经济子系统的收益—成本在企业、居民、政府之间的分享分摊非匹配、非均衡，甚至出现政策导向偏差和制度性扭曲，那么就很容易导致大城市规模过度膨胀、小城市衰退与城市体系的两级分化。

（一）企业与居民分享城市集聚效应的非匹配性

第一，企业享有更多经济子系统的正外部性收益。城市规模扩张给企业带来要素空间集聚，这种集聚效应不仅享有一系列成本节约的好处，还具有规模报酬递增效果。与小城市相比，大城市可以享有专业化程度更高、产品类型多样化、劳动力市场扩大、中间投入品集中、上下游产业链完善等优势。在当前信息技术创新和大变革背景下，大城市要素集聚的知识外溢、信息共享等厂商层面的"外部规模经济效应"进一步凸显[①]。对于知识密集型企业来说，选择在少数大城市、中心城市或城市核心区内集中布局，更能够实现产业链延伸拓展，形成行业内集聚集群效应，享有跨行业的技术溢出、劳动力市场扩大、基础设施完备等好处。如果不考虑级差地租、劳动力成本和公共设施建设费用等方面因素，这些经济上的正外部性会吸引企业越来越向少数优势区域集中，进而驱动城市体系集中化与规模分布差距拉大。

第二，城市居民作为劳动者和企业雇员，没有得到对等的经济利益分享和成本补偿。劳动者从乡村流入城市、从小城市流入大城市均会花费直接

---

① 陈良文，杨开忠. 集聚与分散：新经济地理学模型与城市内部空间结构、外部规模经济效应的整合研究[J]. 经济学（季刊），2008（01）：53-70.

迁移成本和承担机会成本,居民本身是城市生态环境恶化的主要受害者,也是公共服务短缺的承受者,这些都需要劳动者从企业分享获得更高的工资和福利作为补偿。我国传统上存在压低劳动价值的低价工业化倾向,再加上社保机制不健全、工会集体协商机制缺失等原因,劳动者的工资福利增长速度远远赶不上企业边际产出效率的提高。在我国劳资博弈环境中,外在生态成本很少转变为厂商的生产成本;而生产效率提高的好处主要由厂商享有,很少转化为劳动所得。这就相当于劳动者给予了企业逆向的收益转移,经济收益在企业与居民间的非匹配性导致产业和劳动力应有的分散化被阻滞,企业更倾向于继续集中在经营成本外在化的大城市,加剧了城市体系规模结构的两极分化。

第三,农民工的"半市民化"或"非市民化"加重了居民与企业在经济收益分享上的非匹配性。在传统二元经济体制下,我国长期存在劳动力市场分割和社会公共服务非均衡性。农村剩余劳动力或农民工作为流动人口的主体,在给城市输入源源不断的"人口红利"的同时,却大都在非正规劳动力市场就业,与体制内单位相比,在劳动保护、就业稳定性、基本社会保障、子女教育等方面无法获取应有回报。这种"人口红利"与"非正规雇佣"的好处在规模较大的城市更明显,这就在客观上刺激了超、特大城市的进一步集中膨胀。可以说,以农民工为代表的城市流动人口带给城市的净收益高于其获得的显性工资和隐形福利,而且这种差距与城市规模级别呈正比,是导致一些超特大城市规模过度膨胀的重要原因。

经济子系统的成本—收益的非匹配性可以用图5-1进行边际分析。由于城市集聚带来的各种规模经济好处主要由厂商享有,很少转化为劳动所得,因此与城市的总社会边际收益 MSR、社会边际成本 MSC 对比,企业的私人边际收益 MR 较高。在城市规模达到 MSR＝MSC 处的最优值 L_1 处时,由于厂商的私人边际收益 MR 此时仍要高于社会边际收益 MSR,对于厂商来说最优化决策是仍继续在该中心城市扩大生产规模,结果是城市均衡规模扩张到 L_2 处。

进一步,区域产业集聚和就业机会增长吸引更多弱势人口流入。由于劳动者在经济子系统中分配收益不足,而生态系统损害成本、社会服务成本无法顺畅传导为厂商的运营成本,压力过多留给了城市居民。劳动者的生态补偿不足导致雇工企业的私人边际成本 MC 低于社会边际成本 MSC,最终驱使城市均衡规模进一步扩张到 L_2 处。因此,由于厂商、居民在城市经济子系统中收益分享的非匹配性,如果城市政府不能通过政策干预加以反向调节,市场机制自由作用的结果往往是人口往少数大城市集中,城市体系规模差距拉大。

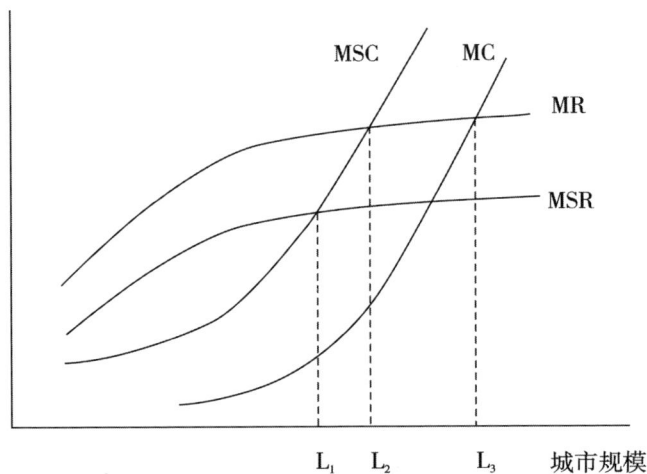

图 5-1　城市经济子系统的成本—收益分析

(二)政府的偏向性政策强化了城市体系两极分化

经济收益与综合生态成本在不同主体间的非匹配性容易加剧城市两极分化,这就需要政府采取政策加以调节和纠正。然而,我国传统城镇化模式具有政府主导、投资驱动特征,在地方政府 GDP 竞赛背景下,受到土地财政诱导、招商引资压力等影响,地方政府作为城市的经营者实际上有类似私人主体那样的逐利行为,面临的是弱生态约束下的净经济收益最大化决策。政府行政力量的介入扰乱了城市体系演变面临的技术条件,改变了城市规模—位序分布的内在规律法则。按行政级别分配资源的政策偏好反而容易产生城市体系分布过度集中,进而引发环境恶化、交通拥堵、资源紧缺等"城市病"。

第一,地方政府更偏向做大城市规模,以获得额外财税、土地指标等政治资源,客观上加剧城市体系集中化。城市规模扩大意味着更多人口涌入和产业大规模集中,更能带来消费市场、房地产市场、土地需求等繁荣,不仅能撬动各种税收与非税收入增长,还能够给地方政府带来可观的土地转让收入,形成"城市扩张—土地增值—政府收入增长"的互动循环。在这种GDP导向的逐利模式下,生态系统的维系与改善容易被城市政府长期忽视,基础设施与公共服务建设成为短板,人们居住生活环境不断恶化。

第二,政府偏向性政策强化了城市集聚收益在企业和居民间分配的非匹配性,进而加剧了城市体系的非均衡化。这些政策包括低价工业化导向下的压低劳动力、土地等要素价格,给予一些国有企业巨额补贴和优惠金融支持等。甚至一些城市政府在招商引资中偏好将优惠政策给予一些短平快的高污染、高能耗、高消耗产业,例如重化工业等,而忽视生态环境成本等负外部性效应。无论是显性的财政补贴还是隐性优惠政策,最终都需要通过财税机制转嫁给居民承担,这就构成了一种逆向的收入转移,扭曲了财富分配机制,客观上会加剧城市体系两级分化。

第三,各级行政主体倾向于将辖区内的优质资源集中到高行政级别城市,形成上级城市对下级城市的资源掠夺,加剧了城市体系的两级分化。在现行行政体制下,省会城市或地市级掌握了辖区内资源分配权,在地方政府GDP锦标赛体制与官员政绩考核压力下,区域财税、金融、用地指标、审批权限等稀缺资源越来越向行政中心城市,往往也是大城市集中。出于这些考虑,各省份的发展战略也是鼓励做大做强省会城市。例如湖北省长期推进强省会战略,2016年省会武汉市的固定资产投资额、地方财政预算收入、贷款余额分别占全省的41%、61%和73%,充分体现了作为副省级城市在本省行政区内的强大"虹吸"能力。地方政府在体制机制导向下更追求高级别城市的规模急剧扩张,导致工业项目、财政投入、建设用地供应、基础设施建设、以及各种行政资源更多向大城市集中,诱发大城市规模过度膨胀。

总之,从城市生态系统的经济子系统层面来看,当前我国大城市过度膨胀的成因在于经济集聚收益在企业、政府、居民间分配的非匹配性,市场调节失灵与机制缺陷使得生态成本上涨压力更多留给居民,无法转化为厂商的运营成本和政府的财政支出;城市集聚效应、技术扩散、人口红利等好处主要由厂商和政府享有,很少转化为劳动所得。结果是企业更愿意选址在经济集聚效应更强的大城市,生态成本约束对城市体系均衡化的引导被阻滞。政府的"GDP锦标赛""土地财政""官员政绩考核""强省会战略"等政策偏向进一步强化了城市体系的两极分化。

二、社会子系统的成本约束机制弱化

根据人口流动的微观选择理论,跨地域迁移人口的目的地决策取决于迁移成本与迁移收益差距的对比。当前一些大城市已经由于过度拥挤而导致社会服务、基础设施与公共治理等各方面成本激增。以居住为例,根据国家统计局数据,2017年特大城市例如杭州的商品房平均销售价格为15 753元/平米,远高于同属长三角城市群的中等城市嘉兴的9 626.5元/平米,居住成本高企已经极大影响居民的实际幸福感和获得感。从理论上来说,高级差地租、高生活成本、高公共服务成本会抵销居民选择留在大城市的效用水平,也会传导影响到位于大城市的企业的经营成本,形成城市体系的"分散力"。由于一些社会子系统层面的成本约束机制出现弱化,很难对城市体系失配形成强约束与纠正。

一是城市基础设施与市政服务的"外部性"。大城市高标准的教育水平、发达的交通系统、高档次的市政配套设施均具有公共物品属性,具有天然的非竞争性,扩大消费人数的边际成本并不高,使得新迁入居民可以"搭便车"无成本或低成本地享用这些服务而不必付出对价。这就刺激了迁移农民或周边小城市居民涌入社会服务齐备的大城市,而不愿选择"就地迁移"到周边的中小城市。社会子系统存在的"正外部性"导致城市公共服务成本可以平摊给新迁移者,因此社会服务的边际成本一般大于平均成本。如果没有从政策上加以修正或引导,结果即是迁移者以平均成本等于平均收益为均衡条件做出的个体决策,往往导致城市规模超过以边际成本等于边际收益为决定条件的城市最优规模。

二是农民工"两栖式迁移"中的"半市民化"。长期以来城乡二元体系下形成了迁移农民工的"半市民化",进城农民工在医疗、养老、子女教育、住房等公共服务方面并没有享有和城市居民同等的待遇。农民工日常在城市工作,过年或失业后回到有宅基地、自耕田的家乡居住,没有真正融入城市生活和城市文明。"两栖式迁移"下农民工不必在城市落户,对就业地没有归属感,对大城市的高房价、资源紧缺、环境污染等外在生态成本并不敏感。例如,农民工在城市的居住方式主要是集体群居或租住廉价房屋,绝大多数农民工既没有在城市买房的能力,也没有相关意愿,利用城市打工的积蓄在家乡建房并依赖农村土地养老是普遍选择,因此大城市的过高房价也难以有效阻挡农民工涌入大城市。结果是流动人口仍将就业机会多、收入高的大城市作为迁入地首选,大城市人口超载,而小城市愈发空心化,造成城市体系两级分化。

三是社会治理成本的高企与隐性化。地方政府在追求规模扩张中忽视了城市精细化治理能力,会带来社会管理低效和治理成本高企。例如,根据极光大数据基于云服务平台的长期监测数据分析,城市规模越大,往往交通拥堵越严峻、居民通勤时间越长。全国4个直辖市长期占据着平均通勤成本榜单的前四位,其中北京的通勤路程最长,达到13.2千米,平均用时达56分钟;上海通勤路程和平均用时紧跟北京排第二①。长时间的通勤不仅增加了城市运行成本,消耗了更多能源,排放了更多污染物,还大大降低了居民的就业可达性和生活幸福感。这种损失是一种隐性成本,无法被准确计量,也无法在GDP统计或城市效益分析中体现出来。以经济效益为导向的城市政府往往会倾向忽视社会治理成本与相关生态风险,高估大城市的净收益,做出支持大城市持续过度扩张的决策,导致城市体系两极分化。

四是小城市的基础设施与公共服务短板阻碍城市体系均衡化。首先,当前我国小城市在公路交通、通讯网络、水电暖等基础设施建设方面存在明显短板,影响到居民流入和企业迁入的意愿。其次,由于劳动力市场的分割性,大城市政府实际上可以将很多原本应当自己承担的公共服务成本转嫁出去。例如大城市的非正规就业者往往需要在家乡附近的县城、小城市买房,来保障自己的医疗、社保、子女教育等问题,所需成本更多是个人或小城市政府承担。小城市的公立医院、学校资源本身就比较稀缺,无法承担过重

---

① 极光大数据:《2018年中国通勤指数排行》,http://www.sohu.com/a/238359520_748530。

的公共服务供给负担,最终激化了城市体系的非均衡化。最后,小城市的文化娱乐、商业服务也相对薄弱,对于流动人口尤其是技能型人才的吸引力较弱。城镇化的本质是人们生产、生活、居住方式向有别于乡村的一整套城市文化和价值观的扩散过程。小城市的生活方式和文化氛围仍相对保守,就业流动性弱,消费层次较低,图书馆、体育场、商业中心等文化娱乐设施不足,都会影响人口的流入意愿。

三、城市间公共服务的非均衡性及其矫正

(一)城市间公共服务差距对消费者效用及城市体系的影响效应

在复合城市生态系统中,社会子系统中的公共服务因素在大中小城市间的非均衡配置,是导致城市体系规模结构失配的重要原因。由于人是城市间最具活力和流动性的要素,也是衡量城市规模的主要标准,这里主要从消费者效用角度分析城市间拉开公共服务差距是如何导致城市体系演变,以及不同的应对措施会取得哪些差异性后果。

如图5-2所示,假设城市中消费者效用 U 是城市人口规模 N 的先增后减函数。在城市扩张前期,城市人口集聚可以给消费者带来商品市场多样化、就业转换方便、知识溢出等好处,因此边际效应递增;城市扩展到一定规模后,由于本地竞争激烈、资源紧缺、环境恶化等拥挤效应凸显,边际效用出现递减趋势。假设初始(高行政级别)大城市 j 的消费者效用均衡点处在 E_0,此时满足消费者效用最大化条件 $\partial U_j / \partial N_j = 0$,城市处于有效规模水平。在均衡点处, $U_j = U_e$,即大城市 j 的消费者效用等于全国均衡效用水平,整个城市体系处于稳态。

然而,我国作为发展中大国,改革开放以来实际上走了一条非平衡的城市发展道路。东部沿海大城市与高行政级别城市凭借地理区位优势、工业基础雄厚、财政收入充足、土地增值较高等综合优势,建立起了更为优质的公共服务体系和更完善的基础设施。尤其是近30年来的城镇化加速阶段,大城市在公共绿地面积、交通设施、中小学入学率、文化娱乐等城市基础设施和公共服务方面和小城市的差距迅速拉大。例如,2016年北、上、广、深四个一线城市的人均实有道路面积达到 15.6 平方米,远高于全国平均的

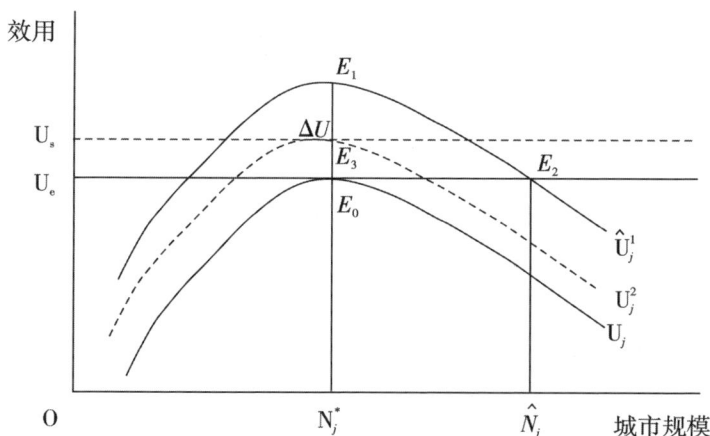

图5-2 公共服务非均衡对消费者效用及城市体系演变的影响

5.3 平方米;普通高等学校个数 62 个,远高于全国平均的 2.1 个;污水集中处理率达到 92% ,远高于全国平均水平 87.4% 。由于长期以来城市间存在的"行政等级隶属关系"与"GDP 锦标赛制",使得各级政府往往将有限的基础设施建设资金向高行政级别城市倾斜,进一步拉大了城市间公共服务的非均衡性。

高级别的大城市 j 拥有了公共基础设施和公共服务的优势,导致消费者的效用水平相应提高,表现为效用线上升为 U_j^1 。即使存在公共服务的付费使用,由于城市公共服务的成本分摊与共享效应提高了居民的额外效用水平,新进入居民的社会边际成本远远小于社会边际收益,整个城市消费者的效用线仍会上升。此时在新均衡点 E_1 处仍然满足 $\partial U_j / \partial N_j = 0$,大城市规模虽然仍处于有效规模,但大城市 j 的居民效用水平提高了 ΔU ,即社会子系统非均衡带给居民的额外效用增强。

在没有准入限制的情况下,由于大城市 j 的社会效用水平远高于全国均衡效用水平,这会吸引人口持续往大城市 j 流入,即从 E_1 点移向 E_2。这一过程直到人口过度膨胀导致的生活成本上升等"拥挤效应"抵消了大城市社会服务的额外收益,使得 U_j 回归到社会均衡效用水平。但是此时大城市的规模过度膨胀到 $\hat{N}_j$,偏离了城市有效规模 N_j^* 。总之,在没有人口流动限制条件下,大城市社会子系统的超额净效用会吸引更多外来人口持续流入,最后带来两个效果:城市间效用水平均衡化,城市体系规模结构两级分化。

在城镇化后期,人口往大城市集中的"拥挤效用"在城市体系演变中起到重要作用。这种规模不经济在理论上具有广泛的外延表现,近年来对我国的研究主要将其归结到土地稀缺导致的居住地块面积下降与房价攀升。在城市体系模型设定中,人均居住面积往往随着城市规模的扩大而缩小。城市体系是极化还是扁平化演变,在很大程度上取决于消费者对优势公共服务的偏好,以及对大面积居住偏好的对比。如果在效用函数中,公共服务共享的重要性优于居住地块面积的重要性,那么城市体系均衡的结果仍是大城市在资源禀赋最佳的地方持续集中膨胀。反之,如果消费者对宽阔宜居环境的偏好优于优势公共服务的偏好,譬如二战后美国居民大规模往郊区和卫星城迁移,就会在次优地区建立形成众多低密度的小城市,城市体系演变的均衡路径会出现分散化趋势①。

(二)政府的矫正措施及其影响效应分析

在城镇化中前期,政府可以采取三种措施纠正由于公共服务非均衡带来的城市体系极化演变。一是采取刚性的限制性准入政策,例如,设置诸如户籍制度、入户评分、学历限制等法规限制新居民的迁入,这相当于将社会子系统的均衡点留在了 E_1。虽然这样大城市在考虑经济—社会子系统后仍处于有效规模,但是大城市居民享有畸高的社会公共服务效用,显然在综合生态上是非公平的,有悖于城市文明扩散的城镇化人本主义内核。在政策实践中,这种方式可能在我国改革开放早期发挥了缓解大城市病等作用,但是也很容易造成迁移人口的"非市民化"、劳动力市场扭曲、政府寻租行为等严重后果,不能作为长期纠正城市体系失配的对策。

二是采取外部性内在化措施纠正市场机制缺陷,包括收取入户费用、抬高大城市房地产价格等。这相当于对大城市的额外社会收益收取额度相当于 ΔU 的"门槛费"或"反补贴"。这样大城市居民的社会效用线会下降回到 U_j,大城市的规模仍处于最优水平,效用水平也稳定在社会均衡水平。在2004年以后,这些内在化措施实际上成为我国各大城市进行人口规模干预

---

① 亨德森,蒂斯.区域和城市经济学手册(第四卷)[M].2011:281.

调控的主要政策选择。应当看到,无论是对新迁入居民收取高门槛费,还是让新老居民共同承担高居住成本,不仅抵销了城镇化带来的社会福利,影响居民获得美好生活的幸福感;而且长期以往还会抬高工商业经营成本,损害城市核心竞争力。更重要的是,这种市场化"门槛费"或"高房价"通过高收费、高土地转让金等方式将民众财富转移到政府或少数房地产商手中,如何保障城市基础设施和公共服务的硬性投入,如何约束围绕国有土地有偿使用的权力"寻租"空间? 这是实践中要解决的难题。

三是由中央政府将社会公共服务在大中小城市间进行均衡化配置,包括采取财政转移支付制度加强对小城市公共服务与基础设施建设支持,给予非正规就业人群更高覆盖率和更公平的社会保障待遇,强制大城市给予人口净流出地一定的对口支援或公共服务补助等。这种方式一方面可以提升全国均衡效用水平到 U_s ;另一方面由于大城市公共服务资源被分散而导致消费者效用线由 U_j^1 下降到 U_j^2 。在新均衡点 E_3 处城市体系回归到稳态,大城市的社会效用水平由于中央政府的均衡化措施有所下降,但整个城市体系包括中小城市的平均社会福利水平提高了。此时大城市能够处于有效水平,缓解了城市人口过度集中化和城市体系两级分化的压力,更有效地纠正了城市体系的规模结构失配。

四、自然子系统的价值评估与补偿机制缺陷

(一)自然子系统的价值评估机制缺陷

对自然生态系统进行公允、全面、动态的价值评估,是精确反映城市发展所需资源的稀缺程度和环境消耗强度的需要,也是避免资源、环境约束弱化的基本前提。只有建立完备的自然生态评估机制,才能定量比较不同城市的生态承载力,才能建立起生态成本转移支付与补偿机制,进而在城市发展目标中充分考虑生态成本,促进城市体系协调有序演变。虽然理论上对自然要素进行定价的方法有影子价格法、机会成本法、替代价格法等;长期以来,对自然生态的价值评估并没有建立一套系统、科学、规范的技术方法与公认规范。某些自然生态要素的快速变化也使其价值存在不稳定性,区域分割与利益博弈更是使得环境定价与资源市场化运营在实践中困难重

重。这种价值评估的缺陷容易误导不同规模等级城市的演变路径,引发城市体系的错乱与失配,具体成因与传导机制是多方面的:

第一,普遍存在的资源价格被低估、环境被损害或过度开发的情况,激化了城市体系的失衡。由于长期的低价工业化策略,土地、矿产等资源被低成本使用,政府环境规制也长期弱化,自然生态系统各要素的内在价值被长期低估,缺乏应有的补偿和修复。一方面,人口与产业高度密集的大城市对资源的消耗和环境的损耗更为强烈,在自然生态各要素的价值评估机制缺失的情况下,实际上是以生态成本外在化、低估化的方式支持了大城市的持续膨胀。另一方面,小城市多处在生态供给区和涵养区,在资源、环境要素评估机制缺失情况下,小城市的生态产品供给和对外输出行为很难得到公允的回报及补偿,而生态系统的消耗和损害多留给自身承担,导致小城市处于生态环境恶化与扩张乏力的恶性循环。

第二,自然生态产品与服务的不可移动性导致其价值评估的市场机制失灵,使得不同类型城市的发展优势出现差异分化。自然生态产品和服务通常要依附所处土地和地理环境,如森林提供的洁净空气、干净河流提供的水域景观、平整肥沃的土地提供的居住与生产功能等。这些不可移动的生态产品无法形成跨区域的交易市场,很难通过市场供求与竞价机制进行公允价格发展与资源市场化配置。因此,生态资源丰富地区的城市可以大力发展农业、旅游业、康养产业等相对优势领域;而非移动性生态资源的劣势地区,如干旱半干旱区、高寒地区的城市则会相对陷入发展乏力的困境。

第三,自然生态要素的价值评估机制缺失会造成资源城市、重工业城市的过度扩张,加剧城市体系规模结构的失配。资源工业、能源工业、重工业、化工业等需要高强度进行矿物质采选和有机物利用,往往会损害周边生态环境,而环境污染的外部性代价的补偿机制依赖对自然生态要素的公允价值评估。如果缺乏科学、规范、刚性的自然生态价值评估机制,很容易导致这些高污染企业低估自然生态要素价格,逃避对生态环境的补偿与维系成本,结果即是某些资源型城市和重化工城市在资源粗放利用、污染物过度排放中畸形扩张,加剧了城市体系的集中化。

(二)城市间的生态补偿机制缺陷

我国各级各类城市的人口、资源与环境禀赋差异较大,城市间基于主体功能区划与生态功能定位差异产生了跨区域的自然资源流动与环境要素转移。各中心城市、大城市群作为人口承载与经济优势地区,凭借区位、资本、人才和技术禀赋优势获得优先发展机会,但是这些也离不开中小城市提供的矿产资源、生物资源、纯净水源、干净空气、水土保持等自然生态要素。而中小城市所处区域往往是资源供给区或生态涵养区,长期以来以低成本甚至无成本的方式,通过水源地保护、林草地保护等保障了大城市增长所需供水、抗旱、防洪、生物多样性等功能;通过资源输出给大城市赖以生存扩张的各类能源与资源;通过植树造林和封山育林调节了生态循环、提高了空气质量;甚至通过“土地占补平衡”政策等为大城市提供了建设用地。中小城市为了维护生态安全,实际上在经济发展上付出了相当大的成本代价,应当得到获益地区的相应补偿。

长期以来,我国并没有形成一套合理、成熟、规范的自然生态成本跨区域分摊与利益补偿机制,也缺乏系统的法律法规以保障生态净付出地区得到相应生态补偿。这种机制缺陷与法规缺失实际上鼓励了城市体系中各级各类城市争相进行生态资源过度索取、超载开发、无序竞争,而想法设法规避对土地质量退化、河流水质污染、气候极端变化、自然环境破坏等严重后果的相应补偿。长此以往,往往是大城市或高级别城市在竞争性生态资源索取中占据优势,占据了更多的生态足迹空间,在规模急剧扩张的同时,以粗放式生产方式获得了超额经济收益。

自然生态的外部性与产权不明晰加剧了生态成本跨区域补偿的实现难度。例如一些河流的上游城市为下游城市提供了干净优质的水源,生态涵养型城市帮助周边城市减轻了温室气体排放和雾霾污染,粮食主产区严格保护耕地范围并为销区城市提供了粮食安全保障,这些“生态输入”城市有义务给予“生态输出”城市以相应支持,包括从财政上补贴付出城市的生态保护建设直接成本,弥补输出城市为了保护环境而承担的机会成本损失。由于传统的行政区划分割、地方政府竞争、分税制体制等影响,区域间、部门间、上下级间利益博弈关系错综复杂,很难建立一套规范的、跨行政区划的生态补偿机制。事实上,这种补偿机制在县、市内部尚好协调相关利益关系,而一旦涉及跨市、跨省就会面临较大难度。“生态输入”城市如果不付出对价而"搭便车"共享生态产品,不仅会导致自然生态产品服务的价格被低估,供给量越来越少、质量越来越差;更会引导人口与资本进一步由"生态输出"城市向"生态输入"城市集中,加剧城市体系规模结构的两级分化。

总之,自然生态子系统的补偿机制缺陷与环境规制弱化直接影响了城市体系演化:大城市或高级别城市占据自然生态循环链的高端而不断膨胀;小城市或低级别城市在供给自然资源、保护环境的同时,却不能得到公允补偿,落入不可持续的发展困境。这不仅进一步拉大了城市规模结构差距,加剧了城市体系的两级分化,在客观上也会削弱生态型城市对生态保护的能动性和努力程度,危害国家整体生态安全。

五、环境污染的外部性及城市间差异

(一)环境污染的外部性对城市体系的影响

城市高度集中的生产、生活行为会对生态环境带来较大污染,这种污染不仅损害排放者自身,而且会影响到周边的居民、企业及公共区域,具有较强的负外部性。环境污染的负外部性原因主要在于市场失灵和政策失灵。由于水、空气等自然环境的产权界定困难,对于所有居民具有明显的共享性和非排他性,市场供求与价格调控机制在这种领域很难发挥作用,如果没有外部干预,市场调节很容易导致"公地的悲剧"。例如,上游工厂不加处理排出的污水会危害到整个下游水域环境质量,在产权不明晰或补偿机制不健全时,使得整个流域缺乏保护、过度利用而质量低下。政策失灵包括对污染行为的管控制度不完善、执行不严格,对公共资源的管理失效等。例如城市鼓励更多使用私家车会导致空气中悬浮颗粒物的浓度增加,加剧雾霾等恶劣气候;由于空气污染的健康影响被低估、减轻污染的技术手段缺乏、气态污染物治理的经济代价较高等原因,大多数工业化国家在城镇化初期都出现了对空气污染的重视不够、管制弱化,使得污染的外部性影响累积,甚至诱发灾害性天气。

环境污染的外部性倾向于鼓励工业生产集中布局在污染较严重的工业化区域,从而既能享受集聚经济好处,又能向外转嫁污染成本。工业生产集中进一步带动初始大城市的规模持续扩张,在区域环境禀赋条件难以转变时,污染压力可以转嫁一部分给周边居民、其他企业,相当于激励了污染者进一步扩大生产和污染排放,最终形成了"污染加剧—外部性—城市体系集中—污染加剧"的恶性循环。何雄浪(2015)利用知识创新与扩散模型(TP模型)的实证研究也证明,地区间环境污染扩散效应的提高,会增加本地制造业企业的生产成本,导致城市间工人效用水平差距扩大,结果是促进产业进一步集聚。

对于不同污染源和污染传播类型,环境污染的外部性具有不同表现特征,对城市体系演化路径的影响也不一样。譬如有害气体排放导致的大气污染对环境的影响是全局性、流动性的,很难明确污染物边界和产权保护限定范围,那么污染的外部性就更加难以衡量和管控。此时传统新经济地理模型所揭示的"突变式集聚"机制占主导,"核心—外围"城市体系格局基本成立。若环境污染的影响仅限于局部范围,如城市固体废弃物污染,此时污染的外部性不易跨区域传播,政府环境规制也能有效隔离和管控污染物排放与传播,城市体系演变会表现为相对温和的不完全集聚。显然,当前阶段我国环境污染的突出问题主要体现在水域污染、大气污染等全局性污染,这些污染物的扩散较快,很容易跨区域传播,单个城市政府很难管控,因此环境污染的外部性问题和全域关联性较为突出,很容易导致城市体系的两极分化与集中化。这就要求政府加强跨区域的环境污染治理合作,例如,对于北京的雾霾问题,必须建立起京津冀联防联控机制和跨区域应急预警制度,从法律、政策、经济激励上纠正外部性,才能大幅度减轻环境污染对城市体系失配的影响。

(二)地方化成本与污染外部性的城市间差异对城市体系的影响

环境污染作为一种外部性行为的边际成本在不同规模城市并不是相等的,而是随着城市规模扩张以加速度增长。大城市的环境污染在空间上更密集、处置成本更高,对外界环境或主体带来的危害性远大于小城市。虽然大城市的集聚效应在一定程度上能够抵消这种负外部性,但是由于外部性的边际成本递增,城市规模越大,这种外部性的损害就越难消化。

如图5-3所示,假设存在两个不同规模的城市经济体,一个是平均规模的一般城市 B,另一个是比一般城市大得多的大城市 A。首先假设不存在外部性,假设工人的工资等于递减的边际产品价值($w = VMP = P \times MP_L$),在初始的边际产品价值曲线A_0和B_0处,工人将流向实际工资最高的城市,两个城市人口流动的均衡结果是E_0。但是工人在比较城市间的工资差异从而形成迁移决策时,必须考虑社会生态层面的地方化成本,即会将地租和通勤成本等从实际工资中扣除,从而得到净收益曲线(图5-3中A_1和B_1)。在A_1和B_1的交点处,各城市工人的净收入水平相等,并且决定了每个城市的人口规模。递减的劳动边际产品(MP_L)最终限制了城市向新增工人(marginal worker)提供的工资水平。另外,城市扩张的同时地方成本会上升,而且大城市A会比一般城市B上升的更快。即随着工人数量的增加,$A_0 - A_1$要比$B_0 - B_1$有更大的差距变化,导致均衡点由E_0到E_1的变化中,大城市有更多的规模缩小。

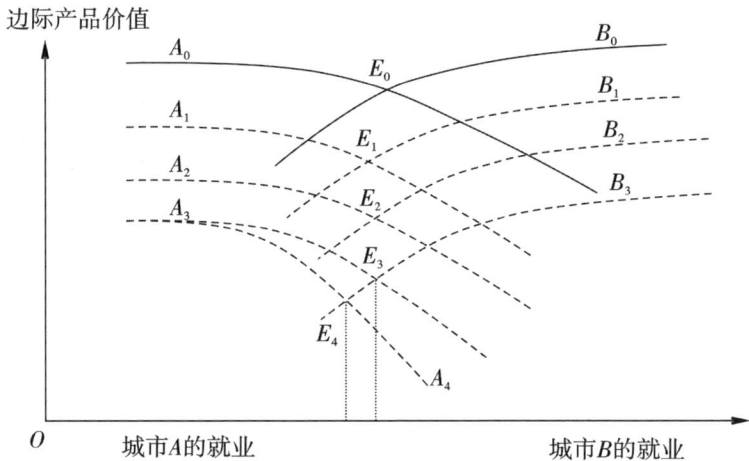

图5-3　地方化成本与污染外部性差异对城市体系的影响分析

结论1:相对于一般城市来说,越来越高的地租和交通等地方成本是限制大城市A扩展的重要因素。

进一步考虑环境污染的外部性影响情况,假设前述A_1和B_1代表私人边际产品曲线,从中减去私人成本得到外部性条件下的私人净边际产品曲线A_2和B_2。如果环境污染行为不承担外部性成本,那么城市的实际工资和就业的均衡点在E_2处。

环境污染活动的负外部性会导致除了私人成本外还必须从曲线 A_2 和 B_2 中减去一个额外的自然生态损害成本,得到环境污染外部性条件下的生态净边际产品曲线。这时有两种情况,一种是新增工人的生态损害给大城市和一般城市带来的外部性成本是一样的,此时社会边际产品曲线下降到 A_3 和 B_3;另一种更符合实际的情况是大城市新增工人带来的边际生态损害的外部性要比一般城市的更大、影响更恶劣、修复成本更高,此时大城市的社会边际产品曲线下降到 A_4,A 比 B 以更快速度下降导致均衡点在 E_4,位于 E_3 的左边。显然,与 E_4 点相比,在不考虑污染外部性的 E_2 点,城市 A 的规模过大了。

结论2:考虑环境污染的外部性影响后,大城市的生态净边际产品价值下降更大,因此大城市的有效就业量或生态最优边界应当更小。

因此,大城市 A 规模过度的重要原因在于企业和个人以私人效用(利润)最大化进行城市间迁移决策,没有考虑综合生态边际收益与成本的对比。而城市生态维护代价或环境污染的外部性在不同规模城市具有差异性,导致新居民迁入大城市普遍比小城市享有更高的净私人效用(利用),结果是城市体系过于集中。对于整个城市体系来说,如果实施外部性的内在化,执行一些激励人口逆向回流的政策,将超额数量的工人从大城市 A 转移配置到一般城市 B,不仅社会总产品会增加,而且城市体系会更协调。

第二节　城市体系规模结构失配的生态影响效应

根据对我国城市体系规模结构特征及最优边界的理论与实证分析,可以得出当前我国城市体系规模结构基本呈"金字塔"型,但是城市体系的两级分化与人口分布的集中化问题严峻,具体表现为:一方面是处于金字塔顶端的(超特)大城市虽然数量少,但规模急剧膨胀,人口比重也快速上升,在城市体系中居于引领地位,各级城市的级别差距拉大;另一方面是处于金字塔低层的小城市近年来数量占比下降,空间分布较散,人口净流出,处于相对萎缩状态。

城市规模结构的失配不仅会带来社会子系统中公共服务供给成本上升与基础设施运营效率降低,而且会对城市土地、水、空气、固废物等环境污染的防治带来不利影响,导致城市生态系统内部各子系统之间的博弈关系复杂化。对这些生态效应的影响方向、作用机理、演变规律进行研究,有助于进一步深化认识城市规模结构失配问题,并针对性提出生态系统层面的矫正路径与政策建议。

为方便研究,在前面已经系统分析城市体系规模结构的失配问题基础上,在本部分定性分析中将城市体系中"五类七档"城市简单分为"大城市"与"中小城市",这样表述可以简化经济分析过程,便于相互比较,同时不会改变基本分析逻辑和所得结论。

一、大城市集中膨胀加剧环境污染与生态超载

近年来,以大城市单核集中膨胀为主要表现的"大城市化"是造成城市体系两极分化的主要根源。超特大城市与大城市虽然在承载人口流入、扩大城市区域、产业集群集聚等方面取得显著成效;在城市规模过度甚至超过生态适宜边界后,对生态系统的物资、能量等要素的需求消耗也出现边际递增,废弃物排放极易超过生态环境自净能力,给城市生态系统带来越来越严重的胁迫效应。以大城市为中心的城市化过度追求单一的经济绩效,忽视了环境治理与综合生态绩效,导致城市生态环境维护、基础设施建设、社会服务供给、资源集约利用等方面存在弱项,长期积累加剧城市生态超载,极易引发各类城市病。

(一)大城市污染物排放的强度与集中度较高

超特大城市与大城市的人口高度集中,生活与生产活动排放的各类污染物较多、空间分布集中、排放强度较大,导致城市病频发并且治理难度大。由于各种污染物在一定城市空间内高度集中排放,无法依靠缓慢的自然循环过程进行净化,只能依靠大规模建设人工的治污基础设施。虽然大城市有治污设施建设力度大、集中治污效率高的优势,更能促成环境库兹涅茨曲线的"倒U型"转折;在实践中,我国大城市的治污设施建设速度往往赶不上

人口增长速度,在转折点之前极易出现"先污染、后治理"或"边污染、边治理"问题。

即使大城市具有集中治污能力较强的优势,然而有些污染物很难通过技术手段设施进行事后收集、处理和修复,只能依靠事前预防。例如,在经济结构与自然地理禀赋一定的条件下,大气污染物排放的空间浓度与积累速度基本与城市规模呈正比,因此在较大规模城市形成"雾霾污染""热岛效应""酸雨"等污染或灾变的几率更大,强度更高、防治难度更难,降低了城市生态环境和实际福利水平。即使大城市有治污技术、资金、设施的优势,但是由于气态污染物的高流动性、形成原因的多样性、污染面源的复杂性,使得很难找到高效的事后集中治理技术。对于此类污染,只能在事前、在局部范围内进行过滤净化,甚至在很大程度上要依靠风力、温度、气压等有利气候因素才能加速大气污染物扩散。

(二)大城市面临的生态灾害风险与处置难度更大

人口高度集中、人造空间连续蔓延的大城市还面临着生态灾害风险骤增与处置难度加大的困境。与人口分散的城市空间相比,大城市的废弃物排放堆积程度更加接近或超过生态承载极限,外部环境的突发性改变引发生态灾害的可能性更大。一旦发生有害气体堆积、水域集中污染等突发性生态灾害事件,由于大城市的人口稠密、建筑物容积率高,往往缺乏稀释污染物、降低灾害影响的缓冲区域。在应急管理上,大城市疏散人口的成本要比小城市高得多,各种影响因素交互作用,政府危机处置难度更大。

例如,武汉市是人口过千万的超特大城市,水资源充沛,有"千湖之城"美誉;武汉市却面临着城市快速扩张对水生态的巨大胁迫,水域面积不断缩小,水生态质量不断恶化。据报道①,改革开放以来,武汉市城市建设总面积增加了 200 多平方千米,但湖泊面积却减少了近 230 平方千米,平均两年消失三个湖;且主要湖泊水质持续恶化,南湖水质长期为劣 V 类;在 2012 年还出现了自来水厂的源水受到上游污染,导致居民饮用水产生异味,进而引发居民质疑与舆论纷争的突发公共事件。

---

① 辛声.湖泊变"湖悲"的治理困局[J].决策,2012(8).

（三）生物多样性丧失与生态功能退化

城市体系失配与大城市集中膨胀会严重影响城市原有生态系统的循环过程,不仅使得城市生态涵养与修复功能降低,加剧污染物的产生与输入,而且还会导致生物多样性锐减,自然景观单一化、脆弱性、破碎化,造成城市生态系统的结构损害和功能退化并引发生态危机。大城市集中膨胀倾向于过度侵占野生动植物栖息空间,扩大城市硬化土地范围,导致地下水资源枯竭,水土自然环境失调,动植物和微生物赖以生存的环境被破坏,最终表现为作为人类社会生存和发展基础的生物多样性被人为破坏。生物多样性丧失进而会产生一系列连锁反应:一是压缩城市居民享有的生态空间,生物群落与生存环境类型单一化,景观单调化,环境美学丧失;二是可能破坏生物间固有的食物链关系,生态系统中生产者—消费者—分解者的物资能量循环被打破。从生态链的上行和下行效应来看,城市绿地植被和湿地面积的丧失首先造成食草动物消失,进而迫使食物链顶端的食肉动物迁移,生物链关系的人为改变会影响到自然环境对污染物和废弃物的分解能力,对生态系统造成长期而深远的负面影响。

二、大城市集中膨胀提高公共安全风险及防治难度

大城市的集中膨胀存在高收益和高风险并存。一方面,城市资金、人口、物质和信息的高度密集会带来集聚效应和外部规模经济,各种生产要素的交互影响更容易产生外溢效应,体现了要素集聚的高收益性。另一方面,一旦城市外部或内部环境发生突发变化风险,发生了难以预测的低概率、高风险"黑天鹅"事件,整个城市面临的经济、社会和生态损失代价也是巨大的。与均衡型城市体系和中小城市相比,超特大城市的生态灾害防治和处理难度呈几何级数提高。例如超特大城市的集中膨胀更容易引发城市热岛效应、雾霾、酸雨、传染病疫情等突发性生态灾害,给城市治理带来严峻挑战。究其原因,大城市的过度集中膨胀,城市规模结构的两级分化是一个重要的助推因素。

一是集中型、高密度的城市居住模式更容易引发公共卫生危机。我国的特大城市具有人口高密度居住、高容积率住宅集中连片开发、围绕 CBD 单

点集中扩散的结构特征,在常态下这可能具有经济效益高、社会管理成本低等好处,一旦突发自然灾害或公共卫生事件发生,城市缺乏风险缓冲区、隔离带和降级区,很容易导致灾害快速扩散形成巨灾。

二是超特大城市的人员交流更加频繁,交通系统更加发达,会加速公共安全风险的扩散。我国特大城市在摊大饼式扩张中偏好大块建设功能区,包括大的居住社区、大的产业园区、大的 CBD 就业区等。大块功能区与职住分离、道路拥堵导致居民不得不依赖地铁、公交车通勤,人流大、密度高,距离远,很容易扩大公共安全风险。假设城市是多中心、复合型、职住一体模式,人们能在居住地3—5公里内满足就业、子女教育、生活服务等功能,不仅交通需求得到极大缓解,而且突发公共安全事件也更容易被控制在一定范围。

三是政府的危机处理成本高,城市治理难度大。特大城市的人口规模大,经济高度集聚,社会联系发达,包括洪涝、地震、火灾、传染性疾病等突发灾害的风险与影响面必然越大,这就给政府危机处理和城市治理带来了极大挑战。一旦发生突发生态灾害事件,围绕 CBD 连续蔓延的超特大城市存在人和建筑物高密集结构,不仅缺乏灾害的缓冲区,且疏散人员等措施的直接成本和机会成本也更高。

三、大城市单中心蔓延进一步恶化人居环境

在内部空间布局上,我国的超特大城市与大城市多是围绕 CBD 为中心、"摊大饼"式的单点蔓延,缺乏多中心结构拥有的环境缓冲区与污染降级区,各种环境影响因素更易相互影响、累计叠加,最终导致污染影响更加恶劣。大城市的单中心蔓延模式带来的生态副产品之一是人居环境恶化,主要表现为社会资源紧缺、房地产价格攀升、居住空间局促、生态空间受限、犯罪率攀升、传染病率较高等,我们称之为社会熵。城市规模越大,体系越失配,社会熵也就越高,它们之间往往呈现幂函数的增速加快关系。

(一)高强度土地利用与高密度居住对生态空间的胁迫

单中心蔓延的城市结构容易导致土地高强度利用和高容积率居住模式,会对生态空间和人居环境带来诸多不利影响。单中心扩张使得市区土

地资源更为稀缺,级差地租拉大,为了节约土地、承接更多新迁入人口,只能鼓励高密度居住,地块开发的容积率越来越高。在城市规划与环境规制约束缺乏刚性情况下,如果土地供给总量没有大幅增加,结果就是各种人工建筑越来越高、经济活动越来越密集,必然会对生态涵养空间形成胁迫和挤压。这种生态胁迫直接表现为城市绿地、公园、行道树稀少,河流、湖泊、湿地萎缩,进而降低绿色植被对城市空气质量的调节优化作用,甚至还会造成区域气候灾害。城市空间被高密度钢筋水泥建筑物充斥,城市景观单一化,美学价值丧失,生物多样性受损,城市人居环境下降成为过度追求经济利益的代价。

(二)大城市核心区的生态环境和社会问题更加突出

在单中心集中型城市结构中,越靠近城市核心区的区域,城市宜居性下降越明显,生态环境和社会问题越突出。由于级差地租的存在,大城市核心区的人口较密集,经济活动较集中,建筑物容积率较高,具有空间紧凑和土地高强度利用特点。虽然这些可以更好地发挥产业或空间层面的"规模经济",获得"集聚效应"好处,但是也会带来一些生态上的不利影响。经过改革开放40余年来的快速城镇化历程,当前超特大城市的市中心大多数已经是老旧小区林立,建筑物老化、道路狭窄、停车困难、排水官网设施落后等,面临生活设施和居住环境日益退化问题。而且由于单中心蔓延模式增大了城市土地的级差地租,导致旧城改造成本也越来越高。如果超特大城市仍继续单中心集中连片蔓延,资源与环境的胁迫压力会加速凸显,很难保证不会出现一些欧美国家市中心(downtown)的治安恶化、交通拥堵、垃圾围城等"城市病"。城市核心区生态质量的下降还会鼓励高科技产业和富人外迁远郊区,低端就业岗位和低技能人口流在城市核心区,带来新的社区割裂。城市中心区老旧社区的低端人群往往缺乏远距离通勤能力,在单中心城市中可能会越来越远离优势就业地,造成结构性失业。

(三)房价与居住成本攀升降低城市居民的获得感

城市级别差距拉大与大城市单中心蔓延模式的一个重要影响是土地资源的区域供求关系失衡。城市规模越大、越靠近城市核心区,一方面土地资源的供给量越紧张,特别当前城中村和老旧小区的拆迁改造基本接近尾声,城市中心的可供开发土地基本殆尽;另一方面人口密度也越大,大量新增人口迁入导致对居住和商业用地的旺盛需求。因此,城市体系规模结构的失配会进一步激化土地供求矛盾,不仅直接引发房价快速上涨,拉高了居住成本,而且间接导致市民平均居住面积缩小与人居环境恶化。据《中国国土资源统计年鉴》测算,2017 年超大城市北京市的综合地价为 38 673 元/平方米,而特大城市广州、Ⅰ型大城市太原、Ⅱ型大城市中山的综合地价分别为22 910 元/平方米、3 325 元/平方米与 2 634 元/平方米,分别仅为北京的59%、8.6% 与 6.8% 。

随着城市规模级别的提高,其土地资源的稀缺性与供给成本也随之上升,满足市民居住需求所需花费的综合社会成本要高得多。在高房价压力下,人们不得不承受人均居住面积的缩水,以及为解决住房问题而身背高额债务。相对于中小城市,大城市与超特大城市居民的人均居住面积更小、住房贷款水平更高、购房和居住花销已经成为拉高债务率的主要原因,不仅在一定程度上对居民消费产生了挤压效应,直接抵消了大城市的高收入和高生活质量;还连带产生了贫富差距拉大、经济脱实向虚、债务代际转移、婚姻困难等深层次经济社会问题,实质上影响了城市居民的获得感和幸福感。

四、城市功能区的大尺度隔离诱发生态问题

大城市的建成区范围较大,相对小城市,内部生产—生活—生态功能空间的配置和布局会极大地影响城市生态绩效。在城市功能区规划上,我国大城市热衷于在城市边缘开发中大规模连片建设单一功能的开发区,例如各种"工业园区""大社区""大商业中心""大型公园"层出不穷。这种大尺度区块分割的功能区划虽然有利于发挥产业集群集聚效应,促成某个产业链的区域竞争优势,有利于政府规划管理和政策实施便利,能在短期内显现城市建设业绩;也会造成人们生产、生活、生态空间的远距离隔离,割裂了城市多样化活动的有机联系,增加了城市经济要素交换与流动成本,更易诱发城市生态问题。

第一,生活区与就业区的大区块分割导致"职住分离"问题突出,诱发过度的交通需求和环境污染。大规模的居住社区缺乏对应就业机会,企业与

就业岗位多集中在CBD或单一功能产业园区,大量人口需要每日往复上班通勤,产生了额外的远距离、大流量潮汐交通需求,进而刺激机动车增长。交通需求的几何倍数增长与交通拥堵成本上升形成恶性循环,不仅带来巨大的交通基建压力,而且诱发更多尾气排放污染大气环境,甚至增加了安全事故发生率。例如北京的回龙观、天通苑等地区被规划建设为解决居住问题的超大型社区,住宅楼林立、小区联结成片、上班族高密度集中居住;然而几乎没有大型企业和办公楼,居民能够就近就业的比例很小。超大数量人群每天早晚的单方向、高密度、集中式潮汐通勤,导致路面交通拥挤不堪,公共交通运力捉襟见肘,社区宜居环境显著降低。为了解决交通难题,北京市建设了回龙观至上地自行车专用路,完善了公共交通枢纽,新建了多条联结居住与就业地的骨干路网,扩容了地铁运载量。但是这类事后改善方法不仅成本高昂,而且治标不治本,交通改善后很可能会吸引更多白领阶层涌入居住,交通和环境问题仍然突出。更好的方法是城市在扩张中坚持各类功能区小规模分布、交叉配置、相互融合,避免诱发高强度、单一方向的潮汐交通,从根本上保障城市发展中的生态优化。

第二,大规模单一功能的产业园区虽然集群集聚效应明显,但是往往由于生活服务功能缺失产生"产城分离"和"空城"。近年来各地纷纷上马兴建大型工业园区、高新技术开发区等产业新城,但是在产业园区建设中往往重视招商引资、土地转让、道路基础设施建设,却忽视了园区的生活配套服务等软环境建设。很多园区只是单一产业功能区和就业地,没有学校、医疗机构、商业,忽视了绿化和环保建设,也没有快捷的公共交通体系,导致园区白天热闹、晚上成为"空城"。这种"产城分离"由于割裂了产业经济发展与社会支撑体系、自然生态系统的有机联系,生态上的可持续较差。实际上,很多地方的大产业园区最后形成"土地财政"和"房地产依赖",背离了城镇化的人本主义内核,发展后劲不足。一些产业园区为了摆脱财政困境无奈只得引入传统的高能耗、高污染产业,生态环境质量进一步恶化。

第三,生活空间与生态空间的大尺度隔离会对人居环境改善带来一些不利影响。城市生态空间包括林地、草地、湿地等自然或人工、半人工的绿色空间,其供给规模、配给结构与空间组织形式是形成城市优美居住环境的重要因素。出于规划建设便利、节省成本、形成"亮眼"的大景观带考虑,传统上各大城市比较重视大社区—大公园绿地的空间匹配模式,高度集中了生活用地和生态用地,但是对社区的微观生态环境营造和生态治理比较滞后。这种偏向的后果是:一方面缺少大量分布的小型游园,导致休闲娱乐空间与居住空间的距离拉大,客观上便利性降低;另一方面,大型社区居住密集,邻里关系不密切,社区如果规划管理不好,容易导致出门距离拉远,出行道路拥堵。大量密集的高层建筑会影响周边区域的采光,对城市空气质量、垃圾处理、污水净化都带来更大挑战,降低了自然生态系统的绩效水平。

五、中小城市的治污能力与环境规制较弱

我国中小城市在数量上占绝对优势,但是近年来规模扩张缓慢,在城市体系中处于相对萎缩状态。"多而散"的中小城市虽然单个城市排放的污染物较少、空间上相对分散,但是由于治污设施建设滞后、污染物收集处理效益较低,导致大量固体、液态、气态污染物未经无害化处理或处理不达标,就直接排放到自然生态系统中,对城市体的生态环境质量造成较大影响。

(一)中小城市的水污染防治与管控强度明显落后于大城市

城市工业生产和居民生活排放的污水含有大量有害物质,必须经过集中收集、净化、处理过程,才不会损害水生态质量。从我国城市水污染的治理能力来看,假设城市污水的人均排放强度是既定的,由于污水处理设施建设的高成本和内部规模经济效应,使得规模较大的城市、行政级别较高的城市更具有大规模集中建设污水处理设施的优势。选取2011—2016年地级以上城市污水处理厂集中处理率指标表征城市水污染治理水平,如图5-4所示,可以看出:城市级别越高、规模越大,治污设施建设越完备,污水集中处理率越高;以地级市为代表的中小城市的水污染治理相对滞后。从动态趋势来看,虽然各级别城市的污水处理能力均显著提升,但是直辖市的处理率在2013年后超过了副省级城市,基本达到90%,体现了超特大城市凭借雄厚财力和融资能力加强环境基础设施建设的较强能力。

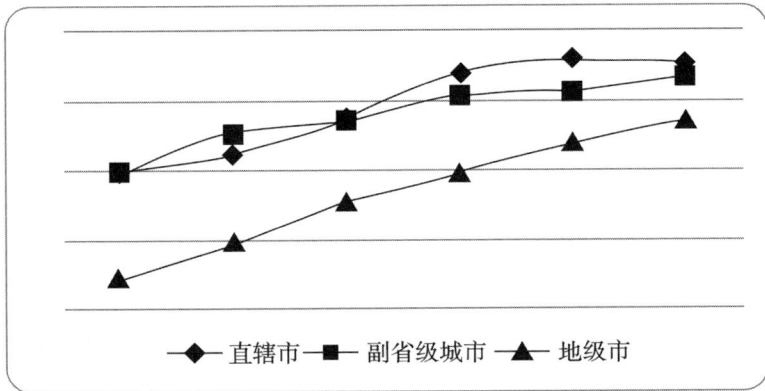

图5-4　2011—2016年地级以上城市污水处理厂集中处理率（%）

从当前各城市污水处理厂的实际运营来看,广大中小城市的污水净化企业往往受限于政府较低的公共财政投入,设施升级改造滞后,管网老化严重,污水处理能力较低。近年来众多城市按照环保产品的准公共物品属性,积极引入社会资本参与环保产业,采用PPP模式等尝试解决环保基础设施建设的融资难题。但是,由于中小城市的人口数量较少、产业基础薄弱、财政实力不足的基本情况没有改变,环境污染防治设施缺乏规模效应,成本—收益对比失衡,导致新型融资模式建设运营的污水处理厂、垃圾回收厂等往往面临收费较高、盈利较差、持续经营较难的困境,甚至陷入环保运营机构—财政部门—物价部门的复杂博弈。

从水生态污染的管控强度来看,中小城市的环境规制措施相对较松,弹性较大,更容易出现废水未经处理直接排入河流水域;而大城市的环境规制力度相对较大,工业废水排放管制较严格、污染产业的改造升级与迁移进程较快、生活污水的集中处理率也较高。万庆(2017)对城市规模分布与环境规制竞争理论模型的数值模拟得出:在环境偏好较低的情形下,相比于大城市,小城市放松环境规制的内在动机更强烈。

事实上,在城市间竞争中,环境规制约束弱化的"逐底竞争"模式对小城市更有利,进而会促进城市规模分布的均衡化;而环境规制的"逐顶竞争"模式促进了中国城市规模分布集中化。相关统计数据也表明,中小城市的人均或产均的废水排放量均要高于大城市。根据环境库兹涅茨曲线规律,中小城市随着城市发展质量提升与生态文明建设推进,污水治理的软硬件条件会得到明显改善,成为未来水生态质量提升潜力区域。从图可以看出,近十年来我国地级城市的污水集中处理率上升最快,和高级别城市的差距也不断缩小,显示了较强的水生态改进趋势。

(二)中小城市的固废物处置与垃圾无害化处理能力较弱

随着工业生产能力增强和人们消费水平提升,当前我国城市普遍面临固废物产生量快速增长与垃圾无害化处置滞后的矛盾,全国超过三分之二的城市均被周边大的垃圾环带包围,造成"垃圾围城"问题。

城市体系中不同级别城市的固废物处置能力具有较大差异,一般来说,城市规模与其垃圾无害化处理能力呈显著的正相关关系。根据生态环境部数据,以生活垃圾为例,北京、上海、大连、青岛等超特大城市或东部沿海经济强市的生活垃圾无害化处理率能达到100%;内地的中小城市这一指标普遍低于80%[①]。原因主要在于:第一,相较于小城市,大城市的垃圾管控措施较为严格,相关人员、财力及配套设施较完备,普遍能够对垃圾进行填埋、焚烧、堆肥、分类、回收等无害化处理。第二,中小城市限于财力物力,固态、液态废弃物的收集与无害化处理设施建设相对滞后;由于人口规模和密度不够,收费标准较低,日常运营绩效较低。第三,大城市具有垃圾分类的优势,而垃圾分类是无害化处置的基本前提基础。近年来我国开始以垃圾分类为抓手,加快治理日益严峻的"垃圾围城"问题。相比于大城市,中小城市由于居民受教育程度较低、环保意识滞后、垃圾回收运输工具等投入不足,在推进垃圾分类和循环利用上难度更高、进度较慢。事实上,我国的垃圾分类政策实践也是从上海等超特大城市开始试点,进一步推广到各个省会以上城市、地级城市,而县级市至今尚未明确计划进程。

六、中小城市"多而散"导致土地低效利用与生态问题

中小城市在我国城市体系中占据绝对数量优势,但是普遍规模小、分布散、人口净流出、生产与生活的集中度低,对土地资源的使用较粗放,导致中

---

① 生态环境部:《2018年全国大、中城市固体废物污染环境防治年报》。

小城市的人均建设用地面积远大于大城市,从单位面积承载人口和输出产值上来看,土地资源的综合利用效率较为低下。按城市建成区面积衡量,2015 年我国 50 万—100 万人口级别城市的人均占地面积为 2 298 平米,50 万以下级别城市为 5 564 平米,分别仅为百万人口以上级别大城市的 1.95 倍和 4.72 倍[①]。小城市更为超前的土地城镇化导致土地利用率低下,"圈占"浪费土地资源的现象突出。中小城市的土地资源低效利用导致了生态环境受损,主要表现在:

第一,"多而散"的中小城市在规模扩张中自然会更多地侵占周边的农田和生态空间。充足的农田耕地不仅为农民提供收入来源、为国家粮食安全提供保障、为工业生产提供原材料;更是保持水土养分、调节气候环境、美化自然景观的重要生态空间。由于中小城市周边可开发区域较为广阔、土地价格相对便宜、级差地租约束较小,以最基本的城市单圆形辐射扩张模式为例,与大城市相比,数量多、分布散的中小城市向四周边缘区拓展时必然侵占更大面积的耕地资源。在土地管控制弱化和地方政府竞争背景下,以小城市为主的城镇化更容易侵占周边基本农田,对 18 亿亩耕地红线产生较大威胁,甚至会影响到国家粮食安全战略。

第二,以中小城市为主的分散化城镇化会导致更大面积的非建设用地转变为居住和工业用地,引发更严峻的生态问题。由于更靠近生态涵养空间和自然环境,以中小城镇为主的发展路径不仅利用土地低效,而且会更多侵占林地、草地、湿地、河流等自然空间,废弃物排放也会对周边生态环境形成更广泛的影响。近年来一些地方在"小城镇建设"中偏好追求城市面貌的"高大上",城市道路规划宽度动辄 50 米以上,配以超宽的绿化隔离带,车流量却十分稀少,土地利用低效问题突出。从城市体系的生态化角度,小城镇建设的重点在于"特色",生命力取决于综合生态功能提升,目的是带动周边城乡区域实现经济社会发展和人居环境改善的互动互促。一些地方"小城镇"建设一拥而上,但是往往简单化为土地征迁开发、招商引资,甚至牺牲了生态环境,违背了新型城镇化的人本主义内核。

---

① 王小鲁.对"重点发展中小城市和小城镇"的质疑[J].中国市场,2010(46):44-48.

第三,一些小城市甚至小城镇在区域竞争大潮中大范围兴建工业园区、产业园区,普遍通过超前规划、超规格建设、低成本出让土地等方式大量"圈占"建设用地。据统计,在我国城市建设用地总量中,工业用地平均占比高达40%—50%,要远高于发达国家10%—15%的水平,其中主要就是用来建各种工业园区和产业开发区。然而本书的实证研究证明,2008年以来我国中小城市的人口规模和产业集中度都处于萎缩趋势。在没有产业支撑、人口持续外流的情况下,这些低等级城市的工业园区的实际建成率、开工率、税收贡献率并不高,单位面积的产出较低。甚至有些地方以较低价格圈占大量工业用地,却长期不开发、不开工而导致土地资源浪费。基于这些情况,工业用地形成了对生态用地的过度侵占,进而容易引发土壤污染、填湖造地、水体污染、空气污染等。

中小城市的人口和经济要素集中度较低,"多而散"的规模结构特征决定了在扩张中会大量占用农田和生态涵养空间,不仅土地利用综合效率较低,还会对城市生态系统形成更大胁迫。因此,数量多、密度低、分散化的小城镇模式不符合土地资源高效利用目标,不能适应城市生态系统修复保护工作的总体要求。

七、中小城市的基础设施与公共服务滞后

城市基础设施和公共服务的完备性、覆盖率和质量高低是影响城市生态系统绩效的重要因素。然而,中小城市在经济上的"凹陷"趋势导致其基础设施和公共服务的供给存在较大短板,直接影响城市体系的综合生态绩效。

首先,基础设施具有准公共物品及规模报酬递增等经济属性,是典型高投入、长周期行业,往往存在自然垄断和公益属性,决定了其建设、运营绩效基本与城市规模呈正比,中小城市的基础设施建设普遍滞后。在城市体系中,显然大城市更具有财力、物力与人口基础支撑起大型基础设施建设,也更能够发挥基础设施运营的规模效应。而小城市的人口规模和密度很难在需求方对高档次基础设施形成诱发力,在供给方受制于政府公共财政收入水平,建设和运营也更为捉襟见肘。

其次,中小城市的公共服务体系的品类、质量、结构与布局短板更为突出。近年来,很多中小城市正处于人口增长与社会支撑体系滞后的压力重叠期。从供给方来看,由于公共服务体系投入—产出的周期长、见效慢、表现不直观,因此中小城市政府往往更倾向将有限的财力投入到道路交通、工业园开发、厂房建设等硬件领域,而忽视了教育、医疗、社区服务等建设。从需求方来看,中小城市需要更多承担吸纳周边农村剩余劳动力迁移流入的重任。这些近距离迁入的新市民在入城后,面临的首要问题是居住、就业和水电暖等市政设施扩容,这就刺激了对基础设施建设的需求。

最后,由于我国主流现行的是"市管县"行政体制,小城市往往在城市体系中处于较低行政级别,在公共服务供给上处于相对劣势。在现行财税体制下,大部分中西部城市的自主性公共预算均处于入不敷出的赤字状态,在很大程度上要依赖中央转移支付和税收返还。在城市间财政收入博弈中,无论是税收分成、转移支付,还是以土地出让金为主的政府基金性收入,中小城市政府均不占优势。这种集中型财税体制导致小城市事多钱少,在提升公共服务质量上力不从心。从融资渠道来看,支撑公共基础设施建设的还有各种地方融资平台。中小城市所属财政融资平台的发债能力、信用级别和偿还保障也远逊于大城市,对城市基建和社会服务的支持力度薄弱。

与"大城市病"突出表现为自然生态系统损害和人口拥挤效应不同,"小城市病"在生态上的主要缺陷是社会子系统的服务支撑功能不全,突出表现为城市水、电、暖等公共设施滞后,道路交通拥堵,教育医疗服务不足,人居环境质量较差,污染物随意排放等。近年来,国家层面也越来越认识到中小城市在社会生态层面的短板、不足和滞后问题,并采取了一些解决措施,例如,2015 年以来住建部主导推进了生态修复、城市修补的"双修"工作。

八、中小城市的重化工业倾向加剧环境污染

自 2000 年以来,我国产业结构发展路径越来越向重化工业倾斜。尤其是 2008 年金融危机之后,大规模财政和金融刺激政策的主要受益者是基建、房地产等行业,间接带动了能源、化工、冶金、建筑材料等产业,实际上进一步加快了重化工业扩张。大批重化工业项目在各地相继上马,虽然有利于

经济快速恢复和就业扩大,也诱发了落后产能、过剩产能扩大,工业废物排放增多,能源资源短缺问题,给城市生态环境保护带来长期巨大压力。

从重化工业在城市体系中的结构分布来看,中小城市、低等级城市的重化工业比重要远高于大城市。小城市对煤炭、能源、化工、冶金、建筑材料等"三高"产业的依赖性更强,更易诱发固废物和污水排放超量及不达标问题,资源枯竭与企业效益下滑问题,扬尘和大气污染问题等。中小城市的重化工业倾向进而诱发生态环境问题,具有深层的理论和体制原因:

一是重化工业投资高、规模大、见效快,成为小城市政府加快区域工业化和城镇化的重要选择。在地方政府 GDP 竞争中,小城市的优势主要体现在土地、劳动力、矿产资源等要素方面。重化工业恰恰高度依赖这些初级生产要素,也容易在短期内带来 GDP 与税收增长,自然成为小城市稳增长、促就业、增税收的重点选择。尤其是石化等能源化工产业对上下游产业链的辐射带动效应较强,小城市依托自身要素优势建立发展这些产业链,有利于在短期内迅速扩大城市规模。

二是产业转移的梯度规律决定了中小城市在一定阶段会成为发达大城市转移产业污染的场所。近年来,中西部城市、低级别城市加快承接沿海地区转出的低端产业,其中就包括一批污染重、能耗大的重化工业。中小城市出于增加就业、扩大税源、寻求发展的目的,引入一些高能耗、高消耗、高污染的产业,具有产业发展规律上的客观性和阶段性。资本自由流动会使得污染的外部性在城市间顺着产业梯度往下转移。例如,近年来长江中上游的宜昌、万州等低级别城市普遍承接了大批东部迁入的重化工业项目,大规模建立了化工类园区,虽然有效促进了地方经济发展,但也带来了长江流域水污染和环境恶化等生态恶果。

三是在环境规制"逐底竞争"模式下,小城市政府相对大城市更有发展重化工业的倾向和政策空间。孔海涛等(2019)的实证研究表明,放松环境规制对于创新能力较低的小城市的生产率可以产生正向作用,且这种促进效应随着城市规模的缩小、产业集聚程度的提高而更为显著。因此,小城市出于促生产、保就业角度考虑,可能会对影响重化工业发展的环境规制政策采取消极态度,或者采取比大城市更为宽松的策略。近年来国家越来越强调生态文明建设,大力加强环境保护,重化工业的污染问题得到很大扭转;在城市体系层面,小城市"多而散"的局面显然会更加强化传统上的"重化工业化"惯性路径,给生态文明建设带来较大压力。

第三节　城市体系区域分布失配的生态影响效应

一、城市体系区域分布失配加剧环境污染与生态风险

我国城市体系的区域分布整体呈东—中—西部递减的非平衡特征:东部沿海省份的城镇化水平较高,坐落着大多数超特大城市和人口高度密集的城市群区域,城市体系更多表现为集中模式;中部省份的城市人口分布较为分散化,但是近年来在强省会战略下,各省的省会城市、区域中心城市迅猛扩张,城市人口流动出现明显集中化趋势;西部省份的城市数量较少,但人口增幅最高,且人口分布越来越流向大城市,表现为城市位序—规模结构的两极分化。我国城市体系空间分布的非平衡性与区域资源、环境禀赋特征并不一致,两者的背离会加剧城市生态系统的不协调性,带来一系列负面生态效应。

(一)东部地区城市体系集中化与"大城市化"对生态系统的胁迫效应

当前我国东部沿海地区基本已进入城镇化中期的后半阶段,不但有北、上、广、深等超特大城市为引领,还形成了长三角、珠三角、京津冀等若干大城市群,各个高级别城市以高收入、优势就业机会等不断吸引农村人口和其他中小城市人口迁入,成为承载人口居住就业的主要区域。但是东部城市体系分布的一个突出问题在于人口在空间上高度集中居住,城市围绕 CBD 或行政中心呈单核扩张,忽视了卫星城、副中心的人口疏解和分流功能,连片建设的城市人工建筑环境和高密度的经济社会活动导致原有生态涵养空间不断被人造空间侵占,最终使得城市的资源消耗和污染物排放的强度超

过了生态系统的自我循环和净化能力。这种城市体系的空间分布结构形成了对局部生态环境的胁迫压力,最终导致城市综合生态绩效的下降,表现为社会公共服务共给体系不堪重负,自然生态平衡被破坏,最终受害者是人类自身。李佳佳等(2016)利用 DEA 方法对城市生态效率的空间计量结果表明:2003—2013 年我国北京、天津、深圳等东部沿海城市的生态效率下降较为明显,而中西部地区的一些城市由于生产方式的转变及城市规模结构的优化,反而生态效率在逐步提高。

以近年来我国面临的雾霾污染问题为例,京津冀城市群作为受雾霾影响较大的地区,原因除了地形和气候条件不利、产业结构偏重、冬季燃煤取暖之外,城市体系的空间布局也是一个不可忽视的因素:该区域是我国大城市比较集中、城市人口分布比较密集的地区。人口与生产的高度集中对该区域有限的资源环境承载容量产生了巨大压力,气态污染物如二氧化硫、氮氧化物、总悬浮微粒等的浓度积累和时间累积逐渐增强,且不易于扩散和转移,增大了雾霾等有害天气的形成概率。污染物质行经呼吸系统和消化系统进入生物体内后,通过食物链由低级生物向高级生物逐级传递与富集循环,最终受害者是处于食物链最顶端的人类自身。

(二)西部城市的生态功能错位与产业结构偏差引发生态环境污染问题

我国西部省份普遍疆域较广、人口分布稀疏、城镇化率相对较低,对生态环境的胁迫效应相对缓和。近些年来,随着产业结构转变和强省会战略推进,西部省份的人口也逐渐向区域中心城市集中,城市体系演变呈省域城市首位度提升与空间分布集中化趋势。

一方面,很多西部省份在生态功能区规划上被赋予了水土涵养、生物保护、农牧产品供应等生态调节功能与初级产品供给功能,资源与环境禀赋决定了其不适宜大规模承担人口集聚功能。一些西部城市,尤其是位于生态脆弱区的中小城市,在 GDP 竞争与政绩考核导向下过度追求经济效益,也偏向搞大开发、大工业、大城市,必然带来严峻的环境污染压力和生态退化后果。在单一经济目标导向下,西部城市普遍会倾向依赖于开发利用自然资源,通过强化使用有限的土地、矿产、林草、水源,过量排放污水、有害气体、固废物等获得发展机会,这不仅会侵害日益脆弱的自然环境,长期积累还会引发严峻的生态危机。

另一方面,大多数西部城市的人口密度较低、交通物流成本较高、人才基础薄弱、技术与制度创新动能不足。在全要素生产率不占竞争优势的背景下,西部城市的工业化会偏向较多占有开发土地资源、消耗矿产资源、消费生物质能源,招商引资中的主导产业类型也普遍是低附加值、高能耗、高消耗、高污染型产业。这种粗放型的城镇化和工业化路径虽然在经济起飞阶段能够带动城市经济增长和就业扩大,但是也使得西部干旱区、半干旱区的脆弱生态环境遭到破坏,造成土壤沙化退化、植被减少、水源不足、水流域污染等严峻生态代价。考虑到自然环境污染的外部性代价和后期生态修复的高昂成本,这种城市发展模式的综合生态绩效甚至是得不偿失的。从长远来看,应当进一步明确西部的生态功能,聚力于加强生态恢复与生态建设,控制水土污染,退耕还林、退牧还草、严格生态监管;加强农田基本建设,实现草畜平衡,林地采育平衡,增强抗自然灾害的能力;同时通过财政转移支付等方式加大对西部生态涵养区的生态补偿,实现城市体系整体的生态绩效最优化。

二、城市体系与自然子系统的空间非匹配性及 其生态效应

(一)城市体系与水生态资源的空间非匹配性及其生态效应

一是城市体系与水资源分布存在南北方区域矛盾,加剧水资源短缺和水质恶化。受自然地理条件和气候影响,我国水资源的空间分布十分不均衡,总体上南多北少、东多西少。南方的长江流域、珠江流域等的水资源丰富,有力支撑了大量新增人口流入;北方的黄淮海平原、黄土高原等地区长期面临水资源紧缺困境,与京津冀、中原城市群、关中城市群等地区的城市人口高度集中形成尖锐矛盾。虽然华北的北京、天津等城市依靠南水北调工程引入长江流域和汉江流域的水资源,有效缓解了缺水难题,但是这种解决途径的成本较高、有可能存在生态影响。从产业结构层面来看,我国南方城市主要以轻工业和服务业为主,对水资源的消耗和污染相对较轻;由于地

下水超采、地面硬化、植被破坏等,导致一些城市出现地面沉降和水质等级降低等问题。而处于缺水地区的北方城市且多以重工业、化工业为主导,大量化工、能源、冶金、装备制造产业对水资源的消耗量更大,污水排放更多,对区域水环境质量带来巨大压迫。

二是城市水资源保护与利用存在东—西部区域矛盾。我国地势东高西低,大多数河流为自西往东流向。东部作为大江大河的下游区域,城市林立、人口密集、产业发达,必然需要大量消耗淡水资源,同时会排放水污染物,是水资源的主要索取区域。西部作为众多河流的发源地和水资源涵养区,本身产业基础薄弱,人口稀疏,是水资源的主要供给和保护区域。如果没有完备的水流域区域间利益协调机制,则无法体现和补偿上游的水生态保护价值,弱化上游的环境保护动力,甚至会刺激西部也以人口和产业集聚为目标导向,转向对水资源的过度索取,结果只能是整个流域的水资源过度消耗和水质恶化,生态环境退化最终影响区域可持续发展。

(二)城市体系失配对大气环境的影响效应

城市体系的规模结构和空间分布失配会加剧建筑施工、重化工业生产、燃煤取暖、机动车排放等主要气态污染源的空间排放密度和短时排放强度。在有限的城市人工空间中,城市体系的集中分布必然会进一步增大有害气体浓度,更容易破坏空气中各种成分的平衡状态,降低气态污染物在大气循环中的自净功能,最终加剧空气质量恶化和大气污染。

第一,超特大城市的集中过度膨胀会加剧大气污染物排放,更易引发极端气候灾害。一是我国超特大城市的人口往往集中在 CBD 周围居住,单中心结构与地理气候条件不利于污染物扩散,人口和经济活动密集会带来更严重的空气污染。二是超特大城市更容易出现交通拥堵,机动车怠速行驶的尾气排放严重污染空气,产生的氮氧化物是城市温室效应、雾霾污染的重要根源。例如,北京作为北方的超特大城市,本身地处不利污染气体扩散的地形环境,再加上城市人口规模过大,各种交通行为、工业生产、建筑工地聚集在有限空间,不可避免会加剧空气质量下降。根据王跃思(2014)、彭应登(2013)等对北京 PM2.5 的污染源解析,除了地形和不利气候等客观条件外,北京雾霾形成过程以有机碳等二次颗粒物为主,其中主要污染源就是机动车;持续过程的主要污染物来源有机动车、燃煤、扬尘、餐饮等,本地污染源中机动车和燃煤的贡献率分别达到 21.5% 和 18.7% 。可以说,北京市大规模、高密度人口及其伴随的高机动车保有量、高生活消费水平、高废弃物排放、大规模城市建设是形成和加剧雾霾污染的重要主观原因,而这实际上是城市规模过度膨胀形成对生态环境长期胁迫影响不断积累的表现。

第二,小城市多而散的结构特征也会加剧大气污染。一是城市规模级别越低,集中供暖设施覆盖率和服务率更低,城市冬季取暖排放的污染气体更多。中小城市的热力厂和暖气管网建设相对滞后,部分老旧小区也没有集中供暖,在秋冬季节很多小城市、小城镇多依赖分散烧煤取暖,这会带来悬浮颗粒物排放急剧增多,是雾霾等极端大气灾害频发的重要原因。二是中小城市的产业结构更多偏向重化工业,空气污染排放更严重。例如,北京首钢迁往唐山、邯郸,这些城市本身即是空气污染严重的钢铁业基地,保定、邢台也承接了京津转移出的一部分重工业和高排放产业。三是中小城市的大气污染防控力度普遍没有大城市严格。例如,对于工地施工扬尘、渣土清运处置、露天矿区整治、交通限制措施等方面,小城市出于稳就业、保增长的考虑,往往管控措施较为宽松。

第三,城市体系的空间布局与产业结构不合理也会加剧雾霾等空气污染。近年来我国雾霾等大气污染问题凸显,尤其是在秋冬季节,一些北方城市的雾霾污染已经显著影响居民健康和经济社会活动。雾霾的原因是多方面的,除了地区性、季节性气候地理因素外,主要是汽车尾气、工业生产和冬季取暖排放过多污染气体。我国是世界上二氧化硫排放量最多的国家之一,悬浮颗粒物浓度更是近年来导致我国雾霾等极端大气灾害频发的主要污染物。据统计,2016 年全国人均加权 PM2.5、PM10 的浓度分别达到 50.7 $\mu g/m^3$ 与 85.7 $\mu g/m^3$,全国 54% 的城市的颗粒物浓度超过二级标准[①]。二氧化硫排放较多、颗粒物浓度超标的城市主要分布在山西、河北、河南等省份,例如石家庄、保定、邯郸、唐山、郑州、安阳、焦作、大同、太原等城市近年来常常处在雾霾污染严重城市排名的前列。这些地区雾霾污染严重的原因之一

---

① 付晓东.中国城镇化与可持续发展[M].长春:吉林出版集团股份有限公司,2016.

就是城市人口密集分布在地面灰尘大、大气层稳定、空气扩散条件差的地区,为雾霾产生创造了条件。而这些城市的重化工业生产、冬季取暖期燃煤等更是加剧了雾霾污染。虽然近年来大气污染防控力度前所未有的严格,但是这些城市本身处于人口大省,保就业的问题仍是雾霾防控面临的重大挑战。另外,在近年来强省会战略带动下,郑州、西安、太原等省会城市的规模扩张较快,但本身所处地理、气候环境不利于污染气体扩散,短时期大量集中城市建设、交通、工业生产等活动,不得不承受越来越大的雾霾防控压力。

(三)城市体系与耕地资源的空间非匹配性影响粮食安全与生态安全

在我国城市体系的区域分布中,华东和华南地区日益成为集中人口承载功能的城市群重点地区,必然会形成对建设用地的较大需求压力。而城市建设用地增长从根本上依赖于征用周边农业耕地和农村集体土地。东南沿海的大城市往往定位为多功能的复合型城市,"大而全"模式必然要求大量的土地资源支撑,更容易过度挤占周边农业用地和生态用地。

为了保证粮食供给和维护生态平衡,我国制定了一系列法律法规严格限制城市征地的规模和类型。但是在实际征地过程中,各城市地方政府往往受到各方面利益驱动,存在超标占用耕地或农村集体土地的问题。在非基本农田征用审批权下放以及强省会战略主导背景下,地方政府及其土地管理部门出于国家中心城市竞争及争取更多行政管理权限考虑,会向以省会城市为代表的超特大城市倾斜建设用地指标。根据耕地总量动态平衡原则,各省市采取了土地占补平衡措施,但是往往是以缩减小城市的建设用地指标,来补偿和支撑大城市的巨大建设用地需求。但是,这样就进一步激化了大城市过度集中膨胀对生态环境施加的压力,背离了区域发展的生态优化原则。总之,城市体系集中化加剧了城市建设用地对农业、农村用地的过度挤占,对生态安全和粮食安全带来了一系列严峻后果。

一是弱化城市密集区域的生态涵养功能。农业生产空间本身即具有生态涵养功能,农田生态系统是人类建造、驯化的一种亚生态环境,虽然生物群落相对较为简单,但仍具有土壤保持、地下水维护、气候调节、生物多样性维护等重要生态功能。城市建设用地过度侵占周边农田区域,会直接影响区域生态要素间的物质流、能量流和价值流的空间交换循环系统,使得农田生态系统的支撑功能持续退化,长期积累甚至会加剧水土流失、土壤污染、大气环境改变、生物多样性丧失等生态灾害。

二是威胁耕地面积和粮食安全战略。据统计,主要由于城市建设用地的不断侵占,2000年至2016年我国耕地面积由1.85亿公顷快速减少到了1.28亿公顷[①],减少面积主要集中在东部、中部几个大城市群区域。虽然农业技术进步、规模化生产和化肥使用在一定程度上支撑了粮食高产能,但是由于种植面积持续缩小,我国粮食产量在经历了2004—2015年的连续增长后,2016年出现下降,近两年增速明显减缓。城市建设用地对耕地的侵占如果缺乏城市体系层面上的宏观规划指导和硬性约束措施,不仅会直接减少农业资源投入量和粮食产量,而且会导致农民种粮积极性受挫、食品和物价上涨等,最终甚至会威胁到国家粮食安全战略。

三是耕地资源与城市体系结构的空间分异加剧了粮食产销矛盾,增大了区域性粮食安全风险。按照粮食产销结构特征,我国各省区划分为"粮食主产区、主销区、产销平衡区"。一方面,粮食主销区主要包括华东和华南的浙江、上海、广东等发达区域。这些区域的城镇化水平较高、大城市较多、城市群基本形成,作为人口密集区却愈发面临耕地资源稀缺,粮食产量供不应求,需大量从主产区划拨或海外进口。另一方面,粮食主产区主要包括东北、华北和华中的黑龙江、内蒙古、河南等。这些地区的城市化率偏低、农业人口多,却具有耕地数量和粮食产量较高的优势,在满足自身粮食需求之外,有余力对外供给。城市体系结构与耕地资源的空间分异造成了粮食供给与销售的区域非匹配矛盾,增加了粮食物流成本,抬高了食品价格,甚至在特殊情景下会影响区域粮食安全。

---

① 吕苑鹃.全国耕地面积继续维持在20.25亿亩[N].中国国土资源报,2016-08-11(001).

三、城市体系失配对就业与人口流动的影响效应

　　根据托达罗模型的论述,拉美、南亚等地一些发展中国家之所以出现城市高失业率、然而人口却仍持续流入的矛盾,主要原因在于考虑了累加就业概率、预期收入等因素后,人们选择城—乡迁移的净收益为正且动态递增。进一步拓展,一个经济体中如果城市体系出现两极分化趋势,大城市与小城市在产业规模、就业机会、收入水平等方面形成过大差距,同样的悖论也会发生城市体系的人口流动层面。一方面,城市体系的集中化诱导人口过多流入超特大城市或高级别城市。这些人口表面上完成了非农迁移就业,但是这种迁移的社会保障与自然环境成本被普遍忽视了,综合生态绩效可能并不高。另一方面,大城市过度膨胀带来的就业机会集中也会持续吸引人口集中化流动,如果没有外部管制与引导,容易造成低人力资本的人口过度集聚而引发社会问题。

　　由于人力资本的稀缺性和竞争性日益凸显,大城市的产业与人口的互促提升在一定程度上是以牺牲小城市地区的就业与人才潜能为代价的,在城市间就业弹性差异下,这会导致经济整体的就业吸纳力降低。从表5—1中可以看出,我国经济增长的就业弹性系数随着城市规模级别的降低而依次上升,地级市大于省会、直辖市;从区域差异来看,中西部非农产业增长的就业促进效果要远好于东部,尤其是第三产业的就业增进效率更高。这就与我国当前东部大城市、高级别城市集中膨胀路径形成突出矛盾。从就业角度来看,表面的大城市高就业现象背后是投资过度集中在就业拉动低效的城市区域,这些可能会成为诱发"低就业增长"的一个关键原因。

　　相对当前我国城市体系现状和矛盾,只有城市体系规模结构更加均衡化、空间布局更加分散化、城镇化重心更加下移,才能更高效地促进就业增长,才能适应加快产业内迁与劳动力回流的要求,实现城市体系综合生态绩效提升和区域均衡发展。

表 5-1   分城市、区域每万元产出增加值的就业吸纳量与就业弹性

	全部非农产业	第二产业	第三产业
按城市级别分组			
直辖市	0.047(0.014)	0.046(0.017)	0.051(0.014)
省会城市	0.054(0.017)	0.057(0.024)	0.054(0.017)
其他地级城市	0.063(0.028)	0.060(0.036)	0.081(0.039)
按区域分组			
东部	0.048(0.018)	0.047(0.024)	0.056(0.028)
中部	0.074(0.030)	0.074(0.041)	0.088(0.038)
西部	0.066(0.025)	0.058(0.032)	0.094(0.038)

资料来源:国家统计局.中国城市统计年鉴(2008)[M].北京:中国统计出版社,2009.

第六章
我国城市体系规模结构的生态优化路径

第一节　国外城市体系演变典型经验及借鉴

一、德国：分散型城市体系与中小城市

在二战之前，德国的城市人口与产业也曾高度集中，尤其是鲁尔区的多特蒙德、杜伊斯堡等以工矿业为主的城市由于就业岗位和收入优势成为城市人口的集中地。两次世界大战极大地改变了德国的城市分布，战后德国的城镇化开始在废墟中重新起步，很快发展为高度城镇化国家，但是同时德国的城市体系规模结构也逐渐由顶部膨胀变得更加扁平化，逐渐发展为当今分散型城市体系的典型代表。当前德国共有 2 065 座城市，其中只有柏林、汉堡、慕尼黑、法兰克福 4 个城市的人口规模超过了百万；仅有 82 个城市的人口规模超过 10 万，其人口数占全国人数的比重仅有 30% 左右；绝大多数德国人都居住在 1 万人规模左右的小城市。

德国城市体系的分散化转变原因主要有三个：一是大城市由于土地紧缺、居住价格上涨、交通拥挤、环境污染等问题日益严峻失去原有的吸引力；二是德国的中小城市如繁星般分布在柏林等大城市的郊区，凭借着发达的公路铁路交通网络、宽阔的居住条件、完善的公共基础设施、田园化的生活吸引了大批高端人群居住；三是历史上德国的人口流动一直以单个人的近

距离流动为主,人们大都喜欢亲近自然环境与田园生活,享受人与自然的和谐共生,对城市生态文明具有较强偏好,因此往往选择居住在点状分散的小城市[①],避免了人口集中在少数大城市造成交通拥挤与生态恶化。

二、美国:分散型城市体系与大都市区

作为一个地广人稀的移民国家,长期以来美国城市体系演变体现为规模扩张速度快、区域发展差距小、地理布局均衡、大中小城市协同合作、大都市区引领等特点。

"二战"后,在人口向"阳光地带"迁移、西部新城市群崛起、沿太平洋新城市带兴起的背景下,美国城市体系进一步分散化。美国最大规模组都市区的人口份额开始降低,而规模位序在11—50位的第二大规模组的都市区增长较快,人口份额开始上升[②]。美国城市体系扁平化与人口分散的理论原因主要有:一是地方性公共服务的进一步均等化,使得在小城市居住的交通、治安、社保不再处于劣势;二是就业机会分布存在均匀化,从高密度的CBD向低密度的大都市区外围转移;三是交通系统的改善,依赖小汽车的长距离通勤相当普遍。

美国城市扩散的典型方式是低密度蔓延,除了中心城区(Downtown)是高密度建筑物景观的政治、商业中心外,城市人口大都分散居住在以高速公路网联结起来的近郊和远郊区,组成了东北部地区、五大湖地区、沿太平洋等"大都市区",城市体系的分散化与扁平化特征明显。据美国统计局数据,2000年即使是在纽约大都市圈,也有71%的家庭拥有一辆汽车或更多,接近40%的家庭住在独栋住房里。和大部分国家城市围绕中心城区高密度且梯度递减发展路径不同,由于城市中心的治安、绿化、基础设施等越来越缺乏竞争力,典型美国城市在中心城区周边居住的一般是低端就业人口,采取廉价而慢速的交通方式;中间阶级和富裕阶层则倾向"逃离衰落城区",大都居

---

① 简新华,何志扬,黄锟.中国城镇化与特色城镇化道路[M].济南:山东人民出版社,2010.

② Ehrlich S and Gyourko J. Changes in the scale and size distribution of US metropolitan areasduring the twentieth)century[J]. *Urban Studies*,2000,37(7):1063-1077,PHam

住在远离市中心的独栋房屋中,享有绿化率高、生态优美、设施较新、空间开阔等好处,同时高度依赖昂贵而快速的小汽车通勤。

三、日本:集中型城市体系与一城独大

日本是集中型城市体系的典型代表。日本作为高度城镇化和工业化国家,城市人口主要集中在太平洋沿岸地区,形成了东京都市圈、名古屋都市圈、阪神都市圈等高密度地区。东京作为全世界人口最多的城市,整个都市圈人口高达 3 700 万,占到全国总人口的约 30%。由于人口分布和规模结构高度集中,一方面导致东京以超高土地价格、超高居住成本、超长通勤时间著称,虽然更高的收入和更多就业机会不断吸引年轻人迁入,但人居条件和幸福感并不太高;另一方面导致广大小城市和乡村地区处于长期衰落状态,再加上人口老龄化影响,很多地区甚至出现大范围的"空屋"。

20 世纪 60 年代以后,日本的城市体系开始朝郊区化、副中心与卫星城方向发展。例如东京郊区的人口净迁入数量从 1950—1955 年的 5.4 万人,逐步上升到 1970—1975 年的 178 万人。东京都地区除了 CBD 功能集中的东京站、大手町和银座一带,西侧从北到南有池袋、新宿和涩谷三个副都心,除此之外有上野、青山、秋叶原等各具特色职称的城市副中心,城市再远可以无缝链接神奈川、千叶、琦玉等卫星城,最终形成了多中心、分散型的城市体系格局。日本的郊区化转变说明人口与产业的向心集中并不是无限度的,也体现了城镇化从前提"集聚效应"占主导到后期"扩散效应"凸显的一般发展规律。

四、巴西:过度集中城市体系与城市病

巴西是拉丁美洲地区国家过度集中型城市体系的典型代表。虽然二战之后巴西的城镇化速度惊人,但是在农村人口快速迁入城市的同时,城市体系也出现了质量、结构、分布等方面问题,其中最突出问题即是城市规模结构的过度集中化,尤其是圣保罗、里约热内卢等特大城市的人口快速膨胀,城市首位度畸高。例如,里约的人口数由 20 世纪 50 年代的 250 万人快速攀升到 80 年代的 1 000 多万人。2005 年圣保罗与里约热内卢以 1 833 万和

1 147万人口分列全球城市人口规模第4位与第14位①。少数超特大城市的人口膨胀虽然也发挥了明显的要素集聚效应与规模效应;但是由于人口增长远远快于就业数量、资源供给与生态环境承载力的扩容速度,人口分布的过度集中使得城市面临严峻的生态环境恶化、交通拥挤、公共服务滞后等"城市病"。

　　为了缓解大城市过度拥挤造成"城市病"以及南北区域发展不平衡,巴西甚至主动将首都迁到了巴西利亚。迁都不仅形成了以巴西利亚、戈亚尼亚和库亚巴等中部城市为依托的新兴城市群,带动了巴西高原地区的产业发展;有效缓解了里约的人口与交通压力,增强了其文化中心特色,给巴西带来了较好的综合生态效应。

五、国外城市体系演变的启示与经验借鉴

　　国外城市体系演变的经验路径表明,城市体系规模结构并没有统一模式,而是随着人口流动规律、历史地理条件、自然资源禀赋、各种生态环境承载对比变动而不断动态调整,形成了当今世界城市规模结构与布局的多样化与动态化。例如,超过500万人口的特大城市主要集中在亚洲、拉丁美洲和阿拉伯世界,而大多数非洲国家均是由小于50万的众多小城市分散而成。从发达国家城市体系的演变历史来看,大致经历了二战后到20世纪70年代初期的大城市化、城市体系集中化阶段;以及20世纪70年代以后城市体系规模结构的均衡化。发生这种转变的原因主要在于欧美国家的一批大城市尤其是城市中心区出现交通拥堵、居住空间狭小、公共服务紧缺、治安恶化等"生态问题",再加上交通工具和信息技术的进步为人口在郊外分散居住和产业外迁提供了现实条件。基于全球城市体系规模分布的明显差异性与动态化,对于我国哪种是比较适宜或可能性的城市演变路径? 这些不仅需要系统的历史分析和实证研究,也需要以城市发展的生态化与人本化目标为评判标准进行综合考量。

　　首先,拉美国家的"特大城市—高首位度—贫民窟"模式容易引发社会

---

　　① United Nations. *World Urbanization Prospects*(2005)[M]. United Nations Publication, 2006.

矛盾与生态危机,不适合国土辽阔、城市众多、经济转型的中国。大多数拉美国家都存在城市体系规模分布差距过大、大城市极化膨胀的问题;2018年,拉美地区超过18%的人口集中居住在千万人口以上的超特大城市,是全球城市体系极化两极分化最严重的地区。这些国家由于人口与资源流向的失衡,大城市普遍存在交通拥挤、房价过高、自然环境恶化、基础设施不足、垃圾围城、贫民窟蔓延等严重生态问题,城镇化中的聚集性失衡问题值得我们吸取经验教训。

其次,东亚的日本、韩国等是首批城市集中膨胀、城市体系高度集中的代表。这种城市体系并不具有普遍意义,主要是由于这些国家适宜人口居住的面积较小,人口总量和人口密度又大,农村人口与新增人口在快速工业化中大量聚集到就业与居住更占优势的首都。日韩城市体系属于高成本模式。对中国来说,土地与房地产市场、农村经济社会结构、民众收入层次决定了城市无法支撑日常巨量通勤与生态超载成本压力;至上而下的行政体系天然激励人们涌向优质资源集中的高级别城市,如果在政策上不加以干预,很容易导致中小城市的陷落与区域差距拉大。

最后,比较适宜我国学习借鉴的是同样幅员辽阔、人口众多、经济后发崛起的德国、美国。这些国家在全国范围内基本上形成了分散型的城镇化体系,第一大城市圈的人口占比大约只有5%;城市的级别差距与区域差距较小,空间上分散,大、中、小城市协调发展;并且局部发达区域的郊区化与逆城镇化进程明显,呈现多中心的城市群落特征。欧美模式不仅有利于缩小城市间差距,实现区域经济协调发展,而且能够减少或避免"城市病"与城市生态问题,一旦爆发社会公共危机,城市治理与管制的难度小、成本低,显然更适于像中国这样的发展中大国。

应当指出的是,美国以大都市区为代表产生了低密度居住模式,但是其驱动力量不一定适合我国:一是凭借其广阔的国土面积和天然优良的地理环境,美国直到现在仍有95%的土地没有被开发,可以承受在郊区砍伐森林、破坏农场来建造独栋房屋;而人多地少的中国不可能有这种条件。二是美国的农业人口较少,大规模现代化农业不需要过多农村住宅去配比丰裕的耕地资源;而中国的农村和农业在一定程度上还需充当城—乡迁移人口的"蓄水池"作用。三是美国城市居民通勤高度依赖小汽车和发达道路系统,民众汽车拥有率极高,有效扩大了居民活动半径。事实上,小汽车的普及使用是美国城市纵向蔓延的主要原因,人们住在郊区,依赖小汽车与高等级公路通往就业地和购物地的通勤时间甚至要比住在旧城区更短。中国如果照搬美国城市的低密度土地利用、高人均居住面积、高交通资源投入,显然城市对生态系统的索取会超过绝大多数城市的经济、资源和环境禀赋条件,碳排放进一步提高,甚至会带来城市运营困境和自然生态困境。

第二节 城市体系规模结构生态优化的目标愿景

一、城市规模的生态最优化目标

(一)生态视域下城市最优规模界定的理论前提

根据城市经济学经典理论和国内外实证经验,城市规模与其经济效率呈"倒 U 型"曲线规律,即城市规模不宜太小或过大,而是存在一个最优值或适度区间。这种城市适度规模在综合生态视域下也存在:城市规模过小无法发挥经济集聚效应,社会治理成本无法平摊,治污设施建设也存在规模不经济;城市规模过大会带来资源价格上涨、社会公共服务供给不足、通勤成本高、环境承载力受迫等生态负效应。

未来城市体系发展路径由粗放的速度型向集约的质量型转变是必然趋势。传统上以"大城市化""单中心集中膨胀"为特征的集中型城市体系与区域资源紧缺、环境承载力不足的矛盾日益突出。从综合生态绩效考虑,客观上要求明确各级各类城市的增长边界,划定生态红线约束下的城市扩张限度和城市体系演化路径,进一步引导城市体系合理发展。根据本书研究成果,借鉴国内外城市发展经验,提出现阶段中国的城市体系发展应改变以单一经济效益为导向的"追大求全"模式,转而以考虑综合生态绩效的"适度规模城市"理念为指导,构建以"次级中心城市"为核心的新型城市体系结构;

城市规模要与其资源存量、生态承载容量相适应,因地制宜地发展适度规模和体量的城市,从规划、制度和体制等多方面预防城市规模的"生态超载"。

(二)现阶段我国城市生态最优规模区间的总体研判

本书从综合生态绩效上对我国地级市的规模效率问题进行了实证分析,得出我国城市人口规模的生态最优值约为750万人。近年来从生态视角对城市最优规模的实证研究中,王小鲁(1999)的结论是100万—400万之间,许抄军(2009)适度区间为200万—350万人,李佳佳(2016)采用DEA方法测算得出城市生态效率的门槛值为337万人。可以看出,由于研究方法、样本数据、指标口径的不同,当前实证分析也并没有一致结论。从研究结论的动态趋势来看,由于2000年以来我国城镇化进程不断加速、单个城市的规模普遍增大、城市体系日益集中、生态环境恶化愈发严重,学者们采用数据越新,研究得出的城市最优规模或适度区间越大。因此,界定城市规模的最优生态区间应当考虑未来我国城镇化持续快速推进的主流趋势,划定一个较宽的范围。

结合从生态角度拓展的城市最优规模实证研究结论,综合参考现有相关文献与研究成果,对城市生态适宜规模区间的总体性判断是:对于我国大多数的快速增长型城市,比较符合城市生态禀赋阶段特征的理想人口规模区间大致在300万—800万。以2018年人口数及其排序来看,基本是位序结构在6—25位的"核心城市",主要是中部和东部省份的省会城市或强二线城市。这类城市基本是各大城市群的中心城市,以这类城市为核心吸纳新增人口,加快形成诸多新的城市群,更能实现城市体系协调发展与生态环境保护的良性互促。

(三)城市生态最优规模目标的差异性特征

在实践中,城市的产业类型、功能定位、区域禀赋不同,其生态最优规模也具有较大的差异性。理论上,城市生态最优规模不仅依赖于生产函数及各种参数的影响,而且受城市类型、所处不同区域、样本容量等因素的限制。在城区人口300万—800万的基本研判基础上,应对不同类型城市的生态最优规模目标的差异性进行进一步具体分析。

首先,根据产业与职能结构划分,服务业城市的生态最优规模一般要大于非专业化的一般性城市,更要大于制造业城市。一个金融中心或商业中心类型城市具有强大的知识溢出、要素共享、资源节约、市场多样化等优势,其规模经济要远高于以加工制造为主导产业的城市。金融、科技、商业等服务类消费品大都属于运输困难或无形的非贸易品,生产和消费过程需要高度依赖人与人之间的近距离接触和高频次交流沟通,只有在人口规模足够大、分布稠密的大城市才能发挥其规模报酬递增红利。另外,从生态上的规模不经济性考虑,服务业城市的各类污染物排放强度较低,对人口流入的就业吸纳力和公共资源承载力较高,单位产出的环境损耗和资源消耗也要小于制造业,因此对服务业城市的生态最优规模应当界定一个更高的标准。而制造业需要高强度消耗各类资源、能源和原材料,各类废弃物和污染物排放量较多,环境治理成本较高。考虑到制造业集群城市对生态环境产生的较大胁迫压力,不宜将大量人口和产业高度集中在某个狭小的市域范围,在生态最优人口规模标准较低的同时,注意产业链上下游企业要在城市群内部适当分散、错位发展、协同合作。

其次,根据技术上密集使用要素的类型不同,劳动密集型产业为主的城市的生态最优规模要大于以资本、技术密集型产业为主的城市。就业吸纳力也是影响城市生态绩效的重要因素,劳动密集型产业可以支撑更多的人口流入该城市,解决新迁入移民的就业难题,从反贫困、资源集约使用、治污设施完善等角度,可以对城市生态系统形成有力支撑。例如用反对数前沿生产函数对印度的行业差异研究表明,技术密集型的电子机械工业的最优城市规模为 150 万—250 万人,要小于劳动密集型的棉纺织业最优规模 250 万—500 万①。

再次,城市生产的专业化程度与城市的最优规模呈正比。一个有限效率规模的城市体系应当由从事产业不同、承担功能不同的一批城市构成。如果城市产业的专业化程度得到提升,在通勤成本和城市空间既定的情况下,正的外部性和成本节约使得每个行业的规模效应更大,专业化生产的城市对人口的承载力也越高,城市的最优规模上限自然越大。相反,如果把单

---

① 亨德森,蒂斯.区域和城市经济学手册(第四卷)[M].北京:经济科学出版社,2012:378.

个行业的就业分散在许多城市,每个城市都追求产业结构的多样化和齐备性,那么单一城市的规模效应就会削弱,城市最优规模的上限就会降低。

最后,由于城市的专业化与职能分工行为比较复杂,分产业与技术类型的研究结论很难具有一致性。有的学者支持"大城市化",认为应将不同产业放在同一城市以发挥共享和溢出效应,例如较大的劳动力市场、中间投入品市场几乎会使得同一城市内所有产业均受益。有的学者主张分散城市体系,认为每个城市应专门供应一个或几个可以产生外部经济的产业,以避免城市规模过大造成拥挤。事实上由于城市规模效率的差异性和多样化,一般的情况是大城市偏向综合性产业功能,支持分工体系的多样化;而小城市多是专业化生产,在产业链的某个环节形成比较优势。因此,即使城市生态最优规模的拐点是客观存在的,本书对城市生态最优化目标的定量界定与定性分析的意义更在于为城市规模增长提供宏观规划指导,有助于长期中规范单个城市规模的适度边界,进而确保城市体演变路径逐渐收敛到生态最优路径上。

(四)生态安全风险"黑天鹅"事件要求城市生态最优规模不宜过大

对于城市规模的生态最优化目标的界定除了考虑常态下的理论和实证分析外,还必须考虑类似"黑天鹅"事件的潜在生态灾害风险。这类生态灾害风险主要包括突发性、高强度、大范围的水土污染、空气污染、有害气体泄漏、核辐射泄漏、传染病疫情等,不仅超越了正态分布等统计规律,使得置信度和显著性分析失效,甚至由于缺乏数据也无法有效计量。虽然这类事件发生的概率低,但是对经济、社会、环境的影响强度极大,危机处置的综合代价极高,必须在城市最优规模界定和城市体系演变的生态考量中加以考虑,从城市规模导向与城市体系规划源头上尽量规避、预防和降低类似"黑天鹅"事件的影响。

虽然本书界定中国大部分城市的生态适宜规模区间为 300 万—800 万人,按当前人口规模情况主要是强省会或强二线城市。但是这种分析是在常规统计规律下得到的普适结论。考虑到小概率突发生态安全"黑天鹅"事件的严峻后果和城市可承受限度,500 万或以上人口规模的超特大城市发生"黑天鹅"生态风险事件的概率会急剧增加,且一旦发生,经济成本、社会代价或环境影响巨大,很难在事后以较低代价进行缓解和处置。

从理论上来说,城市生态系统是一个要素关联性及其密切的复合系统。在技术条件和社会制度不变的情况下,城市规模越大,这个系统整合的资源和要素就越多,架构就越复杂,稳定性就越差,发生"黑天鹅"事件的概率越高。一旦极端小概率事件的外部冲击忽然发生,由于超特大城市平时更依靠自动设备、高层建筑和高科技运营,城市基础设施和资源的高复杂性、相互影响会导致在生态危机处理和事后救助上成本会更高。超特大城市需要救助的人群高度密集,所需消耗的人力、物质、财政资源也更多。因此,常态下高效率的大城市面对"黑天鹅"生态风险事件可能愈发脆弱,效率和安全性下降越明显。例如人口高度密集、经济关联高度发达的超特大城市爆发突发性疫情灾难的风险要比中小城市高得多,且更易受影响成为疫情传播中心。一旦这类事件发生,超特大城市处理这类风险的政治难度和代价均是中小城市无法比拟的。

因此,为有效降低类似"黑天鹅"巨灾风险,要求在 300 万—800 万人口生态适度规模区间内,单一城市的人口规模不宜过大,尤其要高度警惕 500 万人口以上特大城市在持续膨胀中可能诱发的非预期风险,以及对这种风险的承受程度和处置成本。对于城市体系整体来说,应坚持城市人口适度集中原则,城市体系规模结构应进一步扁平化、均衡化发展。

二、各规模级别城市的生态发展目标与路径

我国传统的城市体系发展战略主要基于"匀质性"理念,追求区域内各单元城市联系的相对一致性。在新时期,城市体系演变路径与发展战略规划应更重视"功能性"原则,强调不同级别城市在生态功能、产业链分工、职能定位等方面的"异质性"联系。这要求任何城市均需基于自身人口、资源、环境禀赋条件,找到具有相对竞争优势的职能与生态区分工,发展为处于同一城市体系内的特定城市类型,以城市间形成差异性的内生动力促成与奇普夫法则基本吻合的金字塔型城市群落,并不断出现规模—位序结构的分化与重组。

理论上,必须保持城市体系规模结构与自然资源环境的吻合,以及不同

规模级别城市的综合生态功能与区域生态承载力的吻合。这种吻合一方面有助于形成生产活动对自然资源条件的适宜性,例如使工业企业由于接近原料地而减少运输费用成本,重化工业可以更方便获得能源和资源供应等。另一方面,这种吻合有益于缓解人口高密度膨胀对自然环境的扰动与胁迫,减缓自然演替的速度和强度,有助于某些地方的物种多样化与环境质量的保持。这种吻合是维持城市体系与自然系统之间平衡的关键,也是人类同地理自然环境之间保持和谐的重要措施。

在实践中,由于我国城市的人口、资源与环境禀赋状况具有复杂性和多样化特征,大—中—小各级别之间、东—中—西部区域之间、南—北方地区之间均存在较大的生态禀赋差异。因此,各级各类城市在区域经济发展与城市规模增长等战略中的功能定位也不一致,不能简单要求各级城市在城镇化推进中"齐步走",更不能刺激所有城市都"追大求全"。尤其是在当前生态文明建设深入推进背景下,更要根据各地区生态禀赋条件进行合理分工,划定主体生态功能,引导各级别城市形成差异化的规模目标导向,分类发展、错位竞争、协作共赢。

本书根据我国城市规模结构演化的规律与发展趋势,在上述明确城市生态最优规模区间的指导目标与原则基础上,区分超特大城市、大城市、中小城市等规模级别,从综合生态绩效层面分析提出城市规模、质量、结构发展愿景,进一步细化落实国家区域发展规划中的生态保护战略。

(一)超特大城市:适当疏解人口与产业

对于北京、上海、广州、深圳等超特大城市及其所处都会区,无论是在电气化时代、互联网时代,还是人工智能化时代,这类城市始终会是城市高度物质文明与精神文明的开创者和集中体现。超(特)大城市拥有人才、资本、技术等要素禀赋优势,在经济层面上保持其特定规模可以带来更高的资本边际收益。但是从生态文明角度来看,这类城市随着人口大量涌入和高密度分布,一旦超过了区域资源、环境承载容量,就会面临愈发严峻的交通拥堵、资源紧缺、环境污染、公共服务短缺和生态环境恶化等"大城市病"。超特大城市依靠加快治污技术研发运用、加大环保财投入、加强环境规制、改善城市管理等手段可以缓解这些生态负效应;这些措施大都是事后的被动应对,治标不治本,没有从城市人口规模过度和分布过密的源头上加以预防。

当前一些研究倾向于支持超特大城市依靠集聚效应、财政投入与环保技术进步来抵消生态负效,主张进一步扩张超特大城市规模。至少有两个问题会影响这种生态改良路径的可行性:一是当前治污技术的局限性。例如,由于气态污染物的扩散性和影响广域性,进行集中收集的费用较高,净化效果相当有限;虽然在建筑物或车辆中可以采用清洁能源如太阳能、电能可以促进节能减排,但是却无法回避光伏设备、电池的生产、物流、报废和降解中的二次污染等问题。二是环保技术设备推广在成本—收益上的可行性问题。例如,一些垃圾处理和循环利用技术设备虽然比较成熟,但是其投资建设和日常运营的平均单位成本相当高,而经济收益却相对有限,如果没有政府补贴,私人企业很难承受并持续经营。

总之,城市体系生态优化路径更应从诱发生态环境恶化问题的人口规模、分布与结构等源头上着手,缓解城市体系过度集中与高密度经济社会活动对生态环境的压迫。具体到超特大城市,应注意以下几点:

第一,适当疏解综合生态绩效已经进入递减阶段、生态超载愈发凸显的超特大城市。引导超特大城市的人口多样化流向,甚至是反向回流,以人口和产业的分散化措施缓解资源紧缺和环境恶化困境。超特大城市在生态环境防治方面的实践经验表明,生态改善的实践路径不能仅限于供给端的节能减排、环境规制、加大道路环保建设等事后手段;还应当从需求端着手,减缓人口与产业过度集中对资源环境的超额索取。例如,超特大城市要将占地面积大、亩均利税较低的低端产能疏解到次级城市,将重工业、化工业等"三高"产业转移出去。重点是分散污染源,尤其减轻工业污染的空间集中度,从而增强城市生态系统对污染物排放的吸收、循环和净化能力。另外,高度集中的人口分布不仅会造成过量的生活垃圾排放、噪音污染、生物多样性被破坏,而且城市核心区交通拥堵导致的小汽车怠速行驶也是大气污染物的一个重要来源。适度疏解人口可以减少城区垃圾排放的单位面积强度,分流核心区的交通需求量和道路占有率,缓解人口过度密集带来的生活垃圾污染和交通污染。

　　大城市的人口疏解政策应当保持谨慎和适度,应以保持特定综合生态绩效最优目标下的城市人口集聚水平为目标,而不过度追求人为控制城市人口数量。一是在后工业化时代,服务业尤其是以知识、数据和信息为核心要素的生产性服务业仍会留在核心大城市或和城市中心,一部分高端就业人群出于交通便利和文化生活考虑,仍会留在大城市核心区,这部分人不应作为疏解政策的对象。二是如果工作岗位仍大量保持在市中心区域,人口疏解到郊区或卫星城居住,反而会诱发更多的长距离通勤需求。单方向的朝夕交通甚至会进一步加剧城市对外通勤主干道的流径量,反而交通污染和通勤成本等生态损耗更大。三是大城市有改善生态环境的投入潜力和倾向。从国际经验来看,纽约、伦敦等国际大都市在经历了20世纪六七十年代郊区化潮流和人口流出阶段后,在1980年后通过投入更多公共资源改善生态环境、优化公共交通体系、提高市政公共服务质量等,均出现了明显的人口增长,尤其是吸引了大量高学历年轻人群的持续流入。

　　第二,超特大城市在发展规划上应当摒弃"摊大饼"式蔓延扩张,减缓人口过多流入核心区,转而鼓励人口向远郊区、卫星城等城市副中心扩散,发展多中心的城市群和都市圈。只有降低城市核心区的人口密度,才能从需求端的源头上缓解交通、住房与环境污染等生态难题。国外研究普遍认为,对于千万人口级别的城市来说,单纯靠加快公共交通设施建设并不能显著缓解交通拥堵①,而进一步提高城市密度反而会导致更长的通勤时间和更严重的生态压力②。魏星(2015)采用手机信令数据对上海市的研究发现,近年来上海中心城区的人口与就业均呈现向外扩散的趋势;但是由于优势资源和就业机会还在核心区,因此人口的外流大都仅限到核心区的边缘地带,仍无法摆脱远距离通勤。从长远来看,超特大城市的通勤问题的缓解更多要靠在远郊区形成功能完备、职住一体、自成体系的城市副中心。

　　第三,精细规划城市内部生产空间、生活空间与生态空间,在微观尺度

　　① Jason Krupp, KhyaatiAcharya. Up or out? Examining the Trade-offs of Urban Form [R]. *The new Zealand initiative*,2014.

　　② Peter Gordon, Wendell Cox. Cities in Western Europe and the United States:do policy differences matter? [J]. *The annuals of regional science*,2012,48(2):565-594.

上促进各类功能区协调融合,助力超特大城市有序扩张。注重城市功能区的科学规划、精细化管理,加大学校、医院、水电暖、环保等基础设施与公共用地的供给力度,补足公共服务供给不足的短板;适当缩减工业用地,提高土地利用集约度;在人口密集区交叉规划社区绿地、小游园、水系等生态功能区,改善人居环境;注重城市居住区与就业区的近距离混合搭配,避免远距离的职住分离引起的单向潮汐通勤压力及次生污染问题。

(二)I 型大城市:维护生态环境与承载人口集聚并举

城区人口规模处在 300 万—500 万的 I 型大城市主要包括长沙、郑州、太原、西安、昆明等中西部省会城市。在注重维护生态环境的基础上,应当放松对这类"强二线城市"城市的人口规模限制,取消外来人口的高入户门槛,充分发挥其对中西部新兴城市群的核心引领作用。这类"强二线城市"作为衔接上级超特大城市和下级中小城市的中间地带,一方面可以发挥全要素生产率较高、中高端就业岗位较多、人口承载力较强等经济竞争优势;另一方面,这类城市的综合生态绩效处于"倒 U 型"曲线拐点之前的较高水平,社会公共服务供给尚较宽松,水土资源的供求关系基本平衡,生态环境承载力也大都未超过生态足迹的需求,适宜作为未来 10—20 年城市体系生态优化的重点依托。未来这类城市生态优化的目标和路径应注意:

第一,I 型大城市的发展重点应从数量转为质量,从提高速度转为优化结构。这类城市在保持人口规模继续增长的同时,应逐渐实现由城镇化"量"到"质"的转变。重点是加快推进产业结构优化升级,在转移低端产业与可贸易产品生产的同时,转向发展高新技术产业、高端服务业,促成智慧型产业与高人力资本人口的互促集聚。美国、英国等发达国家的城市体系演变路径表明,金融、商务服务与高新技术研发等会始终偏向集聚在多元化的大城市。原因主要在于这些行业在产业内与产业外的规模经济中都能受益;在这个过程中,规模经济效应可以持续从城市高密度的建筑和人力资源分布中得到促进[①]。

---

① Vernon Henderson, J. *Cities and development* [J]. CITIES AND DEVELOPMENT - Research Gate, 2010, 50(1):515–540.

第二,Ⅰ型大城市大多为所属城市群的中心城市,不能过度追求自身扩张与虹吸效应,而是要引领形成城市群内部的产业分工与职能互补。理论规律与国外实践均认为,这类城市在规模扩大的同时,服务业增长会日益替代制造业的主体地位。这类城市应主要聚焦生产性服务业等高端产业,将相关加工制造、原料供应、物流等职能转移布局到周边的中小城市,形成城市群内部梯度型的专业化与分工合作关系。

第三,Ⅰ型大城市要发展成为新兴城市群的中心城市,必须具备一定人口规模,通过集聚人口与产业进一步发挥引领带动作用。根据中国城市人口分布与通勤特性,这类城市要扩大规模的关键举措是加快基础设施建设,尤其是大规模建设城市公共交通体系,构建无缝连接的立体交通网络。这不仅可以提高城市空间的可达性,抑制高成本、高能耗的私家车使用,减少温室气体排放和噪音污染;而且相比其他交通方式更节约土地使用,更有利于集约化利用稀缺的土地资源。

(三)Ⅱ型大城市:加快吸纳人口流入

城区人口数处于100万—300万左右的Ⅱ型大城市多为"弱二线城市"或"三线城市",主要包括邯郸、芜湖、洛阳等内陆新兴区域中心城市,以及佛山、烟台、徐州等东部传统经济强市。从综合生态绩效考量,这类城市的规模还没有达到生态拐点界限,城镇化推进重点仍为加快城市人口增长,特别是依托距离近、文化相亲、转移就业成本低的优势,积极吸纳周边县域和乡村人口流入,实现流动人口的"就近迁移"。Ⅱ型大城市具体应注意以下几点:

第一,通过大力承接发达地区的产业梯度转移创造就业机会,吸纳周边乡村、县域的人口转移就业。打造优良的创业环境,全面放开对农民工入户和大中专毕业生就业落户的政策限制,加强基础设施和公共服务建设,以区域综合生态绩效优势吸引超特大城市的技能型人才、高校毕业生、有经验农民工等高端人口回流。

第二,这类城市往往向上承接超特大城市溢出的产业与职能,向下辐射到广大县域和乡村地区,可以作为联结上下级城市的中间枢纽。作为承上启下的中间环节,这类城市需要顺畅城市体系内物质、能量与信息双向流动,为城市发展提供关键的生态环境容量支撑。

第三,这类城市要和Ⅰ型大城市、超特大城市形成清晰的产业职能分工,错位发展。根据美国、韩国、日本等发达国家经验,众多的中间级别城市都具有高度专业分工特征。这类城市中有10%—35%的人从事同一种分支工业并生产出口商品。实践证明,在中间级别城市集中某些专业化、标准化工业门类,既可以达到规模经济效益,又不用承受超特大城市高昂的人工工资和房屋租金,要比区域内同时引入众多不同工业门类的收益更高。

(四)中小城市:补足城市综合生态功能短板

人口数在100万以下的广大中小城市在习惯上被称为"三四线城市",在城市体系中处于规模小、数量多、占比大、分布散状态。长期以来,我国中小城市发展相对滞后,不仅体现在经济增长速度和经济总量上,更表现为产业空心化、人口流失、污染治理设施落后、公共服务供给不足等。由于缺乏产业基础与高质量就业机会,中小城市在吸引人口与资金流入中不占优势。人口外流、财政实力不足反过来又进一步限制了小城市完善水电、道路、教育、垃圾处理等基础设施与服务。针对这些问题,中小城市的生态优化路径重点是:

第一,完善城市基础设施和公共服务功能,提高城镇化质量。城市公共基础设施建设滞后是中小城市发展中的突出短板,也是影响中小城市生态绩效的主要因素。为了避免"小城市病",关键是加强市政基础设施建设,创新公共投融资机制,下力气改善城市的水电气管网系统、雨污排放与处置系统、垃圾转运和循环处理系统、湿地绿地系统等,提高城市宜居宜业环境。

第二,在新一轮产业重构中发挥承上启下的功能,夯实城市发展的经济基础。一方面,中小城市要紧盯大城市的产业结构优化升级趋势,积极承接各类产业下移,做到优势互补、错位竞争、专业化发展。在主导产业类型选择上,要把好入口关,杜绝污染排放严重、对生态环境产生重大影响的"三高"型产业。另一方面,中小城市要发挥自身和乡村经济联系密切,城乡人口流动频繁,经济辐射腹地广阔的优势,抓住特色小城镇建设契机,聚焦劳动密集产业、健康养老产业、生态旅游产业等,提升城市综合生态绩效。

第三,提高土地资源利用效率,发展紧凑型城市。中小城市在招商引资、新城区开发中的一个重要比较优势在于土地资源相对充裕。在"大而全"的传统政绩观下,中小城市往往倾向过度供给工业用地,遍布中小城市的"乡镇企业""中小企业"在扩张中普遍也存在"圈地运动"倾向,这就导致企业的空间布局较为松散、土地利用低效、资源浪费较为严重。从节约土地资源、预留生态空间考虑,未来中小城市在新城区开发和工业园区建设中应着眼于未来生态保护需求,注意处理好"三生"空间的均衡协调关系,提高城市紧凑度和土地利用率,在土地规划、用地划拨上加强制度约束与管制,防止城市无序蔓延带来的土地资源浪费和生态环境恶化。

三、以"次级中心城市"作为城市体系生态优化的 重点依托

(一)"次级中心城市"的规模与位序级别界定

城市体系作为由众多个体城市构成的规模级别分明、职能分工协作、人口频繁流动、经济联系紧密的有机整体,其生态优化的目标与路径必须从整体利益最大化出发,明确以某一类型城市作为生态优化的重点,有的放矢;不能"眉毛胡子一把抓",贪大求全,分散有限的资源和资金,降低生态改良的效率。城市体系生态优化的重点依托城市类型应当在理论与实证分析结论基础上,充分考虑未来一段时期内中国仍将处于快速城镇化进程的主流趋势,结合人口、资源与环境的区域禀赋状况综合权衡确定。

第一,重点依托的城市应具有相当的人口规模,具有较强的城市扩张动能,能够担当起新兴城市群区域的引领者,带动区域协调发展。根据本书实证结论,参考相关文献结论,综合认为重点依托城市的人口数不应少于200万,对周边城市群区域的辐射力通达范围的腹地人口应超过1 000万。人口较少的城市不仅在经济上低效,在长期中也很难扩容到生态最优区间。首先,城市的人口与经济规模过小,难以发挥要素集聚效应,在承接产业迁入、吸纳产业集聚集群发展层面的能力不足,最终导致就业机会缺乏,无法吸纳过多人口迁入居住。其次,小城市政府财力难以支撑高昂的社会福利保障费用,也无法高效集中处理生活垃圾、污水等污染物;过度分散的建筑物布局和人口居住方式实际上导致了紧缺土地资源的浪费。最后,小城镇的市

政设施和服务普遍不齐备,有些小城镇甚至没有基本的人流量、就业岗位和商业环境,大量商铺和住宅空置,社会生活单调,不符合新生代农民工的"城市文明融入"意愿。

第二,重点依托的城市又不能规模过大,考虑到城市增长惯性后保证未来10—20年不会明显超出生态最优区间。根据各地实践经验,人口超过500万的城市由于人口与产业集聚度超限,也不宜作为城市体系生态优化的重点依托。因此,北京、上海、广州、深圳、天津、重庆、武汉、成都等超特大城市在生态上已经或接近超载,未来发展中可承载的生态潜能不大,考虑到难以度量的隐性化生态代价,延续以往特大城市集中扩张的路径必然会给城市治理和可持续发展带来严峻挑战。这类城市发展的重心应由速度扩张转变为质量结构提升。

总之,综合生态绩效考量,按照我国城市增长速度的惯性趋势,未来10—20年我国城市体系生态优化的重点依托城市应当是200万—600万人口、规模排序在15—60位的"次级中心城市"。按照我国城镇化率年均增长1%以上的趋势,首先200万—300万人口类型城市能够在城市群战略下保持较快增长,达到300万—800万生态最优规模区间的下限,可以纳入依托重点城市范围;人口超过600万的超特大城市如果仍强调继续快速吸纳人口流入,城市规模会超越生态最优区间,引发越来越严峻的生态问题。

(二)以"次级中心城市"促成城市体系经济与生态的"双赢"

作为未来10—20年城市体系生态优化路径的重点依托,"次级中心城市"主要包括郑州、合肥、贵阳、西安等近年来逐渐发展为新增长极的内陆省会城市;包括青岛、宁波、苏州、佛山等传统的沿海经济强市。以这类城市作为吸纳新增城市人口的主要流入地,不仅可以带动城市体系规模结构的"扁平化"转变,而且可以更有效地平衡"经济—社会—自然"子系统间的耦合共生关系,以提升整个城市体系的综合生态绩效。

第一,"次级中心城市"处于激发城市经济集聚功能与适应区域生态承载容量的中间平衡。一方面,这类城市的资源、环境禀赋对人口密集活动的承载能力相对较强,土地资源储备、环境治理能力与生态产品供给尚能支撑起未来10—20年新增人口的持续流入。从国土空间开发强度来看,这类城市的开发率和容积率相对较低,有条件分流不断涌入超特大城市的就业人口,缓冲生态环境压力。另一方面,这类城市的区位条件和产业基础一般较为优良,或毗邻重要交通线、港口枢纽,或处于人口稠密区域,具有辐射广阔的周边腹地市场,可以依托这些资源形成产业集聚集群,以大批优质就业机会不断吸引周边人口流入。

第二,"次级中心城市"大都位于各大城市群、都市区等"重点开发区域"或"人居保障区域",符合未来我国城镇化推进的主导区域方向。一方面,超特大城市作为主体功能区规划中的优先开发区域,当前经济活动强度已经够高,资源环境容量已逐渐无法满足未来高速增长对生态足迹的需求,不适合再大量吸纳新增人口流入。另一方面,很多中小城市位于限制开发区或禁止开发区,自然地理条件脆弱、敏感,应对环境改变的适应恢复能力较弱,应当担负起保护自然环境和生物多样性等职责,不适合再搞大开发。而绝大多数"次级中心城市"均处于重点开发区域,是主体功能区规划与生态功能区划明确的人口承载区与开发条件优越区,适宜作为未来10—20年城市体系生态优化的重点依托。

第三,"次级中心城市"提供基础设施与公共服务的成本相对较低,促进教育均等化、提供高品质居住、缓解交通拥堵等社会子系统层面的提升潜能较大。由于级差地租规律,次级中心城市以廉租房、公租房、购房补贴等形式解决新迁入居民的住房问题的成本费用要远低于超特大城市。义务教育均衡化配置在这些城市也可以更小成本实现,满足新迁入人口对子女接受高品质教育的需求。特别是农民工等弱势群体的子女入学和教育机会均等化问题,当前大城市的公办学校无力接纳数量庞大的农民工子女;只有分布更广、数量更多的次级中心城市的公办教育才有可能满足这一需求。相对于超特大城市和大城市,次级中心城市为新迁入居民提供基本社会保障的边际成本也较低,更有利于实现新居民的"市民化"融入。

第四,"次级中心城市"多居于内陆公铁水运交通网络的枢纽位置,或是沿海重要港口城市,具有明显的交通物流优势。凭借这一优势,次级中心城市向上可以有效承接超特大城市溢出的资金与人才,向下可以辐射周边广阔的县域、村镇"腹地市场",发挥"承上启下"作用为区域发展奠定经济基础和生态支撑。"次级中心城市"向腹地市场的扩展可以采取两种模式：一是"爬行模式"，即向"大都市区"范围300千米以内的地区扩展，主要适于沿海成熟城市群范围内的"次级中心城市"。二是"跳跃模式"，在相距一定距离的中小城市形成专业化的就业集中地，而不是综合性部门集中，主要发生在内陆新兴城市群地区的"次级中心城市"。

　　第五，"次级中心城市"是承接新一轮产业转移的理想目的地。近年来次级中心城市的劳动生产率上升幅度远远高于工资上涨幅度，劳动力比较优势较为明显，各地劳动密集型企业外迁大都选址在次级中心城市。根据《中国城市统计年鉴》测算，按照劳动报酬与边际劳动生产率的比值即单位劳动成本作为衡量标准，超大城市例如北京的单位劳动力为1.06，中小城市例如河南省周口市的单位劳动力成本为1.91，均远高于属于"次级中心城市"郑州与洛阳的0.77与0.79，也印证了次级中心城市具有发展劳动密集型产业的比较优势。从技术转移来看，随着某些生产活动的程式化，对高端劳动力的依赖降低，这些不再需要原始创新的产业可以转移进入次级中心城市布局，进行仿效生产，从而可以获得更高的净收益。产业在次级中心城市集聚集群发展的另一个好处是增强了原先发展滞后区域的就业吸纳力，能够满足周边农民及小城市居民的近距离迁移愿望，使得流动劳动力在家门口实现"本地非农迁移"成为可能。

　　总之，作为未来城市体系生态优化的重点依托，"次级中心城市"主要分布在三大沿海城市群周边地带、内陆新兴城市群地区、重要交通网络节，发展重点是以提高产业支撑能力、就业吸纳能力为抓手，以保护好生态环境，改善教育、医疗、交通、居住等公共基础设施与服务为前提，大力发挥其要素集聚效应与资源环境承载容量空间大的综合竞争力，持续吸引人口、产业流入，助力城市体系实现优势互补、错位竞争、产业升级、质量提升。

四、培育生态协调型的多中心城市群

　　由于我国国土幅员辽阔、人口数量多、区域要素禀赋差异较大，过度集中的单中心城市体系不仅割裂了各级别城市间的有机联系，无法充分发挥要素集聚和辐射效应，容易造成中小城市及广阔农村地区的凹陷；也容易给资源、环境带来较大胁迫,加重拥挤效应而引发各类"城市病"。哈密尔顿(Hamilton,1967),伯提内利(Bertinelli,2004)与施特罗布尔(Strobl,2004)等均认为,在后工业化时代,单中心的城市体系无法适应社会成员对城市功能的多样化与城市发展的生态化要求;在一定区域内形成生态协调共生的多中心城市群落,不仅可以显著促进城市经济增长和提高全要素生产率,而且还能够有效缓解城市体系扩张带来的资源、环境压力。从综合生态角度考虑,以中心城市为引领,培育促成生态协调型城市群,必将成为未来 10—20 年城市体系生态优化的典型模式。城市群内部大、中、小城市是否形成功能、职能的互补协调,是否形成金字塔型梯度比例关系,城市体系规模结构与空间分布是否和区域资源、环境禀赋相适应,这些在很大程度上决定了全国整体城市体系的生态优化路径和生态绩效水平。生态协调型城市群的主要特征包括:

第一,生态协调型城市群应当是完整的多中心、梯度型结构,由数个大的中心城市和周边大量的中小城市组合形成"金字塔"状分布。多中心城市群落具有实力增强效应和合作竞争效应,对于我国广阔农村地区和数量庞大的小城镇能够发挥更大的辐射效应和引领作用,在更大范围内形成生态互补效应。相对于"单中心"结构城市群下"虹吸效应"带来的城市梯度差距过大和大城市的垄断性,"多中心"城市群不仅有利于更高效地吸引周边资金、人才、技术等经济要素集聚,而且能够为资源利用、环境保护和污染物处置留下更广阔的缓冲区域和更深厚的生态承载容量。国外实证研究也证明,这种多中心城市群落形成的"金字塔"型城市体系特征能够有效改善生态环境,实现城市生态系统的协调发展①。

第二,生态协调型城市群落同样要求突出中心城市的地位,充分发挥中心城市对周边成员城市的集聚和辐射作用。世界上主要城市群大都是由 1 个或 2 个主(副)中心城市引领形成。据国家统计局数据测算,2010—2015 年我国人口净流入量超过百万的共有 13 个城市,除了沿海三大城市群的 8 个,另外 5 个分别是内陆的郑州、成都、重庆、厦门、武汉等,均是内陆新兴城市群和

---

① Hamilton. *Models of Industrial Location*[M]. Methuen,1967.

新增长极区域的中心城市。例如,郑州市虽然经济基础相对薄弱,但是凭借其省域内巨量农业人口、省会城市地位、铁路公路交通枢纽等优势,在5年间吸引了185万人口流入,充分体现了作为新的国家中心城市和所属中原城市群的发展前景。另外,众多的中小城市则镶嵌在中心城市之间的填充地带,借助中心城市的外溢效应和转出职能实现错位发展。理论与实证研究均表明,由于城市间的外溢效应,新兴城市如果靠近已有中心城市的话往往能够获得较快发展①。

第三,生态协调型的城市群应当具备自然地理区位优势,一般应沿长轴呈带状拓展延伸。国外发展成型的城市群或都市圈大都位于中纬度的平原地带,例如,日本东京位于关东平原,美国芝加哥位于五大湖区的中部大平原。这些区域气候宜人、土地肥沃、交通便利,以便于为城市人口增长提供足够的粮食供应、居住和生产用地空间以及城市间贸易的物流条件。城市群的拓展趋势一般呈轴线型,沿着河流、海岸线、湖泊、(高速)公路、(高速)铁路等交通线延伸,在一个或多个长条型地理空间中形成大小不一的珍珠状点缀。对于内陆新兴城市群,综合生态绩效较好的拓展路径是沿铁路、公路、水运等交通干线培育一批基础较好、竞争力强的城市作为轴线,然后逐步建立起各个核心区与边缘区之间的快速综合交通体系,最终将各个城市轴相互连接、交织,发展形成多中心的网络状城市群。例如,长江中游城市群沿河流延伸,中原城市群沿铁路或干线公路交通线延伸,这样的城市群落在生态上更有利于资源调度、土地高效利用、环境生态保护和高效通勤。

第四,生态协调型城市群落要解决资源、环境压力问题,必须要让人口与物质在城市间以较低的综合生态成本实现双向流动。城市群内部的核心城市之间应建立廉价、高效、便捷、规模的城市间交通网络,降低人们的信息沟通成本、物流运输成本、公共基础设建设成本与自然生态损耗成本。一个成熟的城市群还必须在核心城市与周边外围地区之间建立以体系化公共交通为主的交通走廊,帮助中心城市、核心区的一些产业与功能向中小城市扩散,提高整个城市群范围内的土地利用率与人口吸引力。

---

① 付晓东.中国城镇化与可持续发展[M].长春:吉林出版集团股份有限公司,2016.

第五,生态协调型城市群应建立梯度合理、分工互补的产业集群。要实现生态视阈下的城市体系结构优化,各规模级别城市应明确职能分工,实现优势互补、错位发展。根据中西部地区幅员辽阔、城市分布较分散、单个城市规模偏小的特点,未来我国内陆地区城市群中各中心城市应集中发展研发、金融、科教文卫等知识密集型产业或总部经济职能;数量多、分布广的地级市以及发达县级市主要发展制造业、资源型产业、健康养老产业、休闲旅游产业等;重点是在城市之间形成分工协作的互补关系,避免低水平重复建设与恶性竞争。

第三节　城市体系规模结构生态优化的驱动机制

一、城市体系生态优化的驱动模型

新经济地理学理论认为,城市体系本质上是人口、资源、资金、信息等要素在区域间不断集聚、扩散、演化而形成,规模经济、外部溢出、要素流动与运输成本等构成了城市体系发展的基本驱动因素。除了市场力量外,城市政府环境规制、交通基础设施改进等行政因素在生态优化中也起到不可替代的作用。本书依据系统动力学原理,借鉴日本学者石川馨提出的鱼骨因果解析法,构建城市体系生态优化的"鱼骨解析"驱动模型如图6-1。该模型由城市人口、资源、环境等先天禀赋条件基础作为"鱼尾";以政府环境规制、要素流动集聚、产业结构优化、绿色技术运用等作为"鱼鳍",充分发挥要素、产业、技术、政策等层面的内生动能与外生因素;以各驱动要素之间的黏融效应、耦合效应、柔性效应、共生效应等协调互促机制作为"鱼骨";最终形成一个主干分明、层次递进、要素协作的城市体系生态优化的驱动模型。

要实现城市体系生态优化的长期目标,使得各规模级别城市有序协调发展,围绕"次级中心城市"为重心发展形成生态协调性的多中心城市群;必须构建一套市场因素与政府管制相结合、外生资源禀赋条件与内生要素技

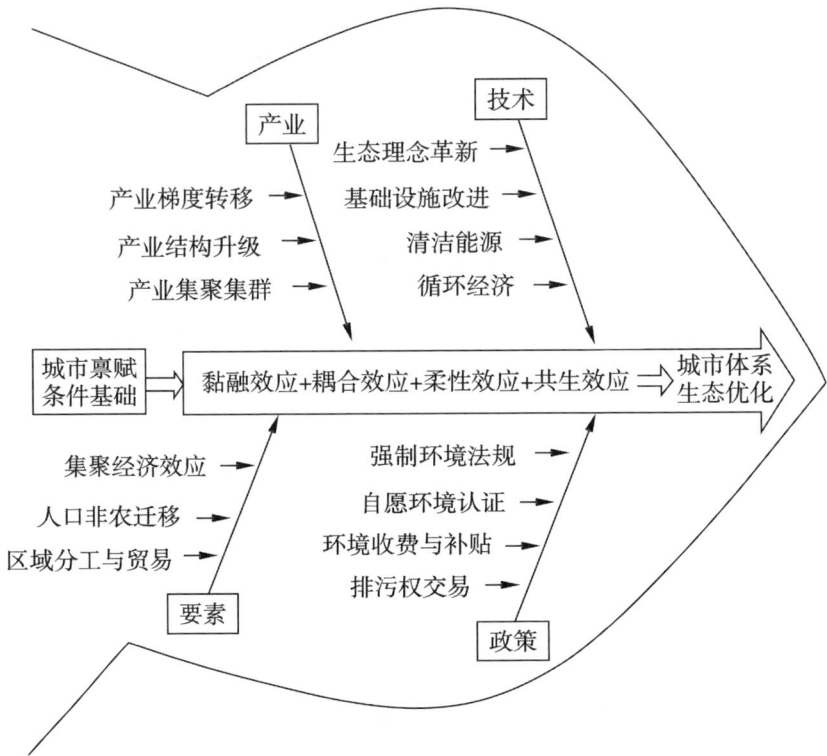

图6-1   城市体系生态优化的"鱼骨解析"驱动模型

术动能相互动、产业经济结构与人口社会结构相协调的驱动机制。结合图
6-1鱼骨解析模型,具体动能主要包括:

第一,城市体系所处区域的基本自然地理禀赋条件和社会结构特征。
主要包括区位运输条件、自然资源供求状况、气候和地形特征、人口结构、社
会制度安排等。事实上,城市所处位置越接近稀缺资源和能源供应地,对城
市人口规模的生态承载力就越大。例如,我国北方城市如果附近拥有良好
水源地,南方城市如果有充足的能源供应通道,可以极大缓解资源、环境对
所处城市体系演变的约束。再如,沿海和沿江城市天然具有依托港口发展
外向型产业优势,铁路和公路交通枢纽适合发展成为物流中心,而超特大城
市周边的中小城市普遍受益于承接中心城市溢出的人、财、物。人口年龄结
构、社会政治体制等对城市体系的生态演变也具有显著影响。例如,老龄化
社会可能会出现大批老年人偏好居住在低成本、慢节奏的小城市,而年轻人

则喜欢聚集在工作岗位、生活氛围较活跃的大城市,这种人口流向的异质化在总体上有利于城市体系的生态优化。集权化的行政体制和自上而下的管理制度会强化高等级城市的人、财、物资源优势,反而会给城市体系生态优化带来不利影响。

第二,政府对生态系统进行管理和干预的政策法规体系。主要包括强制性实施的环境法律法规、自愿性的环境认证、修正经济活动外部性的补贴或收费政策,以及排污权交易制度安排等。政府管制的增强和刚性化不仅能够有效约束单个城市的各种污染行为,提高城市综合生态绩效;而且不同级别城市在环境规制政策上的衔接、示范还能够有效改善整个城市体系的生态环境。例如,同处一个流域的上下游城市间如果协商共建水生态质量监控和利益补偿机制,并加强跨区域环境法规和执法合作机制,可以有效解决污染物排放的外部性问题,从而促进整个水流域的生态环境优化。

第三,广义技术进步动力。在广义上主要包括科学技术层面的清洁能源利用推广技术、废弃物循环处置技术、城市环境保护技术研发与设施改进,以及无形的居民生态意识提升、环保习惯养成、城市生态文明理念的贯彻执行等。技术进步不仅是经济增长的内生动能,同时也是可持续地维护和改善生态环境的重要保障。生态环保领域的技术进步具有固定研发投入高、但推广成本低的特性,且能对整个区域生态环境产生显著的正外部性影响,柔性效应、溢出效应明显,能够有效增强市体系的综合生态绩效。

第四,生产要素投入动力。不仅包括劳动、资本、土地等要素投入量的增加,还涉及各类要素相互配合作用、协调互动、有机融合从而对综合生态绩效改进产生的乘数倍增效应。在城市生态领域,这种放大效应主要体现在城市经济活动集中的集聚效应、人口由农村向城市非农产业的转移、城市体系间形成的分工协作机制,以及跨区域的贸易活动。要素活动的黏融效应可以提高城市群的资源配置效率,扩大环保设施的共享范围和推广效益,提高城市公共服务的质量,增进城市综合生态绩效。

第五,产业转移升级与集聚集群动力。主要包括产业在城市体系中的跨区域转移与承接、产业结构的高级化与高效化改进、产业链纵向延伸和横向拓展、以及产业集聚集群发展等。产业的耦合效应使得各城市的企业、部门和产业在横向空间上趋于集群布局、集聚发展;在纵向链条上串联大中小城市与小城镇形成经济职能、社会保障功能与生态维护角色的梯度分工和协作关系,以特定城市体系内的产业链、价值链和创新链的"三链融合"推动综合生态绩效改进。

二、集聚经济效应

城市规模扩大与城市体系优化意味着区域人口、资本、技术、市场等经济要素在流动中实现空间重构。城市要素集中可以使得要素投入的规模收益递增,带来的集聚经济效应不仅会促进产出和就业增长,能够带来公共服务的完善、市场规模的扩大、污染治理能力的提升等综合生态效益,从而促进城市体系的生态优化。

一是集聚效应可以促进经济子系统的效率提升。从微观基础方面来看,经济活动集聚不仅给居民带来就业市场扩大、岗位匹配性增强、消费品多样化等效用;企业也能享有中间投入品规模化与集中生产后带来的共享效益,以及基于知识产生与扩散的技术外溢效应等;提升了整个城市的经济增长效率。从空间与区域角度来看,经济要素集聚可以成倍扩大本地市场效应,不仅可以促进企业的生产专业化程度提高、产品类型范围扩大等"范围经济";能够使得城市居民享有更多样化和创新性的商品。

二是集聚效应可以促进城市产业、职能结构优化,进而带动城市体系的生态优化。产业结构的优化升级和智力型产业等均需要建立在要素集聚基础上。产业链的纵向延伸与横向联合等"关联经济"也需要相关企业在空间上集中布局或体系化。相关联的生产活动在特定地理空间内集聚集群发展,包括同行业内企业的横向集群,以及产业链上下游企业间的纵向集群,均可以有效降低商务谈判、物流运输和原材料供应等成本,进而有效减缓对城市自然环境的污染和压迫,并节约城市发展的社会成本。

三是集聚效应可以提升整个城市体系的基础设施和公共服务效能,使得居民通过集中居住以享受更高效的地方公共物品。在规模经济效应支持下,大型城市与城市群区域能够筹集更多财政资金,更有条件修建地铁、高铁、高速公路等大型交通基础设施,并规模化、联结成网。这就使得城市内部与城市间的通勤便利性增强、通勤的经济成本降低,运输费用作为城市体系发展的离心力得到缓解。由于城市人口与产业集中的规模经济效应,移动通讯基站、互联网接入设施、垃圾处理设施、快递物流等商业服务都会更加高效,从而节约整个城市体系的社会运营成本。

三、产业结构优化升级

城市体系是建立在产业分工合作与结构优化升级基础上的要素空间组织形式。作为在中观层面上影响城市体系演变的关键力量,产业结构优化升级是一个系统性范畴,主要通过产业间结构关系的动态调整,引导资金、技术、人才向高附加值产业流动,进而提升生产效率和产业竞争力,实现产业结构的合理化、高级化、高效化目标。

产业结构的优化升级是促进单个城市或城市体系生态优化演变的重要驱动力。"配第—克拉克"定理指出:区域主导产业具有首先由第一产业(农业)向第二产业(工业)转移,然后再向第三产业(服务业)转移的客观趋势。工业化早期的城市以农业加工、采矿、纺织业等初级产业为主,这些需要接近自然资源的产业活动更趋向于分散化的城市规模结构。随着工业化进展,以港口为中心的贸易型产业、以管理研发为中心的服务型产业均更需要依赖要素集聚和扩散效应,因此更倾向于集中在少数大城市。只有在较大的城市,才能培育、容纳庞大的高技能劳动力群体,才能不断进行技术创新和制度创新,才能具有强有力的市场潜能。

以城市体系生态绩效为导向的产业结构优化升级要注意以下几方面:一是降低高污染、高能耗、高消耗型产业所占比重,促进产业结构升级,提高城市服务业比重。二是要顺应生态文明理念,补足城市环保基础设施产业短板。由政府主导、社会多方力量参与,建设完备的废水、废气、固废物高效集中处理系统,通过公共基础设施产业的升级改造以促进物质能量良性循环,扩大城市生态系统的承载空间。三是推进能源利用结构革新。重化工业生产会更多消耗能源与资源,特别是依赖化石能源会带来较高的碳排放,可能加剧雾霾与温室效应等公共环境问题。通过城市产业结构向轻工业、生产性服务业和商业服务业的优化升级,可以提高水电、风力、太阳能、生物质能源等清洁能源利用比重,减轻对化石能源的依赖,增强城市的生态适应性。

四、产业转移

根据产业生命周期理论,技术含量与附加值较低的产业由发达大城市转移到低级别城市是产业梯度转移的必然规律。在城镇化中后期,超特大城市应当将低附加值产业转移出去,转向发展现代服务业和外向型产业,提高知识、技术与人力资本要素在经济增长中的贡献率。这不仅能够为中小城市留出错位竞争、互补性发展的空间,还有利于缓解整个城市体系的生态负担,实现产业经济与生态环境的耦合共生。

近年来由于我国东部沿海的人力成本高涨,资源能源紧缺,环境承载力下降等原因,再加上中美贸易争端与宏观经济不确定增强等因素叠加,我国东部沿海的加工制造等劳动密集型产业,重化工业等资源型产业普遍加快了产业转移进程。除了一些产业外迁到东南亚、非洲国家以外,我国中西部的郑州、合肥、贵阳、西安等"次级中心城市"凭借劳动力、土地、资源等成本比较优势,成为本轮产业内迁的主要承接者。这些"次级中心城市"应当抓住中国沿海产业持续内迁的"窗口期"机遇,加快内陆城市及周边乡村区域的工业化、城镇化进程,为城市体系的均衡化与生态优化提供产业与就业方面的内生动力。

这些城市应当采取积极的扶植政策推进产业转移与承接进程,例如广泛设立产业园区、产业集聚区,形成生产部门的空间集聚。马歇尔认为,三类集聚经济中,生产部门集聚主要是利用前后向联系与共享劳动力、原材料市场,而不是知识溢出。尤其是对低级别城市来说,在集中生产部门时首先要注意实施产业集群战略,加强上、下游产业链的整合,有效降低流通成本与原材料成本。

以城市体系的生态优化为导向,产业转移与承接的规模结构必须与区域资源存量、环境承载力、生态发展潜能等相适应。根据内陆新兴城市群区域的要素禀赋状况,"次级中心城市"可重点承接发展三类主导产业:第一类是依托农业优势与劳动力优势发展农副产品加工与食品制造业等,这既有利于加快城市规模扩张,又能带动周边乡村地区协调发展。第二类是服装、电子、机械设备等制造业,中西部拥有计划经济年代保留下来的发展这些产业所需的技术与人才储备基础;并且这些产业的门槛不高、就业吸纳力较大、有一定附加值、有利于人力资本形成,可以充当"次级中心城市"崛起的产业基础。第三类是交通、通信、能源、市政服务等基础设施产业,这些产业往往处于产业链的下游,能够拉动上游相关产业发展与扩大内需。基础设施建设可以由政府的扩张性财政政策拉动,在扩大就业的同时还填补了"次级中心城市"的基础设施与公共服务短板。

五、绿色科技进步

科技进步是影响城市体系生态优化的最具人为主观能动性的因素,不仅会改变城市扩张的速度和结构,而且会引起生产方式和生产关系的改革。在现代城市治理框架下,生态环境恶化与生态灾害频发促使着科学技术不断朝生态化、绿色化方向革新。

在生态优化与科技进步的协同进化关系中,绿色科技进步最终是解决资源短缺和环境恶化的主要依托。可以说,人类社会在历史上经历各种生态困境而没有崩溃,根本原因就在于具有高度主观能动性的科技创新。无论是历史上的蒸汽革命、电气革命,还是当前方兴未艾的互联网技术革命,每一次科技创新都在创造着新的生产力,重塑着城市的运转规则,使城市不断具备与生态环境协调共生的能力。在加快推进生态文明建设大背景下,技术进步路径也亟需朝绿色化、集约化、循环经济模式转型,以应对资源与环境因素对城市体系演化的约束。在城市体系演变过程中,绿色技术进步及其推广运用会极大地改变城市自然子系统的形态、质量、获取方式和循环再生模式,有效减少城市发展对环境的污染和生态的破坏,使得资源的循环可持续利用成为可能,最终有效提升城市生态系统可承载的人口数量上限,以内生性方式拓展城市体系生态优化的承载空间。

首先,绿色技术进步对城市体系演变的影响作用应当差异化实施、逐步推广。可以率先在经济社会发展较成熟、环保理念先进、技术条件领先的大城市试点开展绿色技术研发与推广。这些领先区域的生态问题解决好了,就是对中小城市和乡村区域的样板,可以引领带动次级城市的生态技术推广,最终助力整个城市体系的生态优化。

其次,根据当前城市污染的主要来源,有利于城市体系生态优化的绿色技术进步重点是清洁能源技术和循环经济技术。传统上,我国能源消耗结构主要以煤、石油、天然气等为主,这些化石能源燃烧是以消耗矿物富集体、释放热量、增大碳排放为代价的,长期依赖这种能源技术必然会加剧能源耗竭、温室效应、雾霾污染等生态风险。近年来,转型推广清洁能源是我国各城市、尤其是环境污染严峻城市的生态优化重点,例如,以"煤改电"技术改造应对大气污染,兼并撤改不达标的火力发电厂,在有条件地区积极开发利用水力、风力等。

最后,发展循环经济是推动城市各行业节能减排与低碳发展的重要途径,也是未来城市体系生态优化的重要驱动力。通过循环利用城市资源与能源,推动产业链向下游废弃物回收利用领域拓展,是减轻对环境的胁迫,提高城市综合生态绩效的有效途径。当前我国大城市和轻工业城市对废弃物的再循环与综合利用情况较好,例如据环保部数据,2015 年北京市的工业废弃物综合利用率达到 83%、南京达到 90.5%、扬州达到 97.5%;中小城市、重工业城市的工业废弃物综合利用率普遍较低,例如,秦皇岛只有68.55%、太原只有 56%、宿州只有 68.92%。基于城市建筑空间紧凑、人口密度大、污染物排放集中的特点,当前大城市可以将生活垃圾分类和无害化处置作为循环经济推进重点,加强相关科技研发投入力度,建立完善激励垃圾分类处理和废弃物循环利用的各种政策和法律法规。中小城市可以将粮油食品生产与消费的节粮减损、能源与新材料工业等的废弃物循环再利用作为提升城市生态绩效的优先途径。

六、交通效率改进

交通效率改进和运输成本降低是促进城市体系生态优化的重要驱动力,对加强城市群内部物质和信息流动、降低城市运营中的资源消耗与环境损耗,提升城市间的经济与社会联系起着十分重要的促进作用。众多新经济地理学领域的实证研究认为,空间距离、运输成本和交通效率邓因素在新城市形成、旧城市更替,以及城市体系规模结构动态转变中发挥着至关重要的作用［迪克希特(Dixit)，斯蒂格利茨(Stiglitz)，1977；郭力，2016）。运输成本对城市体系演变的影响存在差异性，运输成本与初始非对称城市结构呈反比：运输成本越高，企业在城市间进行梯度产业转移的动机越弱，初始非均衡的城市体系就越固化；反之，运输成本越低，企业从中心城市迁往周边中小城市的成本越低，城市体系越容易向均衡化状态演变。

城市体系要想取得较高的生态绩效，必须解决城市间和城市内部的通勤效率难题。在集中型城市体系下，无论是"摊大饼"+"城郊睡城"的长距离通勤模式，还是"高密集"+"紧凑居住"的短线交通模式，潮汐通勤都会带来较高的通勤成本、时间成本和环境影响。交通效率改进在根本上还要依赖于科技进步，以及由技术条件决定的交通硬件设施改进和城市交通基础设施建设的完善。

第一，建设生态化、绿色化的交通基础设施体系。生态交通系统的核心是鼓励公共交通出行，建设方便快捷的高铁、城际铁路等跨城市快速公交网络，市内交通依赖地铁、快速公交等形成无缝链接的公交体系等。借鉴国际上普遍适用的绿色交通经验措施，例如，在地铁、公交枢纽处建设大型居住区、商业中心，以及配套建设医院、学校等公共服务设施；采取专用道、优先通行权、安全保障等措施鼓励人们选择步行、骑行等低碳出行方式；通过提高市区停车费标准、设置机动车禁行区等约束小汽车使用。

第二，第三次科技革命带来了交通效率改进的新机遇，有效促进了城市体系的生态优化。一方面，信息技术、大数据与现代物联网发展加强了分散空间的经济联系，使得小城市居住者仍能以较低成本享受到多样化消费品和信息获取沟通能力，降低了城市的交通需求和通勤成本，促进了城市体系的分散化。未来自动驾驶技术可能颠覆城市交通模式，尤其是固定化的远距离城际交通更容易实现自动驾驶从而效率倍增，这些都会助推城市体系朝均衡化与分散化方向发展。对现阶段我国城市体系演变影响最大的是高速铁路的规模化、成网化，不仅拉近了大城市与周边中小城市的经济距离，而且可能促进城市体系沿市内和市际轨道交通线延伸，形成新的城市群落。另一方面，信息与交通技术进步也可能会强化初始的非对称型城市体系结构，例如高铁开通可能造成各种资源进一步向区域内核心城市集中，"虹吸效应"导致距离核心城市较近的小城市面临人口流失与产业凹陷。

第三,城市内部路网系统与功能区的科学规划可以从供给与需求两个方面改善交通效率,促进城市内部结构的生态优化。在交通供给端,城市路网规划应选择密集模式。发达国家大都市在疏散交通拥堵方面的经验证明,又大又宽的道路的重要性远远比不上小而密的"毛细血管"式路网体系。通过增加城市支线道路数量,建成高密度路网系统,可以达到更好的交通分流效果。从图6-2可以看出,当某一路段发生交通拥堵时,纽约或波特兰的高密度路网模式可快速地分流后续的车流,保持交通拥堵控制在可接受的范围内。北京或巴塞罗那这种低密度支线和环形快速路的路网模式必然导致机动车拥堵的传导与蔓延。从交通需求端来看,高密度路网分割形成了较小的社区,各种城市功能区小尺度交叉分布有利于生态优化。例如,多而密集的小路形成了较多的临街店铺,居民不需要经常长途驾车到大购物中心购买日常用品,可以更多选择绿色交通出行,降低了拥堵的概率。

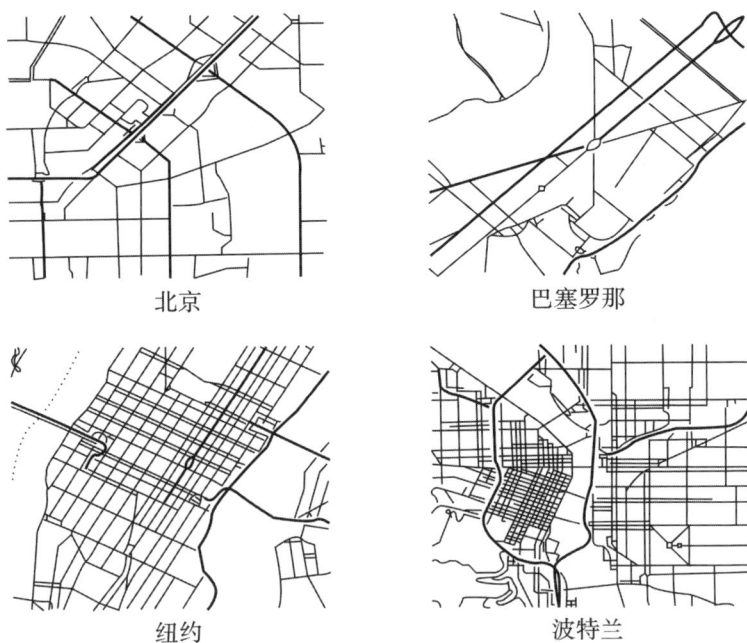

北京   巴塞罗那

纽约   波特兰

图6-2   代表性城市的路网模式比较

七、政府环境规制

政府环境规制是指中央政府或地方政府通过制定一系列政策和法律法规,以干预污染型企业动态进入、退出、区位调整,进而影响城市污染源排放强度等,以降低城市生态环境风险,达到保障城市体系与生态系统协调发展的目标。由于中国城市扩张与规模结构演变具有鲜明的政府主导与宏观干预色彩,政府环境规制整体强度转变,以及不同城市政府在规制强度上的竞争性博弈,都会深远地影响城市体系的生态优化路径。

随着近年来生态经济理论研究及环境保护政策实践的不断深入,我国政府的环境规制工具也在不断丰富和完善。从政府行为的角度来看,环境规制工具按照强度不同大体可以分为三类:一是法律法规、强制性技术标准规范等"命令—控制"型工具。二是财税奖补政策、最低或最高限价政策等经济激励型工具。三是各类认证、企业社会责任承诺等自愿型工具。强度不同的政府环境规制工具是影响城市体系生态优化路径的重要外部动力。近年来一些重点城市出现"奥运蓝"、"APEC 蓝"等,证明如果不考虑经济代价,政府在特殊时期能够采用高强度环境规制手段,以有效解决突出的生态环境问题。在"常态化"政府环境规制工具集合中,由于市场主体的生态保护意识、企业社会责任尚待培育,自愿型环境规制工具的效果有限。城市体系生态优化应更多依靠"命令—控制"型环境规制工具,以严格的法律法规保障城市生态安全的基本底线,同时大力研究、推广排污收费制度、价格补贴制度等正向或负向的经济激励型环境规制工具。

从理论上来看,若采取严格而普遍的环境规制以有效改善环境质量,将更有利于大城市的规模扩张,进而推动城市规模结构的集中化。我国的经验研究却表明,环境规制对城市规模分布集中度的影响显著为负,即环境规制促进了城市规模分布的扁平化[①]。原因一方面是环境规制在大城市要比小城市的强度更大、更具刚性,这就提高了位于大城市的污染企业的相对生产成本,导致部分污染企业由大城市向其他中小城市的迁移,加快城市之间

---

① 万庆.地方政府竞争、环境规制与中国城市规模分布研究[D].武汉:武汉大学,2017.

的就业转移和人口迁移。另一方面,小城市在传统"GDP 锦标赛"和官员政绩考核标准下更关注经济增长和城市扩张,在经济分权竞争体制下,地方政府既有动机、也有动力采用放松环境管制的手段来吸引更多的外商投资与人口流入。

若将一国内部的城市地方政府作为环境规制主体,其在区域 GDP 竞争压力与环境规制弹性化条件下,会争相放松环境规制,甚至会出于就业、税收考虑而保护污染企业,形成环境规制"逐底竞争"模式,最终促进城市规模结构的扁平化趋势。

第四节　城市生态安全的预警机制
——以河南省地级市为例

一、引论

城市生态安全是整个城市体系生态优化的根基和保障,也是国家生态安全战略的重要组成部分。城市生态安全要求城市在发展中要遵循生态规律,保证"经济—社会—自然"多维生态系统的协调互动不受威胁,实现城市经济效益与生态效益相统一。城市生态安全具有很强的地域性与复合型,特定区域的产业结构、资源禀赋、人文环境、环保系统,甚至气候、地理条件均会影响到一个城市及城市群落的生态安全阈值。城市的增长速度与路径必须服从、适应城市生态安全的阈值限制,不能超出生态风险的特定容忍度,否者自然界就会以自己特有的形式给城市施加"报复"。因此,通过实证分析科学地测度城市生态安全状态,据此设定生态系统的"安全阈值"或"警戒点",并探讨城市生态安全的影响机制与相应矫正机制,是保障城市生态系统协调发展的重要途径。

城市生态安全的预警机制是加入预警、预报功能的城市生态环境耦合反馈体系[①],能够动态评价和监控城市综合生态情况,对于指导、规范城市生态环境优化具有重要意义。对城市生态安全的预警测度要设置科学的指标体系,建立规范化的预警模型,提出定量判别标准,综合预警理论与生态安全理论进行综合性定量分析,发布预警级别,最后针对监测结果获得的警兆、警示提出调控方案和具体对策建议[②]。

进入 21 世纪以来,随着城市成为生态环境改变的主要载体,对城市生态系统的安全性的实证研究成为热点。李秀霞等(2011)、李明月等(2011)、张智光等(2013)等分别针对城市水生态、土地生态、林业生态的安全特性进行了定量测度与预警评价。这些研究多是针对单一生态因素,针对城市综合生态安全预警系统的测度及实证研究较少。少数对城市(群)综合生态安全预警测度的实证分析中,秦晓楠等(2014)基于系统动力学模型、张玉泽等(2015)利用熵值法、杨天荣等(2017)利用 RS 与 GIS 技术,分别建立综合指标体系,对典型沿海城市、山东半岛城市群、关东城市群等区域进行了生态安全状态评判和预测,提出了整体省域平衡化或具体空间布局的对策建议。

当前文献的研究对象多是东部沿海地区或西部生态功能涵养重要区,针对人口稠密、经济结构快速转型的河南省或中原城市群则鲜有报道。本书针对现有研究的不足,以河南省的 17 个地级市作为案例,基于城市生态安全预警系统理论,结合河南省的具体情况,构建了城市生态安全预警指标体系;然后采用层次分析法实证分析了河南省 17 地市的城市生态安全预警度及其区域差异,特别是其与城市规模级别的关系机理,最后提出保障河南省生态安全的可行性矫正方案与具体措施。本书研究不仅有利于拓展城市生态安全理论的应用领域,而且有利于理清城市生态安全的特性及发展趋势,具有一定理论创新性和实践价值。

---

① 方创琳,鲍超,乔标.城镇化过程与生态环境效应[M].北京:科学出版社,2008.

② 张玉泽,任建兰,刘凯,等.山东省生态安全预警测度及时空格局[J].经济地理,2015,35(11):166-171+189.

二、城市生态安全的预警指标体系

城市生态安全预警是基于"经济—社会—自然"多维生态系统的实际变化过程与期望值的偏离程度来揭示生态经济耦合状态的,因此要建立反映城市生态系统偏离程度的参照指标体系。选取预警指标体系时要遵循覆盖面广、关联性强、灵敏度高、易于观测等原则,使得指标的波动能够反映城市生态安全的景气变动。借鉴相关文献结论,基于河南省城市生态系统的区域特性,建立城市生态安全的预警指标体系如表6-1。一级指标(准则层)分为反映城市经济发展所需资源、能源的消耗强度及集约利用度的预警指标,反映城市发展对自然环境的损害强度及污染防治能力的预警指标,以及反映城市自然、社会宜居的预警指标等。

二级指标(方案层)如表6-1所示。一是反映单位GDP所消耗水、土、电力资源的具体指标,反映城市经济发展对各类资源的节能降耗水平。从长期来看,水土资源短缺与能源紧张是我国城市面临的一个基本生态约束,这就要求城市不能一味追求高投入、高消耗、高增长,更应注重依靠产业结构优化调整、节能减排等处理好城市经济增长与资源集约利用的耦合关系,长远保障城市生态安全的。

二是反映大气与水污染物排放强度、固体废物综合利用率的具体指标,表征城市经济活动对自然环境的负面影响强度及其防控能力。城市工业生产和集中居住往往会导致狭小空间中气态、液态、固态污染物排放量过大,如果这些超量污染物得不到集中处置和循环利用,必然会超过生态系统的负荷和自净能力,进而导致"雾霾""水土污染""垃圾围城"等生态危机。

三是反映园林绿化、居住成本、交通拥堵等生态宜居因素的具体指标。当前我国已进入中等收入国家行列,随着城市居民生活水平提高,绿色植被覆盖面积大、居住负担轻、通勤便捷等人居环境因素越来越成为城市居民的重要诉求。基于"人本主义"发展理念,城市生态安全也越来越应强调宜居环境的培育,主要包括便利的生活、优美的环境、低成本的居住、健全的公共服务等城镇化高质量要求。

表6-1　城市体系生态安全的预警指标体系

目标层	准则层	方案层	单位	指标方向
城市生态安全预警指标体系	资源利用预警指标	万元产值耗水量	吨/万元	−
		亿元产值建设用地面积	平方公里/亿元	−
		万元产值电力消耗	万度/万元	−
	环境污染预警指标	万元产值二氧化硫排放量	吨/万元	−
		万元产值烟尘排放量	吨/万元	−
		万元产值废水排放量	吨/万元	−
		工业固体废物综合利用率	%	+
	生态宜居预警指标	建成区绿化覆盖率	%	+
		人均园林绿地面积	公顷/万人	+
		房价收入比	比值	−
		人均道路长度	平方米/人	+

三、城市生态安全的预警模型

城市生态安全预警模型是一个多层次、复合型系统,所选指标体系中存在逆向指标,且各项指标的量纲和单位也不尽相同,因此首先需要对数据进行正向化和无量纲化处理,然后才可采用层次分析法对多维指标体系进行赋权。

(一)数据预处理

首先进行指标无量纲化与正向化。为了消除数据的量纲和数量级的差异影响,这里采用级差标准化的方法对数据进行标准化处理,使结果映射到[0,1]区间,且不改变原始数据的分布特征。对于正向指标,转换公式为:

$$x_i^* = \frac{x_i - \min x_i}{\max x_i - \min x_i} \tag{6-1}$$

对"万元产值耗水量"、"万元产值二氧化硫排放量"等逆向指标进行正向化处理,转换公式为:

$$x_i^* = \frac{\max x_i - x_i}{\max x_i - \min x_i} \tag{6-2}$$

(二)层次分析法与指标权重计算

采用层次分析法(AHP)建模原理,并借助于 yaaph10.3 软件,对各层次指标按照相对重要程度和相关度进行客观赋权。针对同一层次指标的相对重要性,采用德尔菲(Delphi)专家法进行判断和赋值,并选用 1~9 标度法,赋值方法如表 6-2。根据判断矩阵特性,$aji = 1/aij$。

表 6-2　层次分析法中判断矩阵赋值及其含义

a_{ij}赋值	含义
1	x_i 和 x_j 具有相同的重要性
3	x_i 比 x_j 稍微重要
5	x_i 比 x_j 明显重要
7	x_i 比 x_j 强烈重要
9	x_i 比 x_j 极端重要
2,4,6,8	上述相邻程度的中间值

层次分析法需要对判断矩阵进行一致性检验,各矩阵的一致性指数为:

$$CI = \frac{\lambda_{max} - n}{n - 1} \qquad (6-3)$$

$$CR = \frac{CI}{RI} \qquad (6-4)$$

其中,λ_{max} 是矩阵特征根的最大值,n 是矩阵的维数。RI 是平均随机一致性指数,通过查阅平均随机一致性指标表可得。当随机一致性比例 $CR <$ 0.1 时,认为判断矩阵通过了一致性检验。

按照层次分析法的建模原理和专家打分矩阵,计算各层级所有因素的指标权重及一致性检验值如表 6-3、6-4、6-5、6-6 所示。层次分析法计算得到的二级指标权重和综合权重如表 6-7 所示。各判定矩阵与层次总排序矩阵均通过了一致性检验。

表6-3　一级指标权重

	资源利用	环境污染	生态宜居	指标权重
资源利用	1	1/5	1/4	0.093 616 018
污染防治	5	1	3	0.626 696 471
生态宜居	4	1/3	1	0.279 687 511

注：$\lambda =_{max}$，$CI = 0.042\ 9$，$CR = 0.082\ 5 < 0.1$。

表6-4　资源利用二级指标权重

	万元产值耗水量	亿元建设用地面积	万元电力消耗	指标权重
万元产值耗水量	1	1/3	3	0.268 4
亿元建设用地面积	3	1	4	0.614 4
万元产值电力消耗	1/3	1/4	1	0.117 2

注：$\lambda =_{max}$，$CI = 0.0368$，$CR = 0.0707 < 0.1$。

表6-5　环境污染二级指标权重

	万元产值二氧化硫排放量	万元产值烟尘排放量	万元产值废水排放量	工业固体废物综合利用率	指标权重
万元产值二氧化硫排放量	1	3	2	7	0.490 1
万元产值烟尘排放量	1/3	1	1/2	3	0.161 9
万元产值废水排放量	1/2	2	1	5	0.287 9
工业固体废物综合利用率	1/7	1/3	1/5	1	0.060 1

注：$\lambda =_{max}$，$CI = 0.006\ 4$，$CR = 0.007\ 2 < 0.1$。

表6-6　生态宜居二级指标权重

	建成区绿化覆盖率	人均园林绿地面积	房价收入比	人均道路长度	指标权重
建成区绿化覆盖率	1	1/3	1/5	1/4	0.068 3
人均园林绿地面积	3	1	1/4	1/3	0.134 3
房价收入比	5	4	1	3	0.528 7
人均道路长度	4	3	1/3	1	0.268 7

注：$\lambda =_{max}$，$CI = 0.060\ 2$，$CR = 0.067\ 7 < 0.1$。

表 6-7 层次分析法的权重汇总表

目标层	一级指标	一级指标权重	二级指标	二级指标权重	二级指标综合权重 W_i
城市与生态环境耦合预警体系	资源利用预警指标	0.093 616 018	万元产值耗水量	0.268 4	0.025 1
			亿元产值建设用地面积	0.614 4	0.057 5
			万元产值电力消耗	0.117 2	0.011 0
	污染防控预警指标	0.626 696 471	万元产值二氧化硫排放量	0.490 1	0.307 1
			万元产值烟尘排放量	0.161 9	0.101 5
			万元产值废水排放量	0.287 9	0.180 4
	生态宜居预警指标	0.279 687 511	工业固体废物综合利用率	0.060 1	0.037 7
			建成区绿化覆盖率	0.068 3	0.019 1
			人均园林绿地面积	0.134 3	0.037 6
			房价收入比	0.528 7	0.147 9
			人均道路长度	0.268 7	0.075 2

四、河南省城市生态安全的预警测度

以河南省 17 地市为例,定量测算并分析城市生态安全的综合预警值及各分指标预警值。济源市虽然是省辖市,这里作为县级市纳入焦作市分析。首先对城市生态安全所处预警状态值进行定量测算,然后与设定的警度、警灯等期望状态进行对比分析,以界定城市生态安全所处的耦合状态。

数据来源于《中国城市统计年鉴(2018)》《中国区域经济统计年鉴(2018)》。研究中采用城区即"城市建成区"范畴,这样一是排除了地级市下辖县、区、市行政区划的人为影响,二是排除了市辖区内的农业人口,避免城市虚大,更真实反映城市的经济地理界限。河南省 17 地方相关指标的描述统计情况如表 6-8。

表6-8 河南省17地市相关指标的描述统计

指标	单位	最大值	最小值	均值	标准差
万元产值耗水量	吨/万元	21.999 7	5.697 7	14.248 9	5.702 2
亿元产值建设用地面积	平方公里/亿元	0.331 5	0.099 1	0.174 3	0.055 4
万元产值电力消耗	万度/万元	0.313 1	0.038 4	0.118 0	0.074 0
万元产值二氧化硫排放量	吨/万元	0.008 7	0.000 3	0.002 7	0.002 1
万元产值烟尘排放量	吨/万元	0.009 3	0.000 2	0.002 6	0.002 2
万元产值废水排放量	吨/万元	17.822 3	1.249 6	7.370 2	4.730 2
工业固体废物综合利用率	%	100.00	36.79	84.98	19.36
建成区绿化覆盖率	%	45.49	34.05	40.05	2.83
人均园林绿地面积	公顷/万人	49.796 6	12.885 9	32.026 9	8.945 1
房价收入比	比值	1.791 6	0.851 4	1.087 4	0.213 0
人均道路长度	平方米/人	14.477 4	5.111 9	10.305 2	2.852 8

首先,对河南省17个地市的原始数据进行级差基准化处理,得到方向归一化的标准化值 Z_i,并消除量纲和单位影响。然后,根据表7中的指标综合权重 W_i,按照式(6-5)进行加权求和。

$$T_i = \sum_{i=1}^{11} Z_i \times W_i \tag{6-5}$$

在城市生态安全预警机制中,警度就是警报程度,预警值、警度和警灯评价是一一对应的。但是对于生态安全预警机制的评价标准这一关键环节,现有文献还没有一个统一结论。本书按照安全控制阈值的设定习惯,结合相关文献和河南省各城市的生态环境实际情况[1][2],定义为5级警度区间:无警为(0.8-1]、轻警为(0.7-0.8]、中警为(0.6-0.7]、重警为(0.5-0.6]、巨警为[0-0.5]。为了便于标识并符合大众接受习惯,相应设定警灯为"绿灯""深绿灯""黄灯""红灯"和"深红灯"。由"绿灯"转为"黄灯"即为预报警,此时城市就应将生态环境问题提到更优先的地位,在经济社会发展规划

① 李佩武,李贵才,张金花,等.深圳城市生态安全评价与预测[J].地理科学进展,2009,28(2):245-252.

② 陶晓燕.我国典型资源枯竭型城市生态系统健康综合评价[J].地域研究与开发,2010,29(1):119-123.

中注意改善生态问题。当"红灯"出现时,政府就必须采取具体和针对性的整改措施,以避免城市生态系统的不可逆性崩塌。利用统计处理后各地市方案层指标值,按照层次分析法确定的权重,计算得到河南省 17 地市的城市生态安全预警值、警度、警灯,以及综合预警值与分一级指标预警值的排序情况如表6-9。

表6-9 河南省17地市生态安全预警评价及分指标排序

城市	综合预警值	综合排序	警度	警灯	一级指标预警值排序		
					资源利用	污染防治	生态宜居
郑州市	0.801 1	2	无警	绿	2	2	17
开封市	0.734 8	6	轻警	深绿	14	4	15
洛阳市	0.760 7	4	轻警	深绿	4	6	11
平顶山	0.655 8	12	中警	黄	8	12	2
安阳市	0.427 8	17	巨警	深红	5	17	9
濮阳市	0.722 8	8	轻警	深绿	10	7	12
新乡市	0.657 8	11	中警	黄	12	9	10
焦作市	0.555 4	15	重警	红	15	15	7
鹤壁市	0.732 4	7	轻警	深绿	9	10	1
许昌市	0.663 0	10	中警	黄	6	8	16
漯河市	0.841 2	1	无警	绿	1	1	13
三门峡	0.536 3	16	重警	红	3	16	5
南阳市	0.785 6	3	轻警	深绿	13	5	6
商丘市	0.593 5	13	重警	红	11	14	8
信阳市	0.758 4	5	轻警	深绿	7	3	14
周口市	0.592 6	14	重警	红	17	13	4
驻马店	0.682 3	9	中警	黄	16	11	3

五、河南省城市生态安全预警机制的实证分析

(一)生态安全预警度的区域差异性及成图

从表6-9可以看出,河南省各地市生态安全预警度的区域差异较大。

处于"绿灯"状态的城市为郑州和漯河,从分指标排序可以看出,这归功于这些城市的产业结构层次较高、轻工业与生产性服务业发达、公共基础设施建设完备,使得其在资源集约利用和污染物防控治理层面表现优秀。据《河南省统计年鉴(2018)》,郑州市的节能环保方面一般性财政支出占全省总支出的接近40%。高投入使得郑州的城市生活垃圾处理率达到100%,污水集中处理率为99.82%,均为全省最高。漯河虽然是以制造业为主的中等城市,但其以食品、医药、轻工为主的工业体系拥有单位能耗低、排放低优势。2017年漯河市万元产值的耗水量为5.7吨,耗电566度、耗地0.103 5平方千米,均处于全省较低水平,产业发展的资源、环境基础较强。

处于"深绿"向"黄灯"转变状态的城市依次为南阳、洛阳、信阳、开封、鹤壁、濮阳、驻马店、许昌、新乡、平顶山等。这些城市的生态安全系统当前仍处于基本协调状态,在资源、环境、宜居等准则层各有其优势。例如非经济强市的鹤壁的生态宜居全省第一,信阳的污染防治能力全省第三。但有一些城市也存在潜在的生态风险,例如,南阳、驻马店等城市发展中对水、土资源消耗的强度较大,资源浪费问题值得警惕。

处于"红灯"或"深红灯"状态的城市有安阳、焦作、商丘等。这些城市大都是传统的重化工业、能源工业城市或"资源枯竭性城市",在长期掠夺式开发模式下普遍面临能耗高、植被破坏、地质环境恶化、大气污染严重、工业固废成灾等生态安全问题[1]。例如,安阳市的高耗能行业占比达三分之二,能源工业投资额仍高达202亿元,万元产值二氧化硫排放与烟尘排放分别为0.008 7和0.009 3吨,各项指标均为全省最高[2]。焦作的万元产值废水排放量为17.82吨,商丘的万元产值耗水量为21.2吨,均位居全省最高。

(二)生态安全预警度与城市规模级别的关系机制

城市生态安全与城市规模级别的关系长期以来是一个热点理论争议问题。根据环境库兹涅茨曲线,在经济发展过程中,环境质量存在先恶化后改善的规律。一般来说,城市在经济起飞的初始阶段时不仅规模相对较小,且

①　陶晓燕.资源枯竭型城市生态安全评价及趋势分析:以焦作市为例[J].干旱区资源与环境,2014,28(02):53-59.

②　河南省统计局.河南统计年鉴2018[M].北京:中国统计出版社,2018.

面临着一段时期的生态环境质量下降;当城市经济发达到一定程度后,城市
规模扩大,且人们对生态环境改善的期望目标提高,会促进生产、生活方式
的环保化,最终改善生态系统。但是,城市过度膨胀的生态"拥挤成本"也会
在一定程度上抵消生态系统改善效果。因此,城市规模在生态层面应该存
在一个适中值①,并不是越大越好,或越小越好。

　　首先,从表6-9生态安全预警度可以看出,河南省大城市的生态安全度
普遍高于中小城市。继续对生态安全变量与城市规模变量做相关性分析,
如表6-10所示。河南省城市生态安全综合预警值与城市规模的相关系数
为0.454 6,在10%水平下显著。生态安全综合预警度与城市规模的正向关
系的原因可能在于不同城镇化阶段中的生态特性差异:中小城市处于城镇
化初期的加速阶段,一方面人口与产业快速集聚容易造成资源消耗大、污染
物排放多、城市生态环境压力凸显;另一方面生态环境恶化又会破坏城市美
学环境、降低居民生活质量,对城市发展产生约束。在这一阶段,城市快速
扩张与生态安全的矛盾在紧张—缓和—紧张的循环中不断调整,两者总是
表现为胁迫与约束的"两难"。中心城市郑州和副中心城市洛阳等大城市已
基本进入城镇化 Logistics 曲线的中后期,在经济发达到一定程度后会更加注
重资源节约和环境质量改善,城市发展的重点逐渐转向整体生态系统协调、
环境保护投入增强、经济结构优化升级等,城市扩张与生态环境的交互胁迫
转变为相互驱动,城市生态系统进入正向耦合共生的"双赢"。

表6-10　生态安全预警值与城市规模、人均 GDP 的相关系数矩阵

	综合 预警值	资源利用 效率	环境污染 防治	生态宜居 宜业	城市人均 GDP	城市人口 规模
综合预警值	1.000					
资源利用效率	0.275	1.000				
环境污染防治	0.963 1***	0.211	1.000			
生态宜居宜业	−0.439 2*	−0.527**	−0.574***	1.000		

① Duranton G. , D. Puga. Nursery cities: Urban diversity, process innovation, and the life cycle of products[J]. *Cepr Discussion papers*, 2000(91): 1454-1477.

续表 6-10

	综合 预警值	资源利用 效率	环境污染 防治	生态宜居 宜业	城市人均 GDP	城市人口 规模
城市人均 GDP	0.284	0.517 5**	0.268	-0.597 9**	1.000	
城市人口规模	0.454 6*	0.426 8*	0.501 1**	-0.742 6***	0.597 6***	1.000

说明:"＊、＊＊、＊＊＊"分别表示相关关系在 10%、5%、1% 水平下显著。

其次,城市资源集约利用和环境污染防控能力的预警度与城市规模显著呈正比,相关系数分别为 0.426 8 和 0.501 1,且在很大程度上决定了城市综合生态安全度的排名。一方面,经济发达的大城市城市一般拥有更优化和高级化的产业结构,商贸、物流、金融、科技与教育等现代服务业占比较高,这些城市显然比重化工业、制造业、农业型城市的单位能耗更低、资源利用更集约化、单位产出的污染物排放更少。例如郑州市虽然近年来地域规模扩张较快,但其万元产值用地面积仍是全省最低的 0.099 平方千米。说明从全省整体来看,集中型的围绕中心城市扩张仍是最有效利用土地、节省土地资源的区域发展模式。另一方面,经济发达的大城市拥有更强的财政、税收、投融资能力,在大气污染、水污染、土地污染的防控上具有更强的资源调度投入能力,可以加快建成并高效运营污染物集中处理设施,发挥污染治理上的规模效益。马磊(2010)、秦晓楠(2014)的实证研究均证实,城市污染治理部门存在知识外溢等规模收益递增特征,大城市凭此可以更有效耗散、转化经济发展所产生的生态系统压力。城市规模的扩张和环保产业投资的提高,可以有效发挥城市集中治污设施的运营强度和效率优势,更高效改善城市环境质量,使得生态系统的恶化趋势得以变得缓和。

最后,城市生态宜居的预警度与城市规模在 1% 水平上显著呈反比,相关系数为-0.742 6。这说明河南省一些城市在追求人口流入、空间扩张、GDP 增长的同时,却忽视了优美的园林绿化环境、便捷的通勤系统、低成本的居住舒适度等,实际上压缩了城市综合生态空间。例如,郑州市综合景气指数排名第二,但由于房价收入比高、交通拥挤、人均绿地资源不足等,生态宜居度排倒数第一;而三门峡市综合景气指数仅排名第十六,但生态宜居度却能排第五。因此,从"人的城镇化"角度来看,郑州等大城市要想持续吸引人才流入,必须加快城市发展重点由"速度"向"质量"的转变,适当降低人口密度,控制大气和水流域污染,增加基础设施与公共服务投入,加大绿色、便捷、普适的人文宜居环境建设。反之,一些小城市虽然规模偏小、产业经济实力较弱,但是却以森林绿化程度高、相对房价相对负担低、交通顺畅等优势形成了城市宜居基础优势,有利于城市的可持续发展。

六、主要结论与生态安全矫正对策

(一)主要结论

本书研究表明,在全面加强生态文明建设背景下,河南省各地市的生态安全形势在不断改善;但是各城市的生态安全预警度存在较大的区域差异,其形成机理和成因也具有不同的特征。2019年中财委第五次会议进一步明确了城市体系中不同级别城市在区域生态安全特性和定位上的显著差异性,要求核心城市和大城市群地区增强人口承载功能,同时发挥中小城市和农村腹地保障生态安全与粮食安全功能。因此,生态安全不仅是单个城市的目标,更是涉及整个城市体系内协调互补的全局性战略。本书通过构建城市生态安全的预警指标体系,利用层次分析法实证研究了河南省17地市的城市生态安全预警度及其影响因素,特别是生态安全与城市规模级别的关系机理,得到以下主要结论:

第一,河南省各地市生态安全预警度的区域差异较大。"绿灯"状态的城市如郑州和漯河主要归因于在资源集约利用和污染物防控治理层面;一些非经济强市如鹤壁、信阳由于其生态宜居或污染控制而处于较优的生态安全状态;处于重警状态的主要是安阳、焦作、商丘等能源、化工、重工业城市,普遍面临高能耗、高排放、高污染等生态问题。

第二,河南省城市生态安全综合预警度与城市规模级别呈正比。处于城镇化高级阶段的大城市普遍拥有更高级化的产业结构、更高效的土地资源利用、更具规模效益的污染防治和处置设施,这使得其在资源集约利用层面、环境污染防控层面相比中小城市具有较强的生态维系比较优势。

第三,河南省城市生态宜居预警度与城市规模呈反比。郑州等一些大城市虽然经济增长和规模扩张较快,却忽视了环境绿化、便捷通勤、低成本居住等,对吸引人口流入、维持生态系统协调造成了潜在损害。

(二)生态安全矫正对策建议

基于中外城市在快速发展阶段普遍遇到的生态安全问题及经验教训,本书提出必须避免重蹈"先污染、后治理"或"边污染、边治理"的覆辙,而要对以往被忽视的城市生态环境建设、人居环境建设进行补偿性修复。基于研究结论,针对河南省城市生态安全预警的具体形势,提出以下矫正城市生态安全的具体对策建议:

第一,对于生态安全预警"红灯"的安阳、焦作、商丘等城市,必须采取措施对生态系统加以调整、干预,防止生态安全危机。在生态红线约束越来越严格、大气污染防治进入攻坚阶段的大环境下,河南省这些重化工业城市要加快产业结构转型升级,逐步退出高污染、高能耗、高消耗的重工业与能源化工产业,通过土地、财税政策引导转向发展高端装备制造、文化旅游等对生态系统影响较小的产业,提升产业结构的高级化、高效化。

第二,对于生态安全预警度较高的郑州、洛阳、漯河等城市,一方面要继续发挥低能耗、低消耗、环境治理能力强优势,鼓励发展高端制造业、生产性服务业等。另一方面,要注意加强对城市宜居宜业环境建设的投入力度。在城市扩张中坚持高标准规划和建设道路交通、公园湿地绿地、学校、医院等人居设施,合理控制房价,做好住房保障工作,保持各类功能空间的紧凑型布局和交叉式分布,合理规划生产、生活、生态空间,不断吸引优秀人才流入"安居乐业"。

第三,基于生态系统综合安全的视角,在河南区域规划及中原城市群规划中应坚持强省会战略,发挥郑州作为国家中心城市对中原城市群的引领作用与辐射功能。特别是协调好城市发展与生态环境的关系,发挥中心城市对区域生态安全的基础保障作用。一方面,集中型的围绕中心城市扩张仍是高效利用土地、节省土地资源的优先选择模式。另一方面,从生态环境维系和污染治理的角度来说,应进一步强化郑州市的中心地位,实现更加集中化、高效率、广覆盖的固废物和水域污染治理,以较低成本提升区域整体生态空间,支撑人口持续流入和增长。

第四,发挥南阳、新乡、平顶山等城市群内的次级城市在宜居方面的优势,带动城市体系适度均衡化和城乡协调发展。这些城市可以利用其土地资源较充裕、征地成本较低、单位劳动生产率较高等比较优势,持续承接发达地区的相对低端产业内迁,引导人才分层次流动,产业分工合理布局。还可发挥其生活休闲、生态空间更为广阔的优势,发展改善性居住、养老社区、休闲观光农业等朝阳产业。

第七章
中原城市群的结构特征与生态优化对策

本章以中原城市群为案例,研究城市群视域下城市体系的规模结构、空间结构、等级结构等层面的个性特征,以及受此影响的区域生态禀赋、生态矛盾及生态优化路径,具有典型的案例借鉴意义。作为一种网络式的城市体系分布形式,城市群的特点是以大城市为核心,众多距离较近、分布紧凑、级别不同、功能分化的城市在空间上密集分布,以扩散和辐射效应形成有机联系。各大城市群地区是未来我国承载新增人口与产业的主要载体,也是实现区域经济功能互补、分类发展的主要驱动来源。本章从城市群落的角度,研究城市体系的空间结构特征以及伴随城市区域结构变动而发生的生态状况转变,从而将城市体系的生态优化研究由一般转向具体、由共性转向个性、由理论转向应用,具有积极意义。

第一节　中原城市群概况

中原城市群是以郑州为中心、洛阳为副中心、引领带动周边主要城市形成的中部新兴城市群之一。中原城市群的空间范围并不统一,在不同场合有着不同表述。考虑到当前中原城市群实际经济辐射力和向心力,以及人口迁移和要素流动的有效可达范围,这里采用较窄的9城市"核心发展区"口径,主要包括郑州、洛阳、开封、平顶山、新乡、焦作、许昌、漯河、济源等。

近年来,中原城市群综合经济实力不断增强,产业结构优化升级加快,城镇化、工业化、信息化、农业现代化进程突飞猛进,空间集聚与双中心结构基本成型,技术协同创新成效显著,交通物流网络优势突出。作为中原经济区的核心区域,中原城市群已经发展成为全国重要的经济增长板块、内陆新兴增长极、重要的现代综合交通枢纽,成为推动我国国土空间均衡开发与区域经济协调发展的战略支点之一。中原城市群也存在着中心城市首位度不高、城市群内部发展不均衡、产业结构趋同明显等城市体系结构问题,以及较为突出的雾霾天气高发、水资源紧张、土壤质量下降等严峻生态环境形势。

一、基本情况

中原城市群作为内陆新兴城市群之一,近年来经济快速稳定发展,对外贸易额迅猛增长,产业结构优化升级加快,自然地理条件优越,吸引人口和高技能劳动力持续流入,带动城镇化进程不断加速。尤其是中心城市郑州凭借“米”字型高铁网络枢纽地位等优势,更是不断吸引大量外来人口与投资,作为国家中心城市的集聚效应和引领作用日益凸显。

(一)发展历史与规划

20 世纪 80 年代中期,就有专家学者提出过中原城市群的概念,当时的范围包括郑州、洛阳、开封、新乡和焦作等几个城市。1990 年,《陇海——兰新地带城镇发展研究》明确提出建设中原城市群的构想。1996 年,河南省领导在《关于构建中原城市群若干问题的思考》中具体提出:中原城市群应以郑州商贸城为中心,由郑州、洛阳、开封、新乡、焦作、许昌六市相对集中的城市组成。2003 年,《河南省全面建设小康社会规划纲要》提出:要建立以郑州为中心,包括洛阳、开封、新乡、焦作、许昌、平顶山、漯河、济源在内的城市密集区。2004 年,河南省发改委在《中原城市群发展战略构想》中正式确定中原城市群要以省会郑州为中心,包括洛阳、开封、新乡、焦作、许昌、平顶山、漯河、济源共九个省辖(管)市。

2006 年,河南省正式下发《关于实施中原城市群总体发展规划纲要的通知》,标志着中原城市群发展规划进入实施阶段。2012 年,国家发改委印发

《中原经济区规划（2012—2020 年）》，明确提出要以中原城市群为支撑，促进郑州、开封、洛阳、平顶山、新乡、焦作、许昌、漯河、济源 9 市经济社会融合发展，形成中原经济区发展的核心区域。2014 年，国家发改委将中原城市群纳入《国家新型城镇化规划（2014—2020）》，提出使之成为推动国土空间均衡开发、引领区域经济发展的重要增长极。

2012 年，国务院正式批复《中原经济区规划》，将其定位为全国工业化、城镇化、信息化和农业现代化协调发展示范区，全国重要的经济增长板块，全国区域协调发展的战略支点和重要的现代综合交通枢纽，华夏历史文明传承创新区，为中原经济区建设提供了战略依据和纲领性指南。中原经济区是以郑州都市区为核心，涵盖河南全省 18 个省辖市，以及河北省邢台市、邯郸市，山西省长治市、晋城市、运城市，安徽省宿州市、淮北市、阜阳市、亳州市、蚌埠市，山东省聊城市、菏泽市等周边地区的广阔经济区域。

2016 年，国务院正式批复《中原城市群发展规划》，将中原城市群范围扩大为河南、山西、山东、安徽、河北 5 省 30 个地级市。中原城市群的广义范围仅比中原经济区少了三个区县，即东平县、凤台县和潘集区。根据当前中原城市群处于起飞阶段的经济一体化实际联结空间，综合考虑人口、资本等要素在城市群双向流动的强度范围，本书对中原城市群的研究仅限于郑州、开封、洛阳、平顶山、新乡、焦作、许昌、漯河、济源等 9 个地级市。

（二）行政区划

中原城市群由郑州、开封、洛阳、平顶山、新乡、焦作、许昌、漯河 8 个地级市和济源 1 个县级市及其下属城镇组成，不仅是中原经济区和河南省经济最发达的核心区域，也是全国快速崛起的内陆城市群之一。中原城市群各市所辖区县或县级市情况如表 7-1 所示，整个行政区占地面积为 28.70 万平方千米，占全国的 3%；其中，城市建成区面积 0.74 万平方公里，占全国的 12%。

表7-1   中原城市群的行政区划范围

地级市	区县(县级市)
郑州	中原区、二七区、管城回族区、金水区、上街区、惠济区、新郑市、登封市、新密市、巩义市、荥阳市、中牟县
开封	龙亭区、顺和回族区、鼓楼区、禹王台区、金明区、兰考县、杞县、通许县、尉氏县
洛阳	偃师市、涧西区、西工区、老城区、瀍河回族区、洛龙区、吉利区、孟津县、新安县、宜阳县、伊川县、嵩县、洛宁县、汝阳县、栾川县
平顶山	新华区、卫东区、湛河区、石龙区、汝州市、舞钢市、叶县、郏县、宝丰县、鲁山县
新乡	辉县市、卫辉市、卫滨区、红旗区、牧野区、凤泉区、新乡县、获嘉县、原阳县、延津县、封丘县、长垣县
焦作	沁阳市、孟州市、解放区、山阳区、中站区、马村区、修武县、武陟县、温县、博爱县
许昌	魏都区、建安区、长葛市、禹州市、鄢陵县、襄城县
漯河	源汇区、郾城区、召陵区、舞阳县、临颍县
济源	无

城市群一般以一个或几个竞争力较强的大城市为中心,形成金字塔型城市体系。中原城市群位于一个省级行政区划范围内,基本形成了以郑州、洛阳为核心的"双核心"结构。一方面,郑州作为城市群内唯一特大城市和首位城市,引导带动作用主要集中于中部和东部,对跨区功能联系与空间结构塑造作用明显;另一方面,副中心城市洛阳的辐射作用主要面向周边和西部广阔区域,但在空间功能联系中扮演的角色较弱。

（三）经济发展

近年来中原城市群经济快速稳定发展。截至2017年年底,中原城市群实现地区生产总值67 044.34亿元,占全国经济总量的8.1%;人均地区生产总值为7.72万元,比同期全国平均水平高30%。2017年中原城市群货物进口总额、出口总额、当年实际利用外资额分别为414.07亿美元、599.72亿美元、236.93 亿美元,分别占全国的 2.2%、2.6% 和 18.1%①。中原城市群产业结构持续合理化和高级化,第二产业基础扎实,第三产业所占份额增长较快。截至 2017 年年底,第三产业增加值达 28 437.56 亿元,三次产业结构为10.0∶47.5∶42.4;相比 2016 年,第一产业下降 1.4 个百分点,第二产业下降 0.3 个百分点,但是第三产业上升 1.6 个百分点。

核心城市郑州的经济总量及增速在中原城市群中继续保持领先地位,对中原城市群其他城市发挥着重要的集聚和辐射作用。2010—2019 年,郑州市地区生产总值由 4 100 亿元提高至 12 000 亿元,洛阳市地区生产总值由2 300 亿元提高至 5 000 亿元,郑州和洛阳两市的经济总量占中原城市群比重由 41.11% 上升至 50.84%。从产业结构看,郑州、洛阳的第三产业占比分别达到 54.7% 和 50.3%,远远高于全省平均水平。

(四)人口结构

近年来,中原城市群的人口总量快速增加,对流动人口、尤其是高层次技能人才的吸引力凸显,城镇化进程处于中西部领先地位。从表 7-2 可以看出,2011 年,中原城市群常住人口为 4 147 万人,到 2018 年人口增长到4 384 万人,相当于平均每年新增一个县级市的人口规模。尤其是郑州市的常住人口数量在 9 个城市中增长最快,7 年间增加了 125 万人。郑州作为"米"字型高铁网的枢纽,吸引了大量外来人口及周边农村人口。

中原城市群的城镇化进程呈现快速增长的趋势,城市群 9 个城市的城镇化率均高于全省城镇化率。城镇化率增速最快的是许昌市,增加了11.71%,其次是漯河市,增速为 11.55%。这两个市有较为发达的民营经济和产业基础,能够有效带动就业和城市人口增加。郑州作为省会城市,城镇人口 772.1 万人,城镇化水平达 74.6%,高于全国平均水平;但是由于人口基数大、密度高,城镇化率增速相对缓慢,2011—2018 年仅增长了 8.56%。

---

① 河南省统计局.中原城市群发展报告[EB/OL].(2018-12-20). http://www.ha.stats.gov.cn.

表7-2 2011—2018年中原城市群常住人口与城镇化率(万人,%)

城市	2011		2013		2015		2017		2018	
	常住人口	城镇化率	常住人口	城镇化率	常住人口	城镇化率	常住人口	城镇化率	常住人口	城镇化率
郑州	886	64.82	919	67.8	957	69.69	988	74.40	1 014	73.38
开封	466	37.75	465	41.1	454	44.23	455	47.42	456	48.85
洛阳	657	46.13	662	49.4	674	52.65	682	56.05	689	57.57
平顶山	492	43.14	496	46.4	496	49.21	500	52.11	503	53.97
新乡	566	42.89	568	46.1	572	49.04	577	51.96	579	53.41
焦作	353	48.80	351	52.0	353	54.85	356	57.99	359	59.42
许昌	430	40.92	430	44.2	434	47.57	441	51.06	444	52.63
漯河	256	40.92	256	44.2	263	47.45	265	50.91	267	52.47
济源	68	51.44	70	54.8	73	58.02	73	61.05	73	62.36
河南	9 388	40.57	9413	43.8	9480	46.85	9559	50.16	9 605	51.71

数据来源:河南省统计局.河南统计年鉴(2010—2019)》[M].北京:中国统计出版社,2010-2019.

(五)自然地理

中原城市群位于河南省中部(东经 110°21′–116°39′,北纬 31°23′–36°22′),地势西高东低,地形广阔平坦,是我国由高原和山地向平原过渡的地区[①]。该区域属于暖温带半湿润、大陆性季风气候区,气候适宜,四季分明,有利于多种农作物生长,为发展农业提供了先天的优良条件。

中原城市群主体位于黄河冲积平原,地下水和地表水资源丰富,开发利用率在70%以上。中原城市群区域内矿产资源丰富,储量大,品位高,开采条件好,已发现矿种超过河南省的五分之三,具有全国意义的矿产有煤、铝土、耐火粘土等,同时还是全国最大的石油基地之一。

目前中原城市群已经基本形成了以郑州为中心的"米"字型交通网络体系。中心城市郑州位于陆桥通道、京哈通道、京广通道的交点处,以郑州为

---

① 徐晓霞.中原城市群城市生态系统评价研究[J].地域研究与开发,2006,25(5):98–102.

中心的"米"字型高铁网络已经初步完工,郑州东站的高铁已经可以通往24个省会城市。

中原城市群还是全国重要的粮食主产区,粮食产量全国第二,口粮产量全国第一。作为粮食生产核心区的重要组成部分,中原城市群长期以来被赋予了保障国家粮食安全的重任。但是在快速工业化和城镇化的进展中,城市群地区的人地矛盾、生态矛盾较为突出。是否能够妥善处理好城市群发展与自然地理要素的矛盾统一关系,直接关系到中原城市群"四化"协调与可持续发展。

二、主要城市与都市圈

近年来,中原城市群作为内陆新兴增长极之一,逐渐成为促进我国中西部崛起的重要支撑点之一。中原城市群不仅拥有郑州一个特大城市,而且以郑州和洛阳作为城市群的双中心结构,能够更高效带动区域经济发展。郑州和洛阳两大都市圈,以及7个中心城市的资源环境禀赋各有特色,产业结构梯度分工明确,城市功能互补互促,产业集聚集群发展,各自竞争优势明显,有效支撑起中原城市群的一体化、协同化,形成"双中心"城市带动外围城市、外围城市支撑"双中心"城市的良性互动发展格局。

(一)中心城市——郑州

郑州市是河南省省会、特大城市、国家重要的综合交通枢纽。截至2019年,全市下辖6个区、1个县、代管5个县级市,总面积7 446平方千米,常住人口1 035.2万人,城镇人口772.1万人,城镇化水平74.6%。郑州市的交通区位优势突出,是中部地区重要交通枢纽,全国性商贸物流中心,已经形成"米"字形高铁网;新郑国际机场开通多条航线直通国际国内的主要城市;以郑州为中心,辐射开封、新乡、焦作、许昌等周边城市的快速交通网络基本形成。

郑州市作为中原城市群的中心城市,对整个城市群发展起到核心引领带动作用。2016年,中原城市群规划成功获批,国家明确支持郑州建设国家中心城市,郑州航空港经济综合实验区、中国(郑州)跨境电子商务综合试验区、中国(河南)自由贸易试验区、郑洛新国家自主创新示范区、国家大数据综合试验区等战略平台获得国家密集批准。这些重大国家级战略均以郑州国家中心城市建设为主要载体和重点抓手,加快构建现代城镇体系,将中原城市群打造成为具有较强竞争力和影响力的城市群。

郑州航空港经济综合实验区是中国首个国家级航空港经济综合实验区,规划面积415平方千米,是集航空、高铁、城际铁路、地铁、高速公路于一体的综合枢纽,是以郑州新郑国际机场以及新郑综合保税区为核心的航空经济体和航空都市区。航空港区计划到2025年,建成具有国际影响力的实验区,形成引领中原经济区发展、服务全国、连通世界的开放高地;发展成为国际航空物流中心、以航空经济为引领的现代产业基地、内陆地区对外开放重要门户、现代航空都市、中原经济区核心增长极。

(二)郑州都市圈

郑州都市圈是以郑州市域为核心区域,辐射带动开封中心城区及其下辖尉氏县,新乡中心城区及其原阳县、新乡县、平原城乡一体化示范区,焦作中心城区及其武陟县,许昌中心城区及其下辖长葛市等。2019年,郑州都市圈的GDP总量达1.8万亿元,常住人口1 920万人,以占全省不到9.6%的国土面积,承载了20%的人口,创造了33 %的经济总量,37个工业园区创造了占全省1/3以上的工业收入。

作为打造强省会战略的重要途径,郑州都市圈的提出和发展由来已久。早期主要是通过建设城际高速铁路、快速公路在郑州与周边城市形成互联互通。郑州和开封的"融城"较早、进展较快,郑东新区、开封新区和中牟县城的建成区现已基本联结成片,城市间电话区号统一,有发达的交通网联结,人口与要素双向流动格局基本形成。近年来,郑州都市圈5个城市以"一体系五工程"建设为抓手,加快推进经济一体化进程:一是启动编制郑开同城化发展规划,支持郑州、开封探索建设同城化示范区;二是推进陆续开展新焦城际铁路、跨黄河高速通道等前期研究;三是高标准建设郑州花园口、开封新区、开封黄河大堤、新乡平原等4个黄河生态廊道示范段;四是推进中原鲲鹏生态创新中心建设,实施重点产业廊道建设;五是支持郑州大学、河南大学、河南理工大学等高等院校开展资源共享。

根据《郑州大都市区空间规划(2018—2035年)》,随着郑州辐射带动能力和郑州大都市区一体化水平的不断提升,未来郑州都市圈5个市将会加快形成网络化、组团式、集约型空间发展格局。

(三)副中心城市——洛阳

洛阳市域面积1.52万平方千米,总人口700.3万人,中心城区建成区面积209平方千米,常住人口超过230万人。洛阳作为中原城市群副中心城市,首批国家新型城镇化的综合试点城市,近年来加快产业转型升级,延伸产业和服务链,发展成为中原城市群中增长新节点,带动周边尤其是西部城市发展的城市群副中心。

作为城市群的副中心,洛阳在装备制造、国防安全、石化、建材、铝电等方面的工业基础雄厚。洛阳是我国传统老工业基地,长期来建设形成了一批关系国计民生的支柱产业,如中国一拖、洛阳玻璃、洛阳轴承、中石化洛阳分公司等蜚声中外。洛阳的科教优势明显,涧西区以科研院所集聚文明,代表性的有中钢集团洛阳耐火材料研究院、中国空空导弹研究院、航空工业光电所、洛阳船舶材料研究所、黎明化工研究院等。另外洛阳的科教实力突出,河南科技大学是国家国防科工局与河南省人民政府共建高校、国家中西部高校基础能力建设工程支持高校,学科齐全,特色鲜明,实力突出。近年来,洛阳市积极实施黄河流域生态保护和高质量发展战略,充分发挥教育、科技和创业资源的富集优势,强化交通基础设施支撑,推动传统产业转型升级,依靠市场机制打造新的产业集聚高地,力争到2025年,制造业营业收入达到250亿元,制造业企业达到200家,生物医药及中医药、新材料、物流产业形成集聚集群。

(四)洛阳都市圈

2020年12月,河南省政府正式发布《洛阳都市圈发展规划(2020—2035)》,将中原城市群第二个都市圈——洛阳都市圈的范围框定为洛阳和济源全域,焦作孟州市,平顶山汝州市和鲁山县,三门峡义马市、渑池县和卢氏县;总面积约2.7万平方千米,2019年常住总人口950万人,地区生产总值7 100亿元。洛阳都市圈致力于发展成为黄河流域生态保护和高质量发展示范区、全国先进制造业发展引领区、文化保护传承弘扬核心区、全国重要综合交通枢纽、国际人文交往中心。

充分考虑所处培育发展阶段的客观实际,洛阳都市圈提出了分两个阶段的发展目标:第一阶段打基础,到2025年,奠定现代化都市圈发展框架。第二阶段见成效,到2035年,建成具有全国影响力的现代化都市圈,形成一体化高质量发展新格局。洛阳都市圈的规划建设有利于推进洛阳副中心城市建设提质行动,充分发挥洛阳先进制造、生态屏障、人文交往、交通枢纽等优势,增加中原城市群的极核数量,进一步激发中原城市群的要素集聚潜力和辐射带动作用。

(五)其他主要城市

1.新乡市

新乡市地处河南省北部,总面积8 249平方千米,平原占全市土地总面积的78%。新乡市为新中国成立初期平原省的省会,是豫北地区重要的工业城市,也是豫北的经济、教育、交通中心。截至2018年,新乡市辖12个县(市、区)、1个城乡一体化示范区、2个国家级开发区,总人口617.34万人,常住人口579.41万人,城镇化率达到53.41%。新乡市是豫北地区的交通运输枢纽城市,境内有京广高铁、京广铁路、新菏铁路、新月铁路等四条铁路,南北大动脉京广铁路和太石铁路在此交汇,107国道与京港澳高速、大广高速等五条高速公路穿境而过,陆路交通辐射豫北、通达全国、便捷高效、优势突出。

新乡是河南省和中原经济区的经济强市,产业经济发展水平在中原城市群中居于领先地位。新乡是中国重要的商品粮基地和优质小麦生产基地,2019全市粮食种植面积716.85千公顷,优质专用小麦种植面积占小麦种植面积的比重超过80%,被评为全国粮食生产先进市[①]。新乡市是中原地区重要的工业基地,2019年全市规模以上工业增加值同比增长8.5%,代表性企业有金龙精密管铜、新飞电器、科隆电器、新乡化纤等。作为郑洛新国家自主创新示范区的核心区域之一,新乡市依托高新技术产业开发区、经济技术开发区等两大国家级开发区,拥有制冷、生物与新医药、电池及新型电

---

① 杜昌建,刘志浩.新乡市农业绿色发展面临的问题及对策探析[J].天津农业科学,2019,25(08):83-86.

池材料、特色装备制造、煤化工、汽车及零部件等六大战略支撑产业,纺织、食品、造纸、建材、能源电力等五大传统优势产业。新乡市自古以来就是晋冀鲁豫接壤地区的商品集散地,近年来以现代物流、仓储和邮政业、批发零售业、旅游业、金融业和房地产业等为代表的现代服务业快速发展,竞争优势日益凸显。新乡的科教实力突出,尤其是高等教育实力雄厚,拥有河南师范大学、新乡医学院、河南科技学院等一批省属重点大学。河南师范大学是国家中西部高等教育振兴计划支持高校、国家"111 计划"实施高校、河南省人民政府与教育部共建高校、河南省特色骨干大学,历史底蕴深厚、办学资源丰富、学科门类齐全、培养体系完备,正在建设成为世界知名、全国著名、区域引领、特色鲜明的高水平大学。

2. 开封市

开封市是国务院批复确定的中原城市群核心区的中心城市之一、郑州大都市区核心城市、郑汴一体化发展的重要一翼,东与商丘市相连,距黄海500 千米,西与省会郑州市毗邻,南接许昌市和周口市,北依黄河,与新乡市隔黄河相望。截至 2018 年,全市下辖 5 个区、4 个县,总面积 6 266 平方千米,其中开封市区面积 1 849 平方千米,建成区面积 151 平方千米,总人口525.64 万人,常住人口城镇化率 48.9%。欧亚大陆桥东段的陇海铁路横贯开封市全境,途经开封站和兰考站。已开通运营的郑开城际铁路连接郑州高铁枢纽站郑州东站,城际高铁往返于郑州、开封两大城市之间最短时间18 分钟,极大促进了郑州、开封融合及城市一体化进程。

开封是全国著名的文化旅游城市,旅游资源丰富,当前拥有国家 5A、4A级旅游景区 8 家,全国重点文物保护单位 19 处。但是由于历史上多次作为都城且受黄河泥沙淤积影响,形成了河高于城的"地上悬河",且地面之下叠压着 6 座城池,对开封城市规划与建设造成较大影响。开封不仅文旅产业发达,而且是河南省重要的老工业基地,当今已经发展成为全省新兴的装备制造业基地,开封自贸区更是中国(河南)自由贸易试验区三大片区之一。2018 年,开封市全部工业增加值 694.97 亿元,比上年增长 7.8%;社会消费品零售总额比上年增长 11.0%;尤其是依托毗邻郑州航空港区的优势大力发展外向型产业,货物进出口总值达 57.62 亿元,比上年增长 53.9%。位于开封的河南大学是国家"双一流"建设高校、省部共建高校,是拥有 12 个学科门类、20 个博士学位授权一级学科的综合性大学,以"中国特色、世界一流、中原风格"的发展定位,正在朝具有较大国际影响的世界一流大学行列发展迈进。

3. 许昌市

许昌市位于河南省中部,全市总面积 4 996 平方千米;下辖 2 区、2 县级市、2 县。2018 年年末,全市总人口 498.24 万人,其中城镇常住人口 233.54 万人,常住人口城镇化率 52.63%。许昌是河南省政府批复确定的中原城市群地区性中心城市、中原经济区交通和物流枢纽城市、全国重要先进制造业基地、汉魏历史文化名城。许昌市区距省会郑州 80 千米,距新郑国际机场 50 千米,国道 311、地方铁路横穿东西;京广铁路、京港澳高速公路、国道 107 纵贯南北;是豫中区域性政治、经济、文化中心,在河南省经济和社会发展中占有重要地位。

作为中原城市群中的经济强市,2019 年许昌市的生产总值达 3 395.7 亿元,比上年增长 7.1%,三次产业增加值占比分别为 4.8%、54.0%、41.2%。在城市群发展战略上,许昌积极融入郑州国家中心城市建设和郑州都市圈,通过规划建设郑许城际铁路、许漯城际铁路、许平城际铁路以及郑许市域铁路等,联通中原城市群各节点城市,加强区域经济协同合作。许昌市坚持以"一谷两区三中心"建设为主导,推动制造业转型升级,培育新的经济增长点,推动全市经济高质量发展。"一谷"即把中原电气谷核心区打造成高端智能装备制造产业的生态型电气谷,"两区"即把市城乡一体化示范区打造成配套件产业集聚区,把纪年高新技术产业园区打造成中国电力三次装备和建筑电气特色园区,"三中心"即创建国家电力装备制造业创新中心、学术交流中心、标准与技术评价中心。

4. 焦作市

焦作位于河南西北部、北依太行山,与山西晋城接壤,南临黄河与郑州、洛阳隔河相望,东临新乡,西临济源,是中原城市群和豫晋交界地区的区域性中心城市,下辖 4 个区、4 个县,代管 2 个县级市,总面积 3 972 平方千米。2019 年末全市总人口 377.89 万人,常住人口 359.71 万人,城镇化率达到

60.94%。

焦作是全国著名的"百年煤城"和老工业基地,但是近年来经过产业转型升级,由高消耗、高能耗、高污染的资源型城市,成功转变为环境优美、后劲雄厚的国家级旅游城市、卫生城市、文明城市、国家新型工业化示范基地,在2019河南城市宜居度排名中居全省第二位。2019年全市地区生产总值2 761.1亿元,比上年增长8.0%,三次产业结构比5.4∶53.6∶41.0。焦作是小麦主产区,怀药作为特色农产品享誉全国;矿产资源品种较多,储量较大,质量较好;旅游业发展迅速,云台山是远近闻名的国家级AAAAA景区、全球首批世界地质公园;全民健身运动和群众体育工作多年来一直居于河南省领先地位,多次承办大型体育赛事,荣获"全国篮球城市"称号;有河南省特色骨干大学、国家"中西部高校基础能力建设工程"高校——河南理工大学。

5. 平顶山市

平顶山市位于河南省中南部,是中原城市群重要的能源和重工业基地,也是豫中地区的中心城市。全市现辖2市4县4区,面积7 882平方千米,2018年常住人口520.77万,城镇化率53.98%。平顶山地处京广和焦枝两大铁路干线之间,郑万高铁从该市通过,并在城乡一体化示范区和郏县设站,距新郑国际机场100千米。兰南、宁洛、二广、郑尧、焦桐5条高速公路穿境而过。许平南、漯平洛、郑尧、太澳等高速公路穿境而过。平顶山是中国优秀旅游城市、国家园林城市、国家森林城市、国家卫生城市,还是中国曲艺城、中国书法城、中国观音文化之乡、中国汝窑陶瓷艺术之乡和中国唐钧基地。

2018年,平顶山市完成生产总值2 135.2亿元,比上年增长7.5%;产业结构不断优化升级,一、二、三产业结构比例由上年的8.6∶48.8∶42.6变化为7.5∶47.6∶44.9。平顶山是资源型工业城市,已探明储量矿种22种,其中煤炭保有储量31.59亿吨,岩盐探明储量20.9亿吨,远景资源储量2 300亿吨。全市规模以上工业主要集中在煤炭开采和洗选业、黑色金属冶炼和压延加工业、石油煤炭及其他燃料加工业、非金属矿物制品业等,代表性企业如平煤神马集团、天安煤业股份有限公司等均为能源化工类企业,这些企业的产值较高、就业人口众多、利税贡献大,在市域经济中占据主导地位。

6. 漯河市

漯河市位于河南省中部偏南,下辖 3 市辖区、2 县,总面积 2 617 平方千米,总人口 284.13 万人,城镇化率 52.47%。漯河市是我国食品工业名城、中原城市群的区域性交通枢纽城市、中原经济区重要的现代商贸物流中心、生态宜居城市。漯河是重要的公路、铁路、水运枢纽城市之一,全市铁路、公路纵横交错、四通八达,京广铁路、京广高铁、漯阜铁路、漯宝铁路等贯通全境,交通较为便利。境内水资源丰富,沙、澧河横贯全境,在市区交汇,漯河港是沙颍河航道重要港口。

2019 年,漯河市完成生产总值 1 578.4 亿元,比 2018 年增长 7.5%。其中,第一产业增加值 137.8 亿元,增长 2.6%。第二产业增加值 729.9 亿元,增长 8.9%。第三产业增加值 710.7 亿元,增长 6.7%,三次产业结构为 8.7∶46.3∶45.0。全市人均生产总值 59 190 元,增长 7.1%。作为全国著名的食品工业基地、2018 年消费品工业"三品"战略示范城市,漯河市拥有着名企业如双汇、银鸽、汇通食品、漯河昌达、南街村集团等,在粮油食品行业引领全国。

7. 济源市

济源市是河南省直辖的县级市,位于河南省西北部,河南洛阳、焦作及山西晋城、运城四市的中间地带,素有"豫西北门户"之称,是愚公移山精神的发祥地。全市总面积 1 931 平方千米,虽然市域范围较小、人口不多,但是经济发达、资源丰富、人均收入水平较高。截至 2019 年,济源市下辖 5 个街道、11 个镇,总人口 71.77 万,城镇化率 63.61%。济源市是一座山水文化名城,先后被评为国家卫生城市、全域旅游示范区、全国绿化模范城市、国家节水型城市、国家水土保持生态文明市、国家可持续发展实验区、全国篮球城市、全国体育先进市。2017 年 3 月,济源被确定为国家产城融合示范区,是国家发改委支持建设的全国首个全域产城融合示范区。黄河小浪底水利枢纽工程位于济源市,不仅是中国治黄史上的丰碑,也是世界水利工程史上最具有挑战性的杰作。

济源市长期以来将产业转型升级作为发展的重中之重来抓,坚持"传统产业做长做强、新兴产业招大引强、全面加快服务业发展"的总体思路,目前已形成钢铁、铅锌、能源、化工、机械制造、矿用电器六大支柱产业,成为全国最大的铅锌基地和河南省重要的钢铁、能源、化工、机械制造基地。2019 年,济源市的地区生产总值为 686.96 亿元,其中第一产业增加值 24.36 亿元,增长 3.9%;第二产业增加值 421.89 亿元,增长 8.5%;第三产业增加值 240.71亿元,增长 7.1%。全市人均生产总值 93 693 元,增长 7.5%,三次产业结构为 3.5∶61.4∶35.1。

三、生态禀赋特征

城市群作为经济、人口、资源等要素聚集的中心,呈现出经济发展与资源环境即互补协调又相互制约的复杂博弈情况。中原城市群作为城镇化、工业化快速发展区域,既受制于人口稠密、产业结构偏重、财力不足等传统困境,近年来又成为承接沿海产业转移、西部资源输出的枢纽和核心区域,因此面临着较大的生态环境维护压力。但是,中原城市群通过坚持推进大气污染综合治理、流域水环境保护、构筑生态屏障以及提高环境管制力度等措施,区域生态环境得到较大改善,有力推进了城市体系的生态优化。

(一)能源资源消耗

中原城市群的产业结构中化工、能源、石油等重化工业占比较高,这些高耗能、高污染行业大量消耗能源资源,"三废"排放量大,加剧了中原城市群的生态保护压力。如表 7-3 所示,2012—2016 年,中原城市群的耗能万吨标准煤以上的企业最多达到了 729 家,最少为 545 家,并且每年都在减少,但是用电量却在增加,耗水量基本保持不变。这可能得益于供暖方式和发电形式的转变,表明中原城市群的清洁能源使用正在增长,减少环境污染。

表 7-3　中原城市群主要能源资源变化情况

	2012	2013	2014	2015	2016
规模以上企业消耗水量(百万吨)	2 037.45	2 104.69	1 965.98	2 018.72	2 078.50
增长率(%)	—	3.30	-6.59	2.68	2.96
耗能万吨标准煤以上企业数(个)	656.00	641.00	617.00	599.00	545.00

续表 7-3

	2012	2013	2014	2015	2016
增长率(%)	—	-2.29	-3.74	-2.92	-9.02
用电量(亿千瓦时)	1 697.74	1 776.67	1 809.18	1 791.92	1 818.12
增长率(%)	—	4.65	1.83	-0.95	1.46

(二)环境污染与治理

中原城市群中生产活动对环境破坏主要是由于人们在河道、矿区附近挖沙、采矿、开发景区造成的。目前生态保护形势严峻地区集中在黄河及其支流河道两岸,以及矿产资源丰富的太行山脉与伏牛山脉地区。例如,洛阳伊川境内的伊河国家湿地公园因挖沙采矿、围垦基建和水源污染出现了湿地退化。生活污染主要是由于生活污水不经处理直接排入河流而导致,主要原因在于乡镇农村的经济不发达,污染处理基础设施落后,治污资金和技术均不到位。据统计,中原城市群的生活垃圾无害化处理率比武汉都市圈低了 20 个百分点,大量的日常生活垃圾未经处理直接排放,对水质、大气、土壤造成长期污染。如图 7-1 所示,在 2012—2015 四年时间里,中原城市群的废水、烟尘、二氧化硫的排放量每年增加。在 2015 年,废水排放量达到了 252 878.62 万吨,烟尘排放量达到 45.61 万吨,二氧化硫排放量达到66.3 万吨。

2016 年之后,在生态文明建设战略推进背景下,中原城市群内各城市的环境规制越发严格,污染治理措施加大,环保投资比例提升,环境污染问题得到好转。从图 7-1 可以看出,2016 年废水、烟尘、二氧化硫排放指标均出现下降。截至 2019 年,河南省内淮河流域和黄河流域均为轻度污染,全省已建立自然保护区 30 处,约占省域国土面积 4.7%。省会郑州市的大气质量平均优良天数比例为 48.5%,同比上升 10.7 个百分点;PM2.5 浓度、二氧化硫浓度分别为 58 微克/立方米、9 微克/立方米,同比下降 2.8 和 1.6 个百分点。

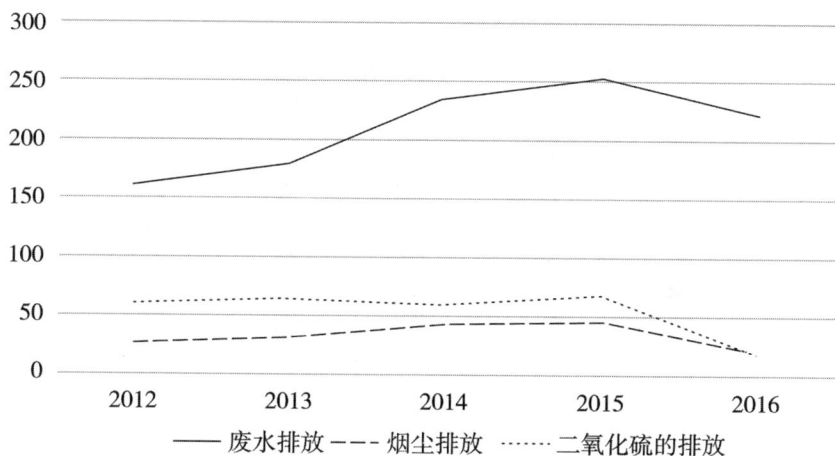

图7-1　2012—2016年中原城市群有关废物排放变化情况（万吨）

（三）园林绿化

以公园、绿地、湿地、森林等为主要形式的城市绿地系统不仅是城市景观风貌的重要体现,也是保持城市水环境、大气环境和土壤环境的依托载体。对于地处平原地带的中原城市群来说,公园是保持良好绿化环境的主要公共绿地系统。从图7-2可以看出,在2016年,中原城市群绿化覆盖面积达到了5.56万公顷,公园数达到了192个。2015—2018年,中原城市群建成区绿化覆盖面积累计增加3.5万公顷,森林覆盖面积累计增加22万公顷。但是,各个城市建成区的绿化率仍旧比较低,有些城市绿化率不超过30%。这些都与生态城市的建设目标相差很大的距离,需要加强这方面的建设力度。

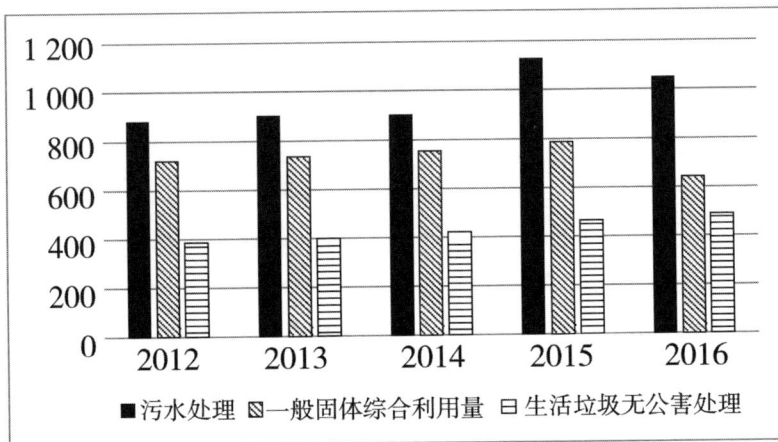

图7-2 中原城市群有关废物处理变化情况(百万立方米、十万吨、万吨)

第二节 中原城市群的空间结构特征

城市群空间结构为城市群区域系统内各类社会经济活动或结构在空间地域上的投影,主要包括经济空间结构、社会空间结构、交通空间结构及生态空间结构等。中原城市群的人力资源较为丰富,县域经济较为发达,且交通位置较为优越,郑州就有铁路主干线京广线、陇海线通过,且拥有全国第一个航空经济综合实验区。中原城市群与沿海城市群(长三角、珠三角、京津冀)差距较大,且受相邻区域(主要为长江中游城市群)的挤压较为严重,核心城市的首位度偏低,影响城市群整体空间结构的优化。近年来,中原城市群各城市的空间布局不断优化,基本形成"点、线、网络、面"构成的多层次发展格局,有效促进了跨行政区分工协同效应。

一、空间集聚与双中心成型

城市间的要素流动与交流是城市群内部空间结构的直接体现。这里采用引力模型对中原城市群各城市间的相互作用强度进行测算,以反映城市

群内部的联系状态,其实质反映的是空间重要要素的"线"结构特征。引力模型计算方式如下:

$$I_{ij} = \frac{M_i M_j}{D_{ij}^b} \qquad (7-1)$$

式中 I_{ij} 为城镇 i 与 j 之间的相互作用量或空间联系量,这是一种城市间的引力作用量,M_i、M_j 分别为城镇 i 与 j 的质量,D_{ij} 为城镇 i 与 j 之间的最短距离,这里为公路自驾的最短距离。b 为距离衰减系数,根据相关文献的成果并考虑数据的获取来源,取值为2。对城市质量 M 的表征采取主成分分析法进行多元统计分析,从经济发展水平、社会发展水平、城镇发展规模及城镇建设投入水平四方面构建了城镇质量的综合指标体系如表。

利用SPSS20.0计量软件因子分析模块提取主成分,结合指标总体方差的阐释以此确定各指标的权重,从而计算出各城镇的综合得分。以各个城镇综合质量值为基础,对城镇间的引力作用量计算,反映了区域节点间的间接联系量,以城镇间的引力作用量形成联系轴线,反映城市群的引力联系格局及特征。另外,还根据中原城市群城际间的往返客运班次数据反映城市群空间的直接联系量,以直接的联系轴线与引力作用形成的联系轴线全面地反映中原城市群的空间联系特征。

可以看出,中原城市群的城市间联系较为密切,以郑州、洛阳形成的"双中心"牵引联系格局明显。一方面,郑州的综合实力对城市群空间引导力较强,且主要集中于中、东部,实现跨区的联系,且郑州在功能联系方面对城市群空间结构的塑造作用明显。郑州作为核心极点的增长率明显快于其他城市,空间影响力较强。城市群中最大联系方向的轴线分布主要集中在郑州为中心的城市周边,集聚与辐射能力较强,其中"郑州—荥阳"方向联系量为最大,沿着主要交通干线显著形成了"郑州—开封""郑州—焦作""郑州—新乡"等三条联系较为突出的城市轴线。

另一方面,洛阳作为次中心城市,有12个县市节点以洛阳为首位联系城市,并与济源市互为联系节点,地缘的临近是以洛阳为中心的轴线格局的形成主因。洛阳市主要通过城市政治经济实力对城市群西部区域产生影响力,虽然以洛阳为最大联系方向的轴线较多,但联系强度仍然弱于郑州与周边的最大联系强度,在空间功能联系中扮演的角色较弱。

此外,从各个城镇节点的空间引力联系与客运联系总量,引力联系与客运联系均突出了省辖市区的层级地位,郑州在联系格局中处于一级水平,洛阳、开封、新乡、焦作、许昌、平顶山为二级水平,其余城镇节点层次水平较低,济源市的层次水平在省辖市中最小。中原城市群的夜间灯光数据分布也可看出,郑州市市辖区的颜色最亮,第二梯队是洛阳市市辖区、开封市市辖区、新乡市市辖区等,第三梯队是与上述城市直接相连的县区市中心区域。

二、首位度偏低与"弱核多极"

城市群在初始状态时就不是一个均衡的区域,往往由一个具有地理自然或经济社会禀赋优势的中心城市为增长极,进而辐射扩散到周边次级城市与腹地,最终形成城市规模或等级差异。城市群的中心度及首位度反映了城市群空间发展格局,这两个指标的特性也能反映城市群的单中心与多中心发展格局。

郑州作为中原城市群的核心城市,在整个城市群中的首位度不仅低于沿海长三角、粤港澳大湾区、京津冀等城市群,也低于长江中游城市群、关中城市群等。根据杰弗森(Jefferson)在研究国家城市规模分布规律时提出的"城市首位律",可以计算出 2017 年郑州市人口占全省人口总数的比重为10.2%,GDP 占全省 GDP 的比重刚过 20%。这一指标水平在全国省会城市中处于倒数第 6 位,在中部 6 省省会城市中垫底。作为对比,成都、武汉、西安等城市均占全省接近 40% 的经济体量。从目前国家明确支持建设的 9 个国家中心城市看,除了 4 个直辖市不具有可比性外,其他 4 市广州、成都、武汉和西安人口首位度分别为 12.1%、19.3%、18.2% 和 23.2%,经济首位度则分别为 23.9%、37.6%、36.7% 和 34.1%。通过比较不难看出,首位度过低已经成为郑州国家中心城市建设和中原城市群最大的影响因素。在未来发展战略中,中原城市群发展中还应进一步凸出"强省会"战略,从集聚人口尤其是高素质人口和扩张经济总量两个方面,着力持续提升郑州的首位度,进一步增强郑州的要素集聚效应和经济辐射效应。

中原城市群作为一个经济实力相对较强的城市体系,在"弱核心"的同时,还表现出显著的"多级点"结构特征。一是在发展战略上,中原城市群选取了发展强势的洛阳为城市群副中心,以郑州为中心、洛阳为副中心,以期更好地带动中原城市群的发展。二是城市体系规模结构主要表现为中间序列较为突出的"扁平化"态势。这主要得益于各市的中心城区的增长快于周边县城,以及不同级别城市的空间联系增强,进而带动城市群空间形态的紧凑度在不断提高,经济集聚效应显著且不断强化。三是中原城市群内部各节点之间的引力联系并没呈均匀分布,各个省辖市市区的节点联系量明显高于县市节点,省辖市区对邻近城镇具有空间压缩性。如,开封市区与开封县、新乡市区与新乡县、许昌市区与许昌县等随着建成区距离的拉近,县城节点的中心度受市区空间扩容影响,撤县设区成为趋势,形成一批以地级市市区为主体的次级中心,既城市群呈现"弱核多极"的城市体系规模结构特征。

三、产业结构低端与城际趋同

城市间的产业功能分工往往能够决定其职能定位,职能的差异则从经济社会基础层面影响城市群的空间结构特征。这里采用区位商对中原城市群各城市的产业部门分工状态进行分析。区位商反映了城市群中各城市的产业专业化程度与相对发展优势,计算公式如下:

$$CQ_{ij} = (C_{ij}/C_i)/(C_j/C) \tag{7-2}$$

式(7-2)中,C_{ij} 为第 i 城市的 j 产业部门从业人员数,C_i 为城市总从业人员数,C_j 为全国 j 部门从业人员数,C 为全国总从业人员数,CQ_{ij} 为区位商。

由于制造业相对于第一、三产业而言具有明显的基础性经济地位和就业优势,建筑业是带动城市上下游诸多产业协同发展的主要驱动源,而交通行业的发展及运输成本的降低又直接影响产业区位布局及区域竞争优势变化;因此,这里选择第二产业中制造业与建筑业两个行业,并根据国务院的《国民经济行业分类》中对第三次产业的部门分类,计算 2019 年中原城市群各城市主要产业部门的区位商如表 7-4。

表7-4　2019年中原城市群各城市主要产业部门的区位商

部门	郑州	开封	洛阳	平顶山	新乡	焦作	许昌	漯河	济源
制造业	1.3	0.9	1.0	0.7	1.1	1.1	1.0	1.7	2.0
建筑业	2.4	1.2	1.9	0.9	2.7	1.6	2.0	1.4	0.7
批发零售	1.6	1.4	1.5	0.7	0.5	0.8	1.5	0.3	0.7
交通运输、仓储与邮政	1.0	0.5	0.9	0.5	0.9	0.4	0.7	0.5	0.2
住宿和餐饮	2.1	1.4	1.2	0.6	0.7	0.6	0.9	0.3	0.3
信息传输、软件信息技术	1.0	1.0	1.0	0.4	0.7	0.7	0.6	0.4	0.2
金融业	1.4	0.7	1.6	1.0	0.9	2.0	1.0	1.0	0.3
房地产业	2.3	2.1	0.9	0.7	0.8	0.2	1.6	0.7	0.6
租赁商业服务业	1.3	0.8	1.3	0.9	0.6	0.6	0.2	1.7	0.3
科学技术服务业	2.2	0.3	3.4	0.4	1.2	0.4	0.7	0.2	0.3
水利、环境公共设施管理	1.0	1.7	0.5	1.0	0.5	0.9	0.7	1.6	1.1
居民服务、修理其他行业	1.2	1.5	0.1	0.3	0.5	0.4	0.2	0.2	0.2
教育	0.9	0.7	0.8	0.5	1.0	0.6	0.5	1.2	0.6
卫生和社会工作	1.3	0.8	1.2	0.6	1.2	0.8	0.9	1.3	0.6
文体娱乐	2.8	1.4	0.8	0.5	0.9	0.7	1.0	0.8	0.5
公共管理及社会组织	0.8	0.8	1.3	0.7	0.7	1.0	0.8	1.3	0.7

在16个产业部门中,绝大多数城市的建筑业与制造业的区位商均大于1,说明整个中原城市群产中仍以传统的工业为主导,城市间产业趋同效应显著。其中郑州市产业部门的区域专业化较为明显,区位商大于1的占到14个,以建筑业、住宿餐饮业、房地产业、科技服务业、文体娱乐业方面优势较为明显;尤其是郑州市的交通优势明显,除郑州外其他城市交通运输业区位商均小于1。郑州市作为中心城市的产业结构层级优势主要体现在科技创新、文化、商业服务等领域,但是教育与社会管理服务业处于相对弱势的地位,短板也较为突出。洛阳市具有专业化优势的产业部门数量仅次于郑州,且科技服务业的专业化程度较高,体现了作为老工业基地的科技创新底蕴。开封市的外向性服务业仅次于洛阳,尤其是文化产业、旅游业发展势头较好。随着"郑汴一体化"的推进,开封加快了新区的建设与老区的改建,房地产开发已成为开封发展的重要驱动力。金融服务业在郑州、开封、洛阳、焦作、漯河及许昌等核心城市均具有区域专业化优势,也印证了金融业的区

域集聚效应。

总之,中原城市群的产业结构仍以传统劳动密集型或资源密集型为主体,城市的优势产业多集中在传统制造业、商业服务、房地产开发、金融业等领域。尤其是以教育和信息产业为代表的高新技术领域发展相对滞后,煤炭、石化、机械、食品、有色冶金、电气等重化工业占比相对较高。

作为一个处于快速工业化和城镇化过程中的城市群,中原城市群城市体系的产业分工梯度差异性较差,大多城市并不具有产业专业化优势。中原城市群各个市的自然资源、要素禀赋比较相似,各市在产业发展战略与功能定位上也比较相近,城市间缺乏垂直分工和水平分工,因而制约了城市之间的经济联系,抑制了城市群整体联动效应的发挥,大大减弱了各城市之间实施联合发展的优势。根据各城市十三五规划中的城市主导产业与发展定位,如表7-5所示,郑州、洛阳、焦作这三个市都将能源、材料、化工等产业作为主导,但是产业档次没有拉开,产业结构趋同;许昌、漯河等市在制造业方面大同小异,不利于产业结构优化升级;超过一半的市都追求发展机电行业、汽车零部件制造和轻纺工业,盲目追求"大而全"或"小而全"。这种产业结构的趋同化很容易导致重复投资、产业链重合、恶性竞争,使得各市之间竞争要多于合作;在客观上导致投资和生产布局进一步分散化,降低了中原城市群的要素集聚和产业集群发展。在未来发展中,中原城市群必须处理好城市间产业链合理分工和互补促进的问题。

表7-5　中原城市群各城市职能结构

城市	主导产业	发展定位
郑州	机械、冶金、材料、食品、纺织、能源	中心城市;全国现代化物流中心;区域金融中心;先进制造业和科技创新基地
开封	纺织、食品、化工、医药	中国历史文化名城;中原城市群重要的轻纺、食品、医药和精细化工基地;郑州都市圈的重要功能区
洛阳	机械、石油化工、冶金、建材	全国新型工业城市;科研中心和职业培训基地;中西部区域物流枢纽

续表 7-5

城市	主导产业	发展定位
平顶山	能源、化工、建材	装备制造业、原材料基地;先进制造业基地;中部化工城市;化工、能源、原材料、电力装备制造基地
新乡	装备制造、食品、轻纺、医药	中原城市群北部区域物流中心;高新技术产业、汽车零部件、轻纺和医药工业基地;职业培训基地、现代农业示范基地
焦作	能源、化工、材料	中原城市群能源、原材料、重化工汽车零部件制造基地
许昌	装备制造、食品、纺织、能源电力	中原城市群高新技术产业、轻纺、食品、电力装备制造业基地;农业科技示范基地和生态观光区
漯河	食品、纺织、化工	中国食品城;中原城市群轻工业基地;生态农业示范基地;南部区域物流中心
济源	能源、化工、机电、建材	中原城市群能源基地和原材料加工制造基地

资料来源:根据各城市"十三五"规划整理汇总。

第三节　中原城市群的生态承载力评价

一、指标体系构建

生态承载力是指在一定科学技术水平下,资源环境系统对现有人口和未来人口生存和发展的支撑能力;强调在达到这种支持能力时,对资源的利用和环境的开放不应超过资源和环境可达的上限容量,不能以破坏或过度利用资源和环境为代价达到经济发展目的。一个城市群的生态承载力是一个复杂系统,其承载量一是取决于资源环境系统本身,包括自然资源的数量、质量、开采条件、运输条件,以及人们利用开发自然环境的程度、方式与手段等;二是取决于资源环境系统与人口、经济和社会系统的相互协调程度,如果经济发展同时注重节约资源、维护生态平衡,人口再生产与流入流出过程适应社会发展阶段,就可以扩大城市群生态承载力。

根据城市群生态承载力的基本内涵,遵循科学性、完备性、可比性、综合性、相关性和可操作性等原则,考虑中原城市群的经济、人口、资源与环境禀赋特征,构建中原城市群生态承载力评价指标体系。将城市综合承载力分解为资源承载力和环境承载力两个大方面,两个分项承载力下又分别划分了自然资源承载力、社会经济资源承载力和自然环境承载力、社会经济环境承载力四个小类。

其中,自然资源承载力主要反映中原城市群各城市利用水、电、气等各种自然资源的能力,是支撑城市发展的基础。社会经济资源承载力主要反映中原城市群各城市社会经济发展情况,是人类自身改造自然状态,并扩大生态系统对居民就业、生活适应性的表征。自然环境承载力主要包括各类废弃物排放指标和节能减排指标,主要反映中原城市群各城市生态环境维系的优劣程度。社会经济环境承载力主要反映各城市居民享有的文化、交通、卫生、休闲等公共基础设施与服务的质量,是生态优化的人本主义精神在居民社会生活层面的体现。这样就构成了中原城市群生态承载力评价指标体系的目标层、准则层、权重、要素层和指标层框架,见表7-6。

研究所用数据来自《中国城市统计年鉴(2017)》《河南统计年鉴(2017)》等。其中,对于一些逆向指标如烟(粉)尘排放量、废水排放总量、二氧化硫(SO_2)排放量等,采用倒数法进行正向化。对于城镇居民家庭人均可支配收入、生活垃圾无害化处理率,采用常住人口数作为权重对相应数据进行加权平均。对所有指标数据都进行了无量纲化处理。

指标权重测定采用层次分析法,具体操作步骤是:一是根据上述指标体系,做出指标体系表;二是聘请相关领域专家学者对指标间的重要性用1—9评分;三是根据专家学者评分,构建各指标的两两判断矩阵,计算各评价指标的最终权重。最终权重见表7-6。

表7-6   中原城市群资源环境承载力指标体系及其权重系数

目标层	准则层	权重	要素层	指标层	权重	总权重
A 中原城市群资源环境承载力	B1：资源承载力	0.4	C1 自然资源承载力 0.5	D1：城镇常住人口（万人）	0.067	0.013 4
				D2：供水总量（万立方米）	0.333	0.066 6
				D3：全年供气（天然气）总量（吨）	0.200	0.400
				D4：市镇用电量（亿千瓦时）	0.04	0.080 0
			C2 社会经济资源承载力 0.5	D5：人均生产总值（元）	0.048	0.009 6
				D6：城镇居民家庭人均可支配收入（元）	0.095	0.019 0
				D7：实际利用外资（万美元）	0.143	0.028 6
				D8：普通高等学校数（所）	0.047 6	0.238
				D9：城乡从业人数（万人）	0.143	0.028 6
				D10：规模以上工业企业数（个）	0.333	0.066 6
	B2：环境承载力	0.6	C3 自然环境承载力 0.5	D11：烟（粉）尘排放量（万吨）	0.066	0.019 8
				D12：废水排放总量（万吨）	0.067	0.020 1
				D13：二氧化硫（SO2）排放量（万吨）	0.067	0.020 1
				D14：工业废水排放达标率（%）	0.2	0.060 0
				D15：一般工业固体废物综合利用率（%）	0.2	0.060 0
				D16：城市污水处理厂集中处理率（%）	0.2	0.060 0
				D17：生活垃圾无害化处理率（%）	0.2	0.060 0
			C4 社会经济环境承载力 0.5	D18：百人公共图书馆图书藏量（册）	0.071	0.021 3
				D19：万人拥有卫生机构床位数（张）	0.143	0.042 9
				D20：人均城市道路面积（平方米）	0.071	0.021 3
				D21：万人拥有医院床位数（张）	0.143	0.042 9
				D22：万人拥有公共交通车辆（台）	0.214	0.064 2
				D23：万人拥有医疗卫生机构（个）	0.143	0.042 9
				D24：建成区绿化覆盖率（%）	0.215	0.064 5

二、生态承载力评价

通过24个指标的最终权重与标准化处理后的各指标数据进行加权求积，获得中原城市群生态承载力的综合评价值、各要素层、准则层的评价值，以及其排序情况，如表7-7所示。

表 7-7　中原城市群资源环境承载力各级指标及综合排序

中原城市群	B1 资源承载力					B2 环境承载力							综合	
	C1		C2		B1		C3		C4		B2		综合	
	承载力	排序	承载力	排序	承载力	排序	承载力	排序	承载力	排序	承载力	排序	承载力	排序
郑州	0.200 0	1	0.200 0	1	0.400 0	1	0.123 5	6	0.172 9	1	0.296 4	1	0.696 4	1
洛阳	0.100 9	2	0.097 8	2	0.198 7	2	0.086 6	8	0.090 0	8	0.176 6	8	0.381 7	2
开封	0.030 9	6	0.047 2	6	0.078 1	7	0.177 2	3	0.118 5	2	0.295 7	2	0.373 9	3
新乡	0.058 5	3	0.060 5	4	0.119 0	3	0.098 0	7	0.111 2	3	0.209 2	7	0.328 2	6
平顶山	0.038 8	5	0.040 1	7	0.078 9	6	0.123 8	5	0.101 2	5	0.225 0	6	0.304 0	7
焦作	0.044 9	4	0.055 2	5	0.100 1	4	0.024 6	9	0.103 7	4	0.128 3	9	0.228 4	8
许昌	0.017 1	7	0.063 1	3	0.080 2	5	0.185 3	2	0.100 5	6	0.285 8	4	0.366 0	4
漯河	0.011 1	8	0.028 1	8	0.039 2	8	0.198 5	1	0.096 6	7	0.295 1	3	0.334 3	5
济源	0.007 3	9	0.009 5	9	0.016 8	9	0.161 6	4	0.075 4	9	0.237 0	5	0.253 9	9

在自然资源承载力方面,排在前三名的是郑州、洛阳、新乡,排在后三名的是许昌、漯河、济源;在社会经济资源承载力方面,排在前三名的是郑州、洛阳、许昌,排在后三名的是平顶山、漯河、济源。在总的资源承载力方面,排在前三名的是郑州、洛阳、新乡,排在后三名的是开封、漯河、济源。从水资源方面来看,中原城市群的水资源量稀缺,远远低于需求量,且空间分布不均匀,总体趋势为中部多、南北少。其中水资源总量最多的地区是洛阳市,其次是平顶山市和新乡市。从人均来看,济源市的人均水资源量最为丰富,平顶山市和洛阳市次之,而人口数量庞大的省会郑州市的人均水资源量较少。

自然资源承载力和社会经济资源承载力排名的前两名都是郑州和洛阳,后两名均是漯河和济源。郑州市作为国家中心城市、河南省省会、中原城市群的中心城市,虽然人均水资源量较低,但是自然资源和社会经济资源总量较丰富,尤其是经济、公共服务、交通等发达,因此资源承载力较其它城市大。洛阳地域面积较大,物产资源丰富,尤其是北方地区少有的富水城市,并且作为中原城市群的副中心,科教文化事业发达,因此资源承载力相对较高。漯河和济源主要是地域面积较小,各种总量指标受限,资源承载力在中原城市群中偏低。

在自然环境承载力方面,排在前三名的是漯河、许昌、开封,排在后三名的是新乡、洛阳、焦作;在社会经济环境承载力方面,排在前三名的是郑州、开封、新乡,排在后三名的是漯河、洛阳、济源。在总的环境承载力方面,排在前三名的是郑州、开封、漯河,排在后三名的是新乡、洛阳、焦作。中原城市群各市经济发展阶段不同,环境承载力状况差异较大。郑州虽然在自然环境承载力方面排名并未进入前三,但是在社会经济环境承载力方面遥遥领先其他城市,综合来看郑州在总的环境承载力方面仍然排名第一。开封市是古都,近年来以旅游业、文化产业、城市建设等见长,生态承载力逐渐改善。在环境承载力各方面均处于前三名。焦作市作为资源枯竭型城市、重化工业城市,长期以来形成了能源、化工、原材料等工业布局,同时自然资源消耗强度高、环境污染形势较为严峻,因此在环境资源承载力中排名处于最后。新乡是中原地区重要的工业基地,是中国电池工业之都、国家新能源电池及电池材料产业区域集聚发展试点城市、国家新型电池及材料产业基地、新能源汽车推广应用城市、生物医药特色产业基地和起重机械产业基地。新乡的电池产业会产生较多垃圾和废气排放,废弃物处理不当还可能造成土壤环境污染,因此总体来说其环境承载力呈下降趋势。

从综合生态承载力来看,排在前三名的是郑州、洛阳、开封,排在后三名的是平顶山、焦作、济源。郑州市作为河南省的省会、国家级中心城市,是中部地区重要交通枢纽、全国性商贸物流中心、区域金融商贸中心、先进制造业和高新技术产业基地。洛阳作为中原城市群的副中心城市,科技研发实力强劲,是全国重要的装备制造业基地。双极型中心城市以金融、商贸、科技等现代服务业集聚为典型特征,使得综合生态承载力仍居于城市群前列,充分体现了城市群核心的凝聚力和辐射力。尤其是郑州市的人均生产总值、城镇居民家庭人均可支配收入、城镇居民家庭人均可支配收入、规模以上工业企业数等各项指标都要远超其余城市,引领带动城市群区域经济发展。但是,郑州市由于历史原因,仍存在大量高耗能、高污染的重化工业,而且人口密集大、建筑物密集、交通流量增长迅猛,使得生态压力居于高位,为提高资源环境承载力埋下了隐患。

中原城市群 9 个城市的生态承载力存在问题具有差异性。郑州市经济发达,工农业需水量大,加之污水排放量大,使得郑州市成为中原城市群水资源数量与质量问题最严峻地区。中原城市群的中南部的许昌市、漯河市等的大气污染更加严重,大气环境承载力较弱。郑州市、济源市、洛阳市以及平顶山市等四市的土地面积对人口总量的承载力较为有限,由于地形以山区为主,平原面积少,耕地面积有限,粮食供求失衡对人口承载容量产生较大不利影响。

第四节　中原城市群的生态优化路径

中原城市群的生态优化路径及对策制定必须充分发挥各市的经济、人口、地理、资源、要素等差异性禀赋优势,紧紧依托郑州中心城市、洛阳副中心城市的辐射带动作用,加强城市间的合作互补、协同发展,才能形成空间布局优化高效、职能分工梯度合理、产业集聚集群发展、对外开放不断深入、生态文明高度发达的现代化城市集群,成为带动中部崛起与国内国外双循环的重要战略支点。

一、建立城市间协同联动机制

中原城市群内部各级城市政府间缺乏完善的制度化协调机构,各市在发展中各自为政的现象仍然存在。有些市出于自身经济利益,限制要素流动、差异化对待各类企业、人为分割市场的现象依然存在。中原城市群目前只有市长联席会议机制相对比较规范,但也只是签署一些共同推进中原城市群建设的战略合作框架协议,对各市没有实际的约束力[①]。无论是在省级政府层面,还是在市级及以下政府之间,均缺乏比较规范的制度化协调组织机构,没有相应的制度化决策程序,导致跨区域的公共事务合作十分松散。

---

① 廖富洲.构建和完善城市群跨区域联动发展机制:以中原城市群为例[J].学习论坛,2014,30(11):31-36.

政策实践中,各城市间的合作协调在很大程度上是依靠地方主要领导的个人影响来推进,并非完善的制度化组织机制,一旦主要领导人事变动,政府间的合作很容易受到影响。

中原城市群的生态协调发展必须建立起区域协同机制。一是打破区划分割和行政性壁垒对市场要素流动的限制,逐步形成一体化的要素市场和商品市场。试点在中原城市群推进要素市场改革,完善区域要素市场的价格形成机制,减少体制、政策因素导致的要素错配和低效配置行为,提高全要素生产效率。二是在中原城市群范围内逐步消除各级政府的行政性保护与隐性补贴,减少政府对市场竞争性领域的干预,加大区域内市场整合力度,降低市场进入成本和交易成本。三是加强中原城市群内非政府横向协调机构的作用,推动落实有约束力的经济合作多边框架协议,降低各地方政府之间、各类市场主体之间的协调成本。四是试点推动中原城市群范围内行政审批一体化改革以及政府职能的转变,清除修改与区域市场一体化不相符的法规,保障城市群的市场一体化。

具体来看,中原城市群要依托郑州航空港经济综合实验区、河南自由贸易试验区和郑洛新国家自主创新示范区建设,立足以郑州为中心的综合交通网络,强化物流及商贸中心的地位,通过跨区域的合作和分工,促进城市之间的互联互通和相互协作,形成四大发展轴:一是沿陇海发展主轴,发挥陆桥通道优势,郑州、洛阳、开封联合发展成为先进制造业和城镇集聚带,支撑新亚欧大陆桥国际经济走廊。二是沿京广发展主轴,发挥郑州的辐射带动作用,使新乡、许昌、漯河等城市产业集聚能力得以提升,形成一批特色产业集聚区,成为沟通南北的产业密集带。三是济南—郑州—重庆发展轴,依托郑济、郑万高速铁路建设及综合运输通道,发挥平顶山等节点城市和沿线中小城市对广大农村腹地的支撑作用。四是太原—郑州—合肥发展轴,随着郑合、郑太高速铁路以及城际快速通道的建设与开通,使焦作、济源等节点城市不断扩容提质,相关优势产业集聚发展,构建连接合肥都市圈、太原都市圈的产业集聚带。

总之,通过建立城市群内部的协同联动机制,建设跨区域快速交通通道,不断加强相邻城市的合作共赢,根据各区域资源禀赋条件优化分工协作,在教育、科技、文化、生态等方面实现共享,形成北部跨区域协同发展示范区、东部承接产业转移示范区、西部转型创新发展示范区、南部高效生态经济示范区等。

二、推进产业空间结构优化升级

当前中原城市群已基本形成了郑—汴—洛城市工业走廊(陇海产业发展带)、新—郑—许—漯京广产业轴、新—焦—济—南太行产业轴、洛—平—漯产业轴等4个产业发展轴带。这些产业轴带的工业化基础较好,产业集聚集群初步形成,但是缺乏统一实施的产业布局规划,产业内部缺少应有的分工与合作秩序,区域资源整合不足,规模效益不够突出,直接影响了中原城市群的产业一体化与产业空间结构优化。

以综合生态绩效提升为导向,这些产业轴带应以区域协作、结构优化、适当集中、集群发展为重点,整合资源、资金、技术和劳动力等要素,建立联合发展机制,以群体的形式共同发展并参与区域竞争。一是推动郑—汴—洛工业走廊向东西延伸,形成汽车、电力、高新技术、铝工业、装备制造、煤化工等产业基地;二是推动新—郑—许—漯产业轴带加快发展现代装备制造、钢铁、生物医药、电子电器、食品产业;三是引导新—焦—济—南太行产业轴带和洛—平—漯产业轴带重点发展重化工业、医药和生物能源等产业,致力于将自然资源优势转化为综合经济优势,形成一批特色产业集聚区和产业集群。对城市个体的产业结构进行统筹分工与优化升级,许昌市适宜发展具有雄厚基础的机械装备制造业,并部分承接郑州转移出的服装、商贸等产业;焦作市适宜发展能源、精细化工等产业;新乡市适宜发展机电、轻纺、商贸等产业;平顶山市是大型能源基地,适宜发展能源、化工、纺织等产业;漯河市适宜发展食品加工业、轻纺、交通运输等产业;济源市适宜发展能源、冶金、建材、化工、农副产品加工业等产业。

在城市群产业空间结构优化升级的宏观战略规划方面,总体思路是郑州市作为“领头雁”发挥产业引领作用,洛阳和开封作为“两翼”发挥溢出和辐射效应,众多中小城市错位发展、丰富城市群产业集群,最终在中原城市群形成产业分工明确、功能优势互补、层次梯度合理、空间转移有序的“雁阵式"产业体系。推进重点措施:一是加强郑州市高端产业集聚对城市群的核心带动作用。郑州要集中发展商业、物流等现代服务业,信息技术、科技、高等教育等创新产业,引进高素质人才,成为区域经济发展的知识创造中心。依托郑洛新国家自主创新示范区以及郑州航空港经济综合实验区建设,以富士康为龙头,形成现代电子信息产业集群。二是加快补足城市群的高新技术产业和科技教育短板。着力在郑洛新区域发展高新技术产业集群,加强培育建设金融保险、现代物流、科技研发、高等教育、计算机软件、信息技术等产业,补足高等教育竞争力不强、高技术人才培养基础薄弱、研发型产业稀缺等突出短板。三是依托河南全国数据中心建设布局二类地区优势,紧抓国家大数据综合试验区建设机遇,推进互联网+、大数据、区块链等新兴产业发展。紧抓网络消费趋势,发展形成电子商务行业高地;发展大数据行业,加快建成跨行业、跨部门共享的基础信息资源库;推进互联网大数据技术在制造业、农业、服务业、能源等领域的融合应用。

三、建设内陆双向开放新高地

开放发展作为党的十八届五中全会提出的五大发展理念之一,既是中国改革开放40多年来成功经验的总结,也是新常态下拓展经济发展空间、建设开放型经济的必然要求。新时期中原城市群应充分利用自身海陆空综合交通枢纽、"一带一路"重要节点的区位优势,坚持开放发展理念,成为内陆地区扩大对外开放、开展国际合作的大平台、双向开放新高地。

中原城市群于欧亚大陆桥的东端,是丝绸之路经济带向东延伸的端点和腹地,也是国家城镇密集区和经济发展轴的黄金交汇点。中原城市群可以以此为基础,充分挖掘"一带一路"沿线国家和地区与其在产业基础、资源禀赋、市场容量等方面的互补优势,通过扩大相互开放,加快推进区域贸易投资自由化、便利化进程,提高对外开放水平。

中原城市群的核心城市郑州,不仅是国家铁路网的核心枢纽,还拥有中国首个经国务院批准的航空港经济发展先行区的郑州航空港。目前,郑州航空港已基本形成了通达全国主要城市和欧美亚国家的"空中走廊"与航线网络,其2小时航程内覆盖人口和GDP分别为约12亿人和43万亿元,分别占全国的 90% 和 95%，正在发展成为国际航空物流中心、国际性的综合物流区。中原城市群应进一步围绕航空港为核心构建国际化综合交通枢纽，努力加强各种基础设施建设，使郑州航空港物流成为沟通欧美和连接非洲的"空中大陆桥"。

同时，随着中国（河南）自由贸易试验区的发展和中国（郑州）跨境电子商务综合试验区的完善，中原城市群的开放格局将近一步提升。2016 年 8 月，党中央、国务院决定，设立中国（河南）自由贸易试验区，战略定位是构建贯通南北、连接东西的现代立体交通体系和现代物流体系，着力建设服务于"一带一路"建设的现代综合交通枢纽。这种战略定位契合了从 20 世纪初以来中原城市群地处全国乃至亚洲交通枢纽中心的特殊优势，将成为中原城市群开放型经济发展的一个新的发力点。当前中国（郑州）跨境电子商务综合试验区正在全面建设，郑州在全国首创了"电子商务+保税中心+行邮监管"的跨境电商保税通关模式，跨境电商政策、交易规范和产业、物流发展创新成效显著，多项指标在试点城市处于领先地位。跨境电子商务的持续快速发展，为中原城市群全面扩大对外开放合作、全面融入"一带一路"战略、参与国际分工体系搭建了新平台，提供了新机遇。

随着未来中原城市群交通网络的进一步完善，中原城市群将打通国内主要城市运输通道，构建起横贯东中西、联结南北方的开放经济走廊，通过加强与周边地区和国内其他地区的合作互动，成为对内对外开放平台，形成全方位、多层次、宽领域的双向开放格局。

四、保障城市生态宜居绿色发展

从国内外发展经验来看，大多数城市会在城镇化中期时出现严重的环境污染问题；我国传统城镇化道路更是具有高耗能、高排放、外延式扩张特征。当前，中原城市群基本处于城镇化中期的后半阶段，并且所覆盖的区域是人口密集区、生态环境承压区，因此必须坚持生态优先、绿色发展战略。

一是构建立体式循环型绿色产业体系。立足河南资源大省、农业大省和新兴工业大省的省情①,改变"资源—产品—废弃物"单向线性生产模式,以资源绿色循环利用为核心,实施循环发展战略。例如西部地区地处我国地理第一阶梯和第二阶梯交汇处,海拔高差大,又有黄河和洛河等大河经过,可利用水资源和水力能源丰富;东部地区地势平坦,季风气候比较明显,有较多风力资源可开发利用。通过新能源的开发利用,不仅有利于缓解资源困境,更提供了清洁的能源助力节能减排。着力推进农业与粮食、矿产资源与制造业、生物资源与终端消费品、生产系统与生活系统的循环链接,建立以产业循环连接、资源高效利用、废物高效再循环利用为特征的循环型产业体系,实现产业发展"全生命周期绿色化"。

二是推进分享经济发展,形成绿色消费新模式。引导居民践行绿色生活方式和消费模式,探索闲置房屋、闲置车辆、闲置物品的分享使用方式和分时租赁新业态,发展分享办公、分享存储、分享信息,提高闲置资源的利用效率。推动绿色、低碳、智慧城镇化,提升城市公共绿地面积占比,发展绿色低碳的公共交通,鼓励步行、自行车和公交车等低碳绿色出行方式。

三是优化中原城市群生态空间结构。因地制宜地利用中原城市群的秦岭余脉、太行山南段山地、中部丘陵、东部农区,以及分布其间的湖泊、河流、城镇、道路等生态环境条件,营造西部山地、中部丘陵与东部农区等生态基质,推进城市群区域的生态廊道建设和各类生态斑块建设,最终形成完善的"斑块—廊道—基质"城市群生态网络系统。在郑州大都市区按照"大生态、大环保、大格局、大统筹"的要求,统筹推进森林、湿地、流域、农田、城市五大生态系统建设,加强城郊森林、森林公园、湿地公园建设,打造绿树成林、河流湖泊互连互通的景观,打造中原城市群的"绿芯",加快形成与国家中心城市地位相匹配、与都市区空间结构相衔接、与现代产业结构相融合、与人民群众对高品质生活斯盼相适应的生态保障体系。

四是减少生产、生活中的污染物与废弃物排放。中原城市群要加快调整优化产业结构,合理布局工业结构:产业结构的优化与调整应按照"物耗少、能耗少、占地少、污染少、运量少、技术密集程度高及附加值高"的原则,

---

① 钱发军.河南省循环经济发展对策[J].河南科学,2011,29(08):993-998.

限制发展那些能耗大、用水多、污染大的工业。从环境、经济、社会效益的三方面统筹考虑,进行第一、第二和第三产业之间的结构比例的调整和优化,走可持续发展道路;推行清洁生产,发展节水工艺,减少污染物排放量;大力发展废水资源化及回收利用技术,通过回收废水中的有用物质,既可使之变废为宝,又可增加经济效益。

第八章
我国城市体系生态优化的保障措施与政策建议

第一节 城市体系生态优化的指导原则与理念

一、全面构建城市生态文明理念

近年来随着资源紧缺、环境污染、生态恶化等问题日益凸显,我国将生态文明建设提到了前所未有的高度,提出并实施了一系列生态文明建设理念。在城市及城市体系的生态优化层面,近年来相继提出了"低碳城市""环境友好型、资源节约型城市""生态宜居城市""海绵城市""生态修复、城市修补"等侧重点各不相同的指导性原则与理念。这些生态文明建设的原则和理念从最初将生态协调看作是经济和社会发展的外在保障条件,逐渐转变为将生态文明看作是国家富强的核心述求之一,越来越深刻地认识到了城市发展中的生态文明价值,进一步突出了城镇化的"人本主义"核心本质[沃斯(Wirth),1938]。

对于单个城市来说,需要将生态文明理念植入城市生产与生活的具体微观层面,通过宣传、示范、政策引导人们的绿色消费观、价值观和发展观,在城市规划、通勤、物流、公共服务、企业生产、居民消费等层面形成综合生态目标的导向和评价机制,构建深层次、系统化、共识性的城市生态协调理念基础。

在城市体系演变层面上,树立各级城市间生态系统耦合共生的理念,以综合生态绩效为标准,评判城市体系中不同规模级别城市的发展路径,指导大中小不同规模级别城市,以及东中西部不同区域城市的差异性生态保护政策。运用生态经济理论规律,从城市体系规模结构的源头上缓解"城市病",努力实现整个城市体系的综合生态绩效提升。

二、"有效市场"和"有为政府"相结合原则

城市体系规模结构的演变是受市场机制和政府调控两种力量共同作用的动态博弈过程,是企业、居民和政府在特定约束下寻求最优化决策的均衡结果,市场机制失灵或政府不适当干预都会给城市体系带来生态恶化问题。要实现城市体系的生态优化目标,一方面需要充分发挥市场机制"无形的手"对资源、环境等生态要素配置的自发调节作用,建立以市场价格—供求—竞争机制支撑生态系统维护的基础性功能。另一方面,城市体系生态优化也要求城市政府在顺应生态规律的基础上,主动实施法律、行政、政策等调控手段,以"无形的手"干预、纠正市场经济失灵带来的城市生态问题,采取相应的生态治理措施。

中共十八届五中全会强调"加强空间治理体系建设,推进国家治理体系和治理能力现代化"。中国作为基础薄弱、经济社会结构急剧变革中的发展中国家,面对着城镇化中的突出生态环境问题,必须依靠各级政府综合研判各区域人口、资源、环境状况,预先规划、分类指导、积极作为加以解决。未来 10—20 年我国城市体系将会继续快速重构,这一必然趋势又与城市生态超载、城市居民的生态环境诉求提升等现实挑战多重叠加,对于政府的城市治理来说既是一个挑战,又是一种促进城市规模结构生态优化的"窗口期"机遇。要抓住这一机遇,必需各级政府主动加强对城市体系生态优化的宏观调控与微观治理。

首先,由于理论上市场在调配资源、环境要素时存在失灵,因此城市体系的生态优化必须发挥政府"看得见的手"的作用。生态层面的微观市场失灵主要表现在:自然子系统的外部性会扭曲生态产品的价格评估、传导、分

摊机制,居民、企业、政府对城市过度拥挤的负面效应反应不敏感或不一致;由于城市公共服务的非竞争性,新迁入居民可以低成本"搭便车"享受市政公共服务与福利,这些都会诱导城市人口流入规模高于生态最优化水平。因此,面临城市微观市场失灵与宏观经济失衡,城市政府必须担当起生态维系的计划者、干预者、管理者、治理者角色。

其次,在城市体系的生态引导和环境治理上,政府应尽量减少采取直接行政命令方式,而是要充分发挥市场机制对资源、环境要素配置的基础性作用,即使加强环境规制工具,也要立足于诱发价格机制和供求规律的激励、约束作用。行政命令和直接禁令虽然对资源利用粗放、污染物过量排放的防控效果立竿见影,容易忽视微观主体的意愿和利益述求,干扰微观市场主体的决策均衡,导致执法成本较高,监控难度增大,寻租行为易发,对城市生态治理产生副作用。尤其是城市政策制定者应避免直接行政化分配城市用地面积等指标,或以行政命令方式限制城市人口增长。城市政策还要保持稳定性,避免反复修订政策给微观主体施加混乱信号。

最后,国外城市发展实践表明,单纯依靠市场主导、不施加政策干预的城市体系演变也容易出现"先污染,后治理"、城市规模结构过度集中、社会贫富分化等"城市病"。虽然后期有些国家政府通过积极干预与加强宏观规划,使得城镇化质量明显改善,但也付出了巨大的代价。例如,英国以其自由放任的城镇化和工业化模式著称,但是在历史上也酿下生态建设缺乏长远规划导致的苦果。1952 年 12 月伦敦爆发"烟雾惨案",导致交通困难、飞机停航、居民呼吸道疾病高发,最终酿成 8 000 余人陆续丧生的后果。这次事件的表面诱因是冬季燃煤取暖和工业生产排放污染气体过度,深层次原因则是伦敦政府在产业布局、能源结构、城市体系发展中忽视了贯彻生态环境保护理念,甚至缺少宏观层面的规划指导。直到 20 世纪 70 年代之后,伦敦市区逐渐普及煤气和电力等低碳能源使用,减少煤电消耗,大气环境才出现明显改善①。反观日本虽然是市场经济型国家,但政府对人口流动和城市体系布局始终采取主动引导和积极干预,根据其外向型经济战略指导产业

---

① 付晓东.中国城镇化与可持续发展[M].长春:吉林出版集团股份有限公司,2016.

和人口向特定城市和区域集中,还制定一系列专门法律法规促进人口疏散和大中小城市协调发展。

三、提升城市居民的生态保护意识与环境偏好

　　城市居民的生态保护意识及对环境质量的偏好强度是影响城市规模结构是否能沿袭生态优化路径演进的重要微观基础。城市体系生态优化不能仅靠政府的法律、行政、财税、金融或土地政策推进,还应发挥城市居民在消费、居住、迁移等微观决策机制中对生态环境质量的偏好度,发挥居民主体的主观能动性和积极性。居民对生态环境质量偏好程度的提升能促进城市规模结构的分散化:随着居民生态环境偏好的提升,小规模城市居民的相对效应水平会提高,而规模较大城市居民的相对效应水平会降低,其出于追求生态效用的迁移动机将会增强。

　　结合当前实际,城市政府提高大众的生态意识与生态质量偏好意愿的主要措施:主动公开项目的环评与生态影响信息,广泛征求民众对城市生态功能规划布局的意见建议,推广线上线下相结合的生态教育平台与生态体验平台,分类别、分步骤地推进各城市的垃圾分类回收体系等。另一方面,本研究表明,弱化居民生态环境偏好的体制机制会强化大城市的集中膨胀,加剧城市体系规模结构的集中化。因此,在城市生态文明建设中应纠正诸如"两栖式迁移"导致的城市流动人口的环境偏好降低,以及地方政府在GDP 锦标赛中弱化环境规制等体制机制。

第二节　构建城市体系生态补偿制度

一、城市体系的生态功能划分与协作

　　根据本研究,经济子系统的收益分享扭曲、社会子系统的公共服务成本约束弱化、自然子系统的生态补偿缺失等是造成城市体系失配的重要生态

成因。如果各级城市政府仅考虑自身内部收益进行生态决策,或仅有个别城市而不是整个城市体系共同致力于治理环境污染,很容易陷入生态上的"公地悲剧"。因此,城市体系的生态优化也应基于不同级别、区位城市的生态功能定位及特性,构建城市间生态成本—收益非匹配性的补偿制度。

依据表8-1所示全国生态功能区划及其保护原则,在生态调节、产品提供与人居保障等3类全国生态功能一级区划基础上,综合考虑"十四五"人口分布和流动趋势规律,考虑产业分工和转移路径、公共物品供求结构再平衡要求,建立以大城市为核心,以城市群、都市圈为基本形态,以多中心城市结构为新特征的人口承载与人居保障功能区,作为城市体系的首层结构。其他国土空间根据自然禀赋和公共功能建立相应的粮食(农产品)主产区、生态涵养功能区等,作为城市体系的次层级结构。

依据生态功能区划或主体功能区划,超特大城市、国家中心城市及城市群核心区域要发挥要素高效集聚与就业、消费等优势,承担吸纳人口居住、就业与高端产业发展的责任。处于干旱半干旱等生态脆弱区,以及草原、林地、高原等生态涵养区的很多中小城市或低等级城市,在城市体系中更多承担着区域生态调节与生态产品供给角色,在现有技术条件和生态形势下不宜再搞大开发、不适合大规模集聚人口。这类中小城市要秉承国家生态安全重任,将保持和增强整个生态系统安全和自然环境维系作为重要任务,重点确保其生态涵养能力和生态屏障功能,保持适度规模发展,限制性承接产业流入,防止经济活动对生态空间的侵蚀。此外,依托自然资源与生态环境优势,一些低级别城市还能发展成为提供休闲度假、旅游、养老、农业、生态观光等服务的特定类型城市,弥补大城市在资源保障与生态服务供给功能方面的不足。粮食主产区的中小城市的地域扩张不能突破耕地面积红线,在以省为主的耕地占补平衡中要多补充优质土地,同时发展农产品加工业等。

表 8-1 全国生态功能区划及其保护原则

生态功能 一级区	生态功能 二级区	生态功能三级区 举例	保护与发展方向原则
生态调节	水源涵养 土壤保持 防风固沙 生物多样性保护 洪水调蓄	大兴安岭北部 呼伦贝尔草原 黄土高原西部 三江平原湿地 洞庭湖湿地	建立生态功能保护区,加强生态恢复与生态建设,控制水土污染,退耕还林、退牧还草、严格生态监管
产品提供	农产品 林产品 畜产品 水产品	东北平原 云南西南山地 内蒙古草原 沿海岛屿	严格保护基本农田,加强农田基本建设,实现草畜平衡,林地采育平衡,增强抗自然灾害的能力
人居保障	大都市群 重点城镇群	长三角城市群 武汉城镇圈	加强城市生态建设,合理布局城市功能组团,控制城市污染,推进循环经济

资料来源:环境保护部,中国科学院.《全国生态功能区划》,2008 年 7 月 18 日。

二、城市间生态补偿的机理与措施

以中小城市为主的生态功能区为以大城市为代表的人居保障区提供了物质流、能量流、信息流、价值流等生态流,源源不断供给充裕的劳动力人口,维护了生态系统良性循环,确保优质空气、水、矿产等自然资源供给。然而这类城市自身往往开发度较低、经济发展动能不足、受生态保护要求的制约较大,牺牲了较多发展经济和提高收入的机会。如果城市间缺乏生态价值评估与补偿机制,低级别城市提供了生态保持功能,却无法得到相应的补偿,必然会转而追求提高人口规模与经济总量,最终导致环境规制"逐底竞争"下的生态环境恶化,以及城市体系的扭曲。例如曾经在淮河上游的中小城市遍布小化工厂、小水泥厂、小造纸厂,这些虽然对本地城市经济增长做出一定贡献,但是对整个淮河流域,尤其是下游安徽、江苏等人口密集地区城市造成的污染损失以及环境恢复代价可能要更大,从整体城市体系的生态效应上是得不偿失的。

因此,各级各类城市应明确自身在全国城市体系中的生态功能定位,在此基础上进一步形成相关联城市间的生态补偿机制,构架差异化城市错位竞争与协作格局。基于各类型城市对城市体系总体生态绩效的贡献度与牺牲代价,由获得生态正收益服务的大城市按照生态收益—成本匹配原则,向小城市转移一部分经济溢出效应和正外部性收益,才能确保相对落后的小城市不至于过度"空心化"而丧失提供生态服务功能的长久动力。考虑到某些处于水源涵养地、土壤保持区、地震断裂带上的城市的自然环境脆弱,一旦损害后再进行生态修复的代价巨大。那么在这些城市区域限制发展,同时配合加强中央、发达城市对其进行转移支付、对口帮扶、精准扶贫等措施,要比过度开发这些城市对城市体系综合生态绩效的贡献更大。例如,同处于长江流域的下游长三角城市群,应当对口支援、补偿上游水源涵养区和林产品供给区的中小城市,以解决流域上下游城市的水质保护与受益主体非匹配问题,维护整个城市体系的生态优化。

三、城市间环境污染外部性的内在化——基于科斯定理

某个城市对周边其他城市的水、土、大气环境造成污染,却没有付出相应代价或补偿,这种环境污染的负外部性会在客观上刺激其过度集聚人口和产业,导致城市体系过度集中与环境污染加剧的恶性循环。从经济理论上,解决这种污染外部性问题的一个有效途径是外部性的内在化。基于科斯定理,只要自然资源或环境要素的产权明晰且受到法律保护,且交易成本为零或很低,无论初始资源配置状况如何,城市之间总可以通过市场协商和交易等机制对污染外部性进行修正,且达到污染治理效率的最优化。

因此,应进一步明确水生态、大气环境等公共财产在城市间或不同区域间的产权归属,建立协同保护机制,实现区域内各城市"保护收益,损害补偿"。生态成本补偿必须按照明晰所有者产权、使用者付费、污染者付费、投资者收益的对等原则;常用补偿措施主要包括采取排污收费措施、建立可交易的排污权制度、碳排放控制与推广碳交易制度等,进而遏制城市体系失配造成的资源紧缺与环境恶化问题。

科斯定理的典型实践是建立排污许可证制度与污染权交易制度。理论

上,城市政府如果可以自由交易污染权,市场均衡的结果在污染管控效能上可达到最优,不仅可以将全社会的平均污染治理成本降到最低,而且能够根据区域生态承载力变化与经济增长目标,动态调整可容许的污染权总量,实现对污染总量的宏观调控。

污染权交易制度可以有效协调水流域上下游城市间的污染排放与补偿矛盾,加强水环境质量保护。假设一条河流的上游城市排污会影响下游城市可利用水资源的数量和质量,初始河流上游城市由于资源禀赋优势,环境承载力较强,降低污染的成本较小;下游城市的工业化水平更高,环境容量有限,降低污染必须承受较大经济压力。按照科斯定理建立一套生态补偿机制,首先按照要素禀赋优势原则赋予上游城市更多的污染指标。污染权交易市场均衡结果可能是治理污染成本较大的上游城市选择多排污,并根据需要向下游城市购买污染指标;下游城市在获得与生态损失对应的补偿后,选择出售污染指标,减少排污。由于客观上无法完全消除污染,在这种城市间污染权交易机制下,整个流域的排污是最有效率的。应当注意的是,这套城市之间污染权交易与补偿机制的实施需要满足两个条件:一是干净河流的产权明确且受法律严格保护;二是各类城市之间达成生态补偿标准的协商、谈判、实施等交易成本较低。

四、征收庇古税以减轻城市规模结构的集中化

外部性内在化的另一个常见应对措施是对排污等外部性行为征税,也称为"庇古税",由政府税收杠杆来调节弥补外部性成本,防止城市规模过度导致的城市体系结构失衡。

在信息完全假设下,可以对边际工人引起的外部性生态危害进行增税,例如,对新增居民征收污染物排放扩容税或所谓准入税(entry tax),使税收额等于外部社会边际成本。如图 8-1 所示,$MNPB$ 是企业的私人边际净收益曲线,MEC 是企业排污损害外部环境导致的边际外部成本。在没有干预的情况下,企业在 $MNPB > 0$ 时会一直扩大生产和吸纳新增人口就业,市场自由均衡结果是城市规模扩张到 Q',而综合生态最优的城市规模应当是 Q_E。政府采取征收庇古税 t_E 的对策可以矫正环境污染的外部性影响,使企

业把生产限制在生态最优 Q_E 水平。在产业结构一致的情况下,大城市中环境污染的负外部性一般要大于小城市,因此大城市的规模会回缩更快,从而减轻城市规模结构的两级分化。另外,征收庇古税措施除了有利于维持城市规模在综合生态最优水平外,还可以促进企业的污染防控技术设施改造,帮助城市政府获得生态修复资金来源,减少政府直接干预的信息成本和行政成本等。

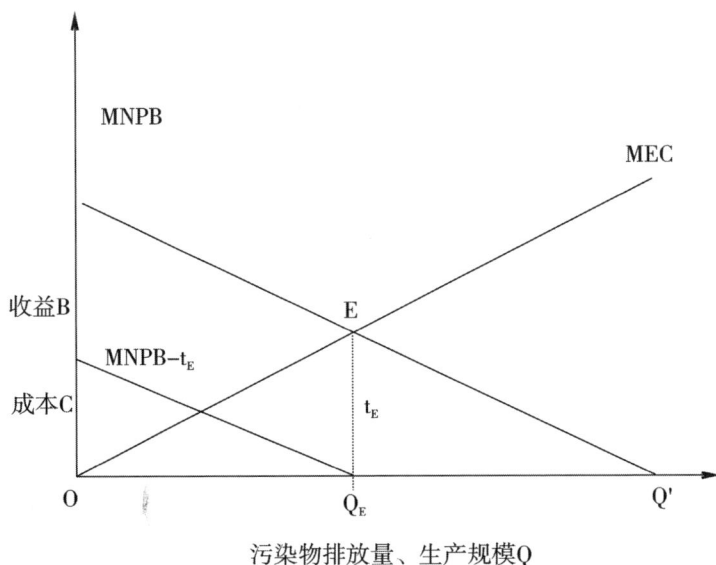

图 8-1   庇古税对排污外部性及城市规模过度的修正机制

五、完善水流域生态补偿制度——以黄河流域为例

我国境内的黄河、长江、淮河、西江等大江大河的流域范围跨越了众多省市区,贯通了各级各类城市,水流域和城市体系相互依托、相互制约、融为一体。城市间的生态补偿制度是否完善,直接影响这些流域的水环境质量。2019 年 9 月习近平总书记视察河南,提出黄河流域生态保护和高质量发展的国家级重大战略部署。基于这一背景,以黄河流域生态保护与环境治理中的问题为例,针对其成因,探讨建立基于城市体系横向协调的水流域生态补偿制度。

近些年国家对治理开发黄河极为重视,水沙治理取得显著成效,生态环境持续明显好转;但是,黄河流域生态保护和环境治理仍存在水土流失、污染物超标、水域面积减退等生态系统功能退化问题。这些生态问题产生的一个重要原因是流经各省的区域政策分割、资源竞争性使用与地方保护等。黄河流域的人口多、密度大、资源型产业占比高,流域各类型城市在高速增长目标导向下争相向黄河要资源、要效益,竞争性用水,无节制排污,生态外部性没有得到及时的修正,"公地的悲剧"仍较为突出。

在城市体系的生态优化层面,解决的关键是建立覆盖整个水流域的城市间横向生态补偿机制,以大流域观,从城市体系整体上解决生态保护问题。这一生态补偿机制的核心是严格划分和落实各省区的水环境防治责任,建立城市间双向补偿制度,让受益者付费、保护者获益。第一层次是在省区层面上,从水源地的青海省开始,一直到入海口的山东省均签订协议或建立制度安排,以黄河在省区交界断面的水质为依据,采取双向补偿:若水质较好、达到特定等级的水环境技术指标和功能需求,下游则要按差异化标准和水的径流量补贴上游;若交界水域断面的水量减少、水质变差、污染物排放超标,上游省份则需要反过来给下游省份缴纳补偿金。第二层次是在省区内各城市之间,建立断面水质监测机制。同样采取双向补偿,将省级政府承担的生态补偿成本向排污多的城市分摊;获得的生态补贴向生态保护有功的城市传递。第三层次是建立水源地保护专项转移支付,向水源地的生态功能型城市加大财政转移支付力度,依据水质和水量,由下游用水各省份给予生态补偿。补偿方式可以考虑三种思路:一是对中下游人口承载区城市收取一定的水资源使用税(费),以补偿上游生态涵养区城市为了保护水生态付出的直接成本与机会成本。二是可以由中央政府和地方政府按一定比例拨款设立水流域生态保护补偿基金,给予护水有功的城市以相应补偿。三是探索多元化的生态补偿方式,由下游发达城市与上游生态涵养区城市建立一对一帮扶机制,采取对口支援、产业扶贫、人才培训等方式补偿生态保护有功城市。

六、纠正城市生态收益—成本在微观主体间的非匹配性

生态成本与收益在居民、企业、政府间分摊或分配不合理是导致某些城

市过度膨胀或城市体系扭曲的重要原因。要促进城市体系的生态优化,必须扭转这些机制性或体制性弊端,重构促进生态系统协调共生的机理机制:

一是将城市扩大与经济活动密集的一系列集聚性、溢出性、规模收益递增性好处由企业在一定程度上让渡给居民。适当转变传统的低价工业化路径,通过健全职工社会保障制度、强化劳动法律法规、加强工会保护、完善工资集体协商制度等,不断增加居民所得在国民收入分配中所占比重。在劳资博弈中将企业享有的过多收益"让渡"给劳动者所得,合理增加企业在大城市的运营成本,进而引导企业布局调整与城市体系的生态优化。

二是构建更加完善的公共服务供给体系,强化政府对居民的社会保护责任。政府是城市扩张的推动者,也通过税源增加、土地出售、市场规模扩大、管辖权增多成为受益者;因此城市政府理应为新迁入居民提供均等的公共服务,加大城市政府对公共服务的覆盖广度和责任,才能保障城市体系在综合生态层面的协调。例如对各级城市政府施加更强有力的公共服务职责的刚性约束,特别是在小城市或城市边缘区域、新开发区域必须配建足够的中小学校、公立医院、公租房、垃圾污水处理厂,以及通达性便捷的公共交通体系,并制定实施相关法律法规,对公共服务提供不力的政府进行问责与纠偏。

三是对自然生态系统进行公允、全面、动态的价值评估。建立差别化的城市资源的价格机制,根据市场机制合理评估一些区域致力于生态调节与资源环境产品供应的综合成本。强化政府环境规制,建立对资源使用的合理补偿制度,惩罚超量开发资源、过度利用环境行为,以生态成本的内在化避免资源价格被低估导致的城市体系失衡。根据资源稀缺程度和供给成本,建立资源分类定价机制,特别是全面评估资源城市、重工业城市的自然生态成本—收益对比,从自然子系统层面纠正城市体系的生态失配。

第三节　加强城市政府间生态协作与逐顶竞争

在长期以来的"政府 GDP 锦标赛"与"官员任期考核"机制下,地方政府在城市管理上具有企业经营色彩的竞争性质。由于各级城市之间具有垂直型行政隶属关系,相邻的几个城市要么同属一个上级政府,在官员政绩考核中面临竞争;要么是上下级隶属关系,下级小城市在产业、项目、资金、土地等资源争夺中处于绝对劣势,甚至面临来自上级城市的"虹吸效应";这就导致不同城市在生态保护上的排斥性竞争关系远远大于区域合作关系。在异质性环境规制条件下,城市政府在多因素博弈中甚至会追求弱化或忽视环境管制,形成区域生态保护的"逐底竞争"怪圈。为扭转这些不利于城市体系生态优化的体制机制问题,必须建立一套城市政府间生态协作机制,并采取相应奖补或惩罚措施,以促成生态上的"逐顶竞争"。

一、改革集中型的城市行政管理体制

要解决城市政府间的生态成本与生态收益的非匹配,以及生态资源无序争夺问题,必须弱化自上而下的集中型城市区划与行政管理体制,淡化城市间在人事、财政、项目、金融等方面资源分配的隶属关系,代替以错位竞争、互补互促的区域生态环境协作机制。吴建生(2014)利用二阶段聚类分析法对城市灯光遥感数据的分析表明,城市的规模级别和行政级别呈显著的正相关关系;在我国 4 个档次的 340 个主要城市中,7 个国家级城市全部为直辖市或副省级城市,26 个区域中心城市中 23 个为省会城市。这种垂直集中型城市行政管理体制容易导致环保、教育、医疗等资源向大城市集中,而小城市的社会支撑能力和环境治理能力相对低下,结果是城市体系的生态资源分配失衡和环境恶化问题。

在自然资源利益分配、生态保护责任、环境规制实施等层面,要以城市间公平的分工合作机制代替行政隶属关系,在整个城市体系以及生态圈内共同治理环境污染和保护生态协调,实现区域共赢。

二、政府生态保护资源的重心下沉

政府作为保护生态环境的主导者,掌握有大量的用于生态维护的人、财、物资源。然而,高行政级别城市在现行体制下倾向于分配给下级城市政府更多的生态保护职责,但是各类资源却往往集中在上级城市。低级别城市缺乏稳定的财税收入来源,不得不通过政府举债融资、过度转让土地等方式以弥补城市生态投入的不足,这不仅违背了生态服务的"公共品"属性,而且往往也会带来较高的债务负担。

因此,城市体系的生态优化必须约束高级别城市政府的生态资源集中行为,避免给予大城市过多的"锦上添花"政策;转为"雪中送炭",按照事一权一致原则,赋予低级别的中小城市政府与其繁重的社会治理、自然环境保护职能相匹配的资源与权限。重点是引导省级和市级生态保护资金向低级别城市倾斜,减少财政资金拨付的中间环节和各级提留,或由中央政府加大实施生态保护资金转移支付。通过这些财税制度安排,以弥补小城市和低等级城市的公共财力不足,完善小城市的住房、交通、信息化等基础设施,推动教育、医疗、养老等公共服务资源的空间均衡配置,补上其环保设施短缺与治污能力较低的历史短板,带动生态功能公平配置与城市体系均衡化。

三、建立激励环境规制"逐顶竞争"的奖补考核机制

要保障城市政府间生态协作形成"逐顶竞争"机制并顺畅运行,必须配套建立硬性化、差别化、全方位的城市政府生态考核与激励体系。改变当前命令性环境规制为主的局面,转变为更多发挥市场化环境规制作用。采用财政、税收、金融、土地等多元化奖补手段,改变城市政府在生态保护多因素动态博弈下的竞争策略选择,引导城市自主选择加强生态保护,在城市政府间形成环境规制"逐顶竞争"的良性循环。

一是将生态系统相关指标纳入对各级政府及其官员的硬性考核,以政绩考核指挥棒引导城市政府将工作重心偏向全面改善城市生态环境,提升居民的幸福感与获得感。将环境信访数量、雾霾等重污染天气频次、环境信息公开程度、环保组织发展状况等指标考核纳入城市政府绩效评价和官员升迁的重要依据,激励地方政府官员更加重视生态保护工作。利用大数据、人工智能、地理信息系统等技术手段,构建包括人均收入、经济结构升级、创新能力等经济子系统指标;教育医疗等社保服务覆盖率、通勤效率、宜居指数等社会子系统指标;水土保护情况、大气污染防治效果等自然子系统指标的生态系统综合绩效指标体系,对城市政府及官员进行客观的全方位考核。

二是根据不同城市所处功能区定位与任务进行生态环境差别化考核。参考"主体功能区规划"和"生态功能区划",根据城市体系中各个城市的发展阶段、功能定位、区域禀赋,赋予城市政府不同的生态考核重点目标。例如,人口承载区可以选取就业率、居民收入、产业结构、入学率、社会保障等经济或社会子系统指标;生态供给区可以选取粮食产量、林草面积、水资源数量等指标;生态涵养区可以更多选取三废处理率、绿化覆盖率、污水集中处理率等环境保护指标。

三是建立环境规制"逐顶竞争"的配套奖补机制。对于生态保护优良或增进效果明显的城市在财政、税收、金融、土地等方面给予奖补政策倾斜。在建设用地指标分配、商业信贷和政策性贷款发放、企业税收减免或返还等方面给予优惠政策,引导城市政府的生态导向政策选择。

第四节 "三生"空间优化视域下的生态城市建设

以往对城市体系的研究多强调"宏观层面"上城市群或区域协调的大尺度分析与对策建议,忽视了作为"微观基础"的城市个体或都市圈的小尺度研究。面对城市跨越式发展和摊大饼式扩张留下的生态环境欠账,本书从城市"生产、生活、生态空间"统筹优化的微观视角,探索生态城市建设的原则、规律、目标及对策建议,有利于"宏微观结合"构建城市体系生态优化路径。

一、"三生"空间的基本理论规律

"生产、生活、生态空间"涵盖了城市工业、居住、行政、文教、绿化等各类功能与活动的基本空间类型。三类功能空间如何规划设计,采取何种空间布局特征,直接关系城市的资源消耗、人口流动、物质循环、环境保护、信息流动等特征及效能,最后影响城市总体生态绩效。然而,随着近年来城镇化突飞猛进,我国城市的"三生空间"配比失衡问题突出:城市生产空间扩张较快、无序蔓延;生活空间的密度不断提高、宜居环境被忽视;大量生态空间被侵占,引发城市绿地减少、水土流失、水质恶化、内涝严重、空气污染、景观单一等问题,城市综合生态质量下降。在此背景下"十四五"规划明确提出:要促进生产空间集约高效、生活空间宜居适度、生态空间山清水秀,构建"三生空间"科学合理的城镇化格局。这就从微观空间配置层面为城市体系生态优化提出了基本遵循。

"三生空间"之间存在着既相互制约又相互促进的辩证统一关系。在国土空间总量相对稳定的情况下,任何空间的过度增长都会形成对其他空间的侵占,破坏既定的稳定平衡状态。生产空间的过度蔓延扩张不仅需要消耗生态空间的生物质资源与有机能源,还需要生活空间提供消费市场和劳动力等。反过来,城市生产能力增长也为生活空间和生态空间的改善、拓展和优化提供了经济保障与技术支持。生活空间作为人对自然和社会资源的索取空间,需要其他空间提供生活资料、自然资源与优美环境。生态空间约束了生产与生活空间的拓展方式与强度,是生活空间与生态空间可持续发展的底线基础。

在城镇化早期,城市土地等自然资源比较充裕,人类生产活动对生态空间、生活空间的索取与侵占并不突出,此时城市体系以生活空间为主。在城镇化中期,随着城市扩张与经济增长加速,经济社会发展对生产活动的规模、集聚度与专业化的要求提升,各种城市资源开始围绕生产空间配置。在城镇化后期,人类生产、生活范围的蔓延扩张达到一定限度后,"三生空间"比例失调与布局失配成为引发城市生态问题的根源之一。城市水域、湿地、林草、荒地等生态空间在人类经济社会活动胁迫下面积不断缩小、分布破碎化,不仅会影响区域物种多样性,而且会导致自然界的物质能量循环过程受阻,水土保持、气候调节、废弃物分解等生态服务功能受损,最终反过来影响城市体系的经济功能和生态系统质量。

根据中国城市的生态禀赋特征,结合美国波特兰、丹麦哥本哈根等生态建设先进城市的经验规律,未来我国"三生空间"统筹优化与生态城市建设应遵循两点基本原则:一是必须注重地域性和多样性,根据不同城市的自然、地理、人文环境建立差异性的城市"三生空间"规划建设目标、评价体系和措施建议;二是要分步渐进推进,切忌好高骛远。由于生态化是城市发展的一个高级阶段,是建立在高等级技术基础上的理想文明形态,因此,应根据生态学规律,按照先易后难、先局部后整体的原则渐进性改善城市生态质量。

二、我国城市"三生空间"结构布局的主要问题

一是生产空间与生活空间的大面积割裂,导致居住-就业远距离分离,诱发一系列城市生态问题。近年来我国各城市偏好在市区边缘大规模成片建设单一功能的各类开发区。这些新开发区域远离既有建成区,且功能相对单一:①某类工业或产业集群的产业集聚区,要么是大面积的居住新区、文教新区或行政新区,往往导致就业空间与生活空间的远距离隔离。这种隔离降低了城市的宜居程度,要么缺少商业配套和公共服务设施,生活不便,居住人少成为"空城";要么各种大型住宅小区作为单一生活空间成为"睡城"。②城区低端人群会进一步远离主要就业地,影响了困难人群的就业可达性,加剧结构性失业。③远距离的单向朝夕通勤需求急剧增加,诱发交通拥堵、生态环境破坏等次生问题。

二是城市生产空间对生活空间的过度侵占导致人居环境恶劣。当前我国城市土地规划利用中的突出问题是工业用地与居住用地的扭曲关系。一方面,在长期低价工业化背景下,各城市政府争相降低工业用地出让价格,各种工业园区划定范围过大,导致工业用地的整体利用效率较低;另一方面,在高价城镇化背景下,居住用地受政府土地财政刺激,在土地"招、拍、挂"机制引导下价格不断攀升,容积率较高,导致人居环境日趋恶劣。生产空间对生活空间的侵占恶化了人居环境,主要表现为人均居住面积缩水、房地产价格高涨、城市基础设施与公共服务设施短缺、交通拥堵等社会子系统层面的效率损失。

三是生活空间的密度不断提高,宜居服务配给相对不足。由于土地资源稀缺、城市级差地租拉大、房地产价格快速上涨等因素影响,近年来我国城市的居住用地供给日益紧张,住宅区多以高层建筑为主,建筑物规划密度不断增大,容积率不断拉高,导致人均居住面积下降,居住成本不断攀升,这

就降低了生活空间的宜居性。在房地产价格高涨背景下,各城市在建设中盲目、过度地出售和开发土地以牟利,这就快速增加了硬化土地占比,容易造成城市绿化面积缩小、水土保持不足、排水功能受阻、教育医疗文化设施短缺、自然景观单一化、美学价值下降等生态损害。

三、我国城市"三生"空间统筹优化的对策建议

事实上,近年来我国一直将生态城市建设作为城市提质增效的一个重要方面。据统计,生态城市建设费用已经成为很多城市财政支出中占比上升最快的一个大项,其中用于环境治理与污染控制投入所占的比例最大①。对于大部分城市来说,进一步统筹优化、合理布局城市生产、生活、生态空间,解决城市功能空间割裂和错配导致的生态问题,仍是当前城市体系生态优化的重要任务之一,主要对策建议:

一是强化生活空间的综合生态功能,适度增加城市生活用地供给、特别是公共服务设施用地。城市生活空间的宜居因素包括人们的居住面积提高、居住环境改善以及高通达性、高覆盖率、高质量的公共服务。要提高生活空间的宜居性,首先要在城市总体规划与建设用地供应中由以往过度重视生产用地转向生活空间倾斜,适度增加生活空间的占地面积,特别是提升大城市的人均居住面积和人居环境。在土地招、拍、挂及房地产开发环节,强化对住宅区的容积率、绿化率、配套教育卫生设施等的硬性约束。将城市区域划分为片区级和社区级,对公共服务设施进行精细化、精准化、前瞻化配置管理。明确规定配套教育、卫生、体育、休闲等公共服务设施的布局半径,例如,一些地方明确采取的小学 1 公里、中学 2 公里、医院 3 公里、游园体育设施 3 公里的配套原则。一方面加强城市存量土地的精细化管理,推进老旧城区、高密度社区的公共服务设施的修复增补工作,另一方面在城市边缘开发区硬性要求学校、医院等公共服务的配置均衡化。

二是推进城市生产空间的集约化、精细化、高效化。通过法律法规硬性约束中小城市对建设用地的过度供给倾向,严格审批城市各类开发区的占

---

① 付晓东.中国城镇化与可持续发展[M].长春:吉林出版集团股份有限公司,2016.

地规模和界限,节省土地资源使用,严禁侵占基本农田,改变工业化初期的"廉价工业用地+税收补贴+政府招商引资"模式。土地供应更多应支持占地面积少、环境污染小、空间利用效能高的高附加值产业和绿色产业,促进城市体系的产业结构优化升级。

三是注重保留更多的生态空间,大力推进城市生态功能修复和修补。按照生态优先、绿色发展原则,采用试点方式大力推进"城市双修"。根据近年来各地的先进经验成效,未来10—20年我国城市生态修复、修补的重点措施应包括在城市发展规划中要明确"生态空间红线",严格保护林地、山体、湿地、水域等自然保留地,美化城市自然景观,维护土地的生态涵养功能,尤其要防止建设用地随意侵占生态用地,守住城市生态保护底线。大力开展城市水体治理和修复,完善城市绿化和湿地体系,修复利用废弃地,以全面恢复城市生态系统的自我调节功能。对于我国大部分内陆城市来说,现阶段最重要的是加强恢复水流域生态环境,为黄河、淮河、长江等大江大河流域的可持续发展留下优良的生态基础。具体措施:建设完善城市雨污水管网,处置好水污染,恢复城市水系水量,防范城市内涝灾害,改善水域环境质量;进一步修复被垃圾和有害物质损害的土壤,以植物轮流耕种将失去肥力的土壤重新转化为有机土壤,植被的选择应当因地制宜,尽量选择本地化植物;大力发展循环经济,采用新的绿色能源技术;注重在生态城市总体规划中扩大公众参与,代表更广泛族群的利益与意愿。

四是促进城市"三生空间"的小尺度交叉与精细化管理。根据西方发达国家在后工业化时代的城市生态环境营造中的经验教训,建设大规模、远距离隔离的大广场、大草坪、大公园、大社区、大工业区等,远不如在各个居民区和厂房之间交叉建设众多有情趣、特色休闲的小公园、街角绿地、小休闲区等更受城市民众欢迎。城市商贸服务区、工业生产区、生活居住区、绿色休闲区、文教服务区等各类功能区的小尺度交叉更有利于发挥各类要素的溢出叠加效应,形成高效的物流供应链网络,避免"睡城""空城"导致的各种城市难题。

第五节　大城市"职住分离"的成因及对策
——基于郑州市的实证

近年来无论是北京、上海等一线城市,还是中西部郑州、武汉、西安等二线城市,在规模急剧扩张的同时,均出现了普遍的"职住分离"问题:在人口居住快速郊区化或条块分化的同时,产业空间布局的调整步伐却相对迟缓,形成了居住功能(生活空间)与就业功能(生产空间)的远距离、大尺度空间错位或功能错配。

虽然随着城市的郊区化与多中心化,人口与产业出现一定的空间分离也是难以避免的;当前我国的"职住分离"矛盾却较为严峻和普遍。这不仅直接加重了交通拥堵、大气污染、生态环境恶化等生态问题,而且在客观上降低了农民工、失地农民、流动人口等弱势群体的居住可达性和就业可达性,如果处理不好甚至会造成城市内部新的族群隔离。当前我国大城市"职住分离"加剧体现了郊区化中就业与居住非同步集聚、产业布局重构、市场化改革与地方政府偏好的多重约束。在此背景下,本书在理论分析基础上,以处于工业化加速及人口、资源、环境承载力不足矛盾期的郑州市为例,实证分析"职住分离"的阶段特征及其成因,所得结论与对策建议不仅有利于缓解我国大城市的交通拥挤与生态环境恶化等,而且有利于指导形成功能完备、职能互补、区域协调的多中心城市群落,促进城市体系健康、有序、可持续发展。

一、国内外研究评述

美国学者凯恩(Kain)在 20 世纪 60 年代最早提出"职住分离"问题,认为美国城市空间错位的主要原因在于住房市场的种族隔离:由于美国城市的人口与就业分布密度都较低,黑人就业机会偏少且居住地理空间隔离、土地分区化利用以及公共交通体系与郊区基础设施的完善等导致了城市"职

住分离"。20 世纪 70 年代,费城、底特律、波士顿等大都市区新建住宅的
80% 以上都分布在郊区,美国成为世界上第一个郊区化国家①。与此同时,
美国城市也出现了很多与早期研究观点相悖的现象:混合社区的黑人并没
有表现出显著的就业率提高,而内城白人也同样受到城市空间错位的影响。
因此,近年来的研究普遍认为,"职住分离"不仅是种族歧视问题,而是涉及
城市住房市场的居住歧视与级差地租拉大,以及劳动力市场的就业郊区化、
工作搜寻模式与雇佣歧视等的一个多层次概念②。

　　随着近年来我国一、二线大城市规模的急剧扩张与内部空间结构的快
速重构,国内对"职住分离"问题的研究逐渐增多,主要分为两类:一类是从
微观视角,通过分析通勤时间、通勤距离、就业可达性等研究城市居民的职
住平衡关系。孟斌等(2012)认为,市场力量、个体偏好以及既有城市布局的
路径依赖是影响"职住分离"的关键因素。郑思齐等(2009)提出,城市家庭
会根据以下四个层面的需求和偏好进行成本和收益的权衡,做出区位选择
决策:一是就业机会,包括劳动者本人和配偶的当前工作位置及预期就业区
域;二是住房机会,包括住宅供给的数量、分布、面积及可支付性;三是城市
公共服务设施,包括学校、公园、绿地、医院、休闲场所等;四是通勤成本,包
含时间成本和货币成本,例如,高收入者的时间成本较高,开私家车的人会
有较高的货币成本③。

　　另一类是从宏观尺度分析城市内部居住和就业的空间匹配关系。例如
刘碧寒等(2011)采用统计指数方法定量评价北京市的"职住分离"及其行业
差异,发现北京市的居住——就业的空间错位现象比较突出,且在持续加
剧,产业布局调整导致的就业郊区化与新增住宅的郊区化的不同步是其主
要原因。近年来国内学者的研究越来越多地关注到"职住分离"问题与通勤

　　① 宋金平,王恩儒,张文新,等.北京住宅郊区化与就业空间错位[J].地理学报,
2007(4):387-396.

　　② 虞晓芬,高鐾,梁超.国内外空间失配理论的研究进展述评[J].经济地理,2013
(3):151-159.

　　③ 郑思齐,曹洋.居住与就业空间关系的决定机理和影响因素:对北京市通勤时间
和通勤流量的实证研究[J].城市发展研究,2009(16):29-35.

成本增加、房价攀升、大气污染加剧等"城市病"凸显的关系①,并以此为桥梁将城市经济学与住房市场、劳动力市场等联系起来,相关研究也向定量化、规范化、应用化方向发展。

二、"职住分离"问题的理论成因分析

从理论根源来看,我国大城市普遍出现的"职住分离"问题既是快速城镇化进程中各种产业不同步外迁与现代城市生活方式革新的必然趋势,同时也是内城房价高涨与郊区新城功能单一化条件下居民被迫"郊区化"居住的结果,体现了市场化力量与传统体制的双重约束。具体成因主要有以下几方面:

第一,由于住房市场化改革和城市级差地租拉大,以及交通基础设施的完善和交通工具的机动化,城市居民选择郊区化居住的必要性与可能性大大提高。人们赖以生活的就业岗位大都仍集中在城市中心区,这就不可避免地造成了"职住分离"问题。当前我国选择郊区化居住的主流人群是工薪阶层、中产阶层,这不同于 20 世纪末我国大城市本地居民、高收入阶层为追求宜居环境的外迁。如果"职住分离"问题导致经济主体决策面临的外部效应不能够被合理地内部化,那么这种人口迁移结构的转变就会使得弱势群体在居住、就业、通勤等问题上面临空间选择障碍,从而加剧其在劳动力市场中的不利地位。

第二,在郊区化中,由于生产的要素集聚效应,就业再集中程度一般会高于居住再集中程度,这就容易导致居住与就业的空间错位。就业岗位的郊区化扩散往往是集聚分散化(Concentrated Decentralization)模式,例如各地普遍选择在城郊大宗土地上集中兴建产业集聚区、开发区、高新技术园区等;居住的郊区化则往往是一般分散化(Generalized Dispersion)模式,至少在较大空间尺度上,城市商品住宅用地是分散化供应的。孙铁山(2015)的分产业实证研究也表明,北京市空间错位程度最轻的是就业分散化程度较高的制造业和教育业;而空间错位最严重的主要是金融业、交通运输业以及软

---

① 于戴圣,张梅青.治理北京交通拥堵与出行需求过量问题的对策[J].综合运输,2013(8):81-86.

件业等服务业和高新技术产业,这些恰恰也是就业与居住"不同步集聚"现象最突出的行业。

第三,在级差地租规律下,郊区化的一般顺序是工业尤其是加工制造业率先搬迁到郊区,城区逐渐成为服务业集聚地。很多工业从业人员出于生活质量与便利的考虑,仍选择居住在城市中心区;服务业作为外来人口集中行业,就业人员的居住空间倾向于扩展到城市郊区。结果是工业人员的上班通勤是从城区往郊区,而服务业人员的上班通勤是从郊区往城区,这就形成了工业和服务业差异化的"职住分离"现象。

第四,近年来我国郊区新城发展中普遍出现了功能单一化倾向,直接加剧了"职住分离"矛盾。一方面,一些大城市为了解决迅速增加的住房需求与疏散城区人口,在郊区新建了一批聚焦于居住功能的新城,但是却忽视了就业岗位在微观尺度上的空间交叉匹配,这些城郊"睡城"直接加剧了居住与就业的空间隔离与交通拥堵。另一方面,一些城市的新开发区建设过度强调产业集聚,却没有为区域内就业人口配备完善的商业设施与宜居环境,导致形成了一些特定产业发达而人气缺乏的城郊"空城"。例如,苏州工业园区 2013 年的地区生产总值高达 1 900 亿元,然而区内就业者在本区居住的比例仅占 2%,就业者每天的潮汐式、跨边界通勤使得园区内部的道路平均饱和度在 0.5 以下,而园区对外联系道路的平均饱和度却在 0.8 以上,上下班高峰时最高达到了 1.18[①]。

第五,经济体制改革与地方政府偏好在我国城市空间的形成与演变中扮演着重要角色,这在一定程度上加剧了"职住分离"现象。例如,随着我国企事业单位制度逐渐解体或弱化,职住接近的单位大院逐渐向以居住功能为主的城市社区转变,使得计划经济体制下职住相对平衡的城市格局转变为市场经济体制下职住分离格局。再如当前经济适用房、廉住房等政策性住房供应大都是以建设量或覆盖面为政策目标,往往建设在成本较低、土地较充裕的城乡结合带,较少考虑低收入人群的既有分布,这就在一定程度上迫使低收入人群或者集中在城市外围居住和工作,或者面临较高的通勤成本。

---

① 许炎.苏州工业园区职住分离问题研究[C].2012 中国城市规划年会论文集,2012:135-147.

三、郑州市各区域的职住匹配关系及其动态比较分析

郑州市是我国人口第一大省河南省的省会,近年来依托劳动力资源优势大规模承接东部产业转移,同时加快吸纳农村转移人口与旧城改造,实现了新型工业化与新型城镇化的跨越式发展。据第六次全国人口普查数据,2010年郑州市城镇化率为63.62%,常住人口达到862.65万,比2000年全国人口普查时多了196万人,相当于新添一个大城市的人口规模。然而在城市规模扩大的同时,郑州市的交通拥挤、大气污染与生态环境恶化等问题愈发严峻,直接影响居民生活与招商引资。这些问题的出现虽然有所处城镇化加速阶段与环境库兹涅兹曲线中前期的必然性,但是也和郑州市日益加剧的就业与居住空间分离有着密切关系。本书以郑州市为例实证分析"职住分离"问题,既体现了当前产业大规模内迁、城镇化重心转向中西部的趋势背景,又有利于从快速城镇化样本中探析城市病高发的内在机理与解决对策。

首先使用切尔维罗(Cervero,1989)提出的就业-居住比(Jobs-Housing Ratio,JHR)指标分析郑州市分区域的职住匹配关系。就业-居住比可以由本地区就业人数比重与人口数比重的比值来估算,结果如表8-2。切尔维罗提出,就业-居住比在0.8—1.2的地区属于人口居住-就业平衡区;就业-居住比大于1.2表示该地区为就业岗位富余区;就业-居住比小于0.8则表示该地区为居住集中区或就业岗位稀缺区。

表8-2   2011年郑州市城区各区域的职住匹配关系

区域	常住人口比重(%)	就业比重(%)	就业-居住比
中原区	20.15	20.49	1.02
二七区	20.27	14.14	0.70
管城区	13.53	9.91	0.73
金水区	40.18	48.84	1.22
惠济区	5.87	6.61	1.13

数据来源:郑州市统计局、国家统计局郑州调查队:《郑州统计年鉴2012》,中国统计出版社,2012。

从表 8-2 可以看出,郑州市的金水、惠济与中原等区是就业岗位富余区,二七与管城等区是居住集中区。郑州市的相对就业密集度并不高,只有金水区的 JHR 值超过了 1.2;相对居住密集度较高,二七与管城区的就业-居住比均在 0.7 左右。作为对比,2010 年北京市东城区与西城区的就业-居住比均高于 2.5[①]。这说明,郑州市"职住分离"的主要原因在于某些区域的居住过度集中或就业过度稀缺。也应当看到,当前郑州市的行政区划中各区均包含有中心城区与郊区,这和北京市有所不同,因此,合并郊区新城计算的就业-居住比可能会低估城区的"职住分离"矛盾。

为进一步考察郑州市郊区新城的职住关系,将城市外围的经济技术开发区、高新技术开发区和郑东新区等 3 个开发区单列计算就业-居住比,结果是经开区与高新区的就业-居住比分别达到 2.22 与 1.26,而郑东新区仅为 0.91。这表明近年来郑州市的职住分离问题在很大程度上归因于郊区化中的功能失配,新开发区域要么是像经开区和高新区那样的产业集聚区、工业园区,片面强调招商引资与国民收入增长,而忽略了宜居功能的匹配;要么是像郑东新区那样的中央商务区和高端社区,却缺乏多层次的本地就业机会与充足的居住用地供应。

进一步对就业-居住比进行动态比较分析,如图 8-2 所示,2007—2011年郑州市各区域的职住匹配关系呈非平衡发展。一方面,传统行政区域中金水区的就业集中度一直保持领先,中原区则逐渐由居住集中区变为了就业集中区,说明行政因素在城市扩张中发挥着重要作用。另一方面,作为传统商业区域的二七区和管城区不仅就业-居住比较低且均呈下降趋势。根据《郑州统计年鉴 2012》,这两区在此期间常住人口比重的变动并不大,就业比重的明显下滑是其职住分离加剧的主要原因。这一方面是由于二七区和管城区的产业承接、发展相对落后。例如,从 2007 年到 2011 年,二七区的固定资产投资额仅增长了 3.63 倍,而同期中原区的增幅高达 5.02 倍。另一方面原因可能是受批发市场等传统商业功能陆续外迁的影响。近年来郑州市为了缓解城区人口、资源与环境压力,加快实施"一区两翼"批发市场外迁,

---

①　孙铁山.北京市居住与就业空间错位的行业差异和影响因素[J].地理研究,2015(2):351-363.

将原先集中在二七、管城等老商业区的仓储物流园、家居服装、农产品、汽车、建材等市场先后搬迁到了金水区、中原区甚至荥阳、中牟等地。

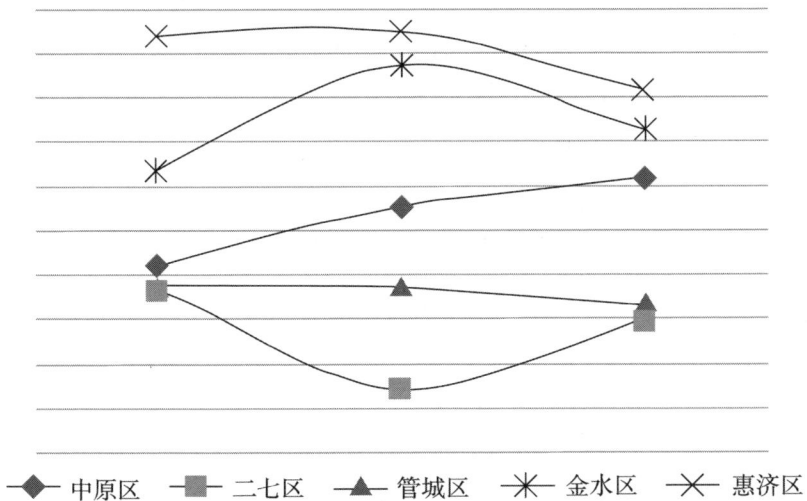

图 8-2　2007—2011 年郑州市城区各区域的就业—居住比(JHR)变动情况

四、郑州市总体的"职住分离"程度及其变动分析

这里使用马丁(2004)提出的空间错位指数(spatial mismatch index,SMI)测度郑州市总体的职住分离程度。大都市区 j 的空间错位指数 SMI_j 计算如下:

$$SMI_j = \frac{1}{2P_j} \sum_{i=1}^{n} \left| \frac{e_{ij}}{E_j} P_j - P_{ij} \right| \tag{8-1}$$

其中, P_{ij} 是大都市区 j 中 i 县的人口, e_{ij} 是大都市区 j 中 i 县的就业机会, P_j 是大都市区 j 的总人口, E_j 是大都市区 j 的总就业机会。 SMI 的取值范围为 0-1。 $SMI=0$ 代表人口居住-就业绝对匹配,而 $SMI=1$ 则代表人口居住-就业完全不匹配。

将郑州市城区划分为中原、二七、管城、金水、惠济等 5 个市辖区,以及经济技术开发区、高新技术开发区与郑东新区等 3 个开发区;采用各区域在2007 年、2009 年与 2011 年的城镇常住人口数与单位从业人员数表征人口与就业机会变量,计算得出郑州市城区空间错位指数及其变动情况如表 8-3。

其中为便于比较,2011 年将经开区、高新区、郑东新区分别并入临近的管城区、中原区、金水区,计算得出合并的空间错位指数。

表 8-3　2004—2011 年郑州市城区空间错位指数(SMI)变动情况

2007 年 (开发区单列)	2009 年 (开发区单列)	2011 年 (开发区单列)	2011 年 (开发区合并)
0.125	0.139	0.142	0.12

资料来源:《郑州统计年鉴 2005—2012》,中国统计出版社。

首先,郑州市的"职住分离"程度要低于北京、上海等一线城市。作为对比,2010 年北京市的总体空间错位指数为 0.16,而分行业门类计算的金融业、交通运输业、计算机与软件业等的空间错位指数甚至高于 0.4[①]。其原因:①郑州市的人口规模与城镇化阶段还没有达到北京等一线城市的水平;②郑州市的轨道交通等公共交通系统尚不完善、道路交通日益拥挤,直接限制了居民选择郊区化居住与长距离通勤;③郑州市的行政区划比较合理,5 个市辖区基本分享市中心区域,因此,在区级层面计算的空间错位指数可能偏低。

其次,近年来郑州市在快速城镇化与郊区化的同时也面临着日益严峻的"职住分离"矛盾,空间错位指数从 2007 年到 2011 年上升了 14%。这一方面是郑州市建成区面积急剧扩大的必然趋势,另一方面也是城市中心区高房价、高房租压力下大量农民工或流动人口被迫选择郊区化居住的结果。根据郑州市统计局数据,从 2004 年到 2011 年,郑州市的建成区面积从 230 平方千米扩大到 355 平方千米,增长了 54%;而住宅成交均价由每平米 1 504 元增长到 6 364 元,上涨了 3.23 倍。

最后,近年来郑州市"职住分离"加剧的主要根源在于城郊开发区或城市副中心的功能单一化,忽略了较小空间尺度内居住与就业的交叉分布。

---

① Levine J. Rethinking Accessibility and Jobs – housing Balance [J]. *Journal of the American Planning Association*,1998(64):133–149.

从表 8-3 可以看出,将城郊 3 个开发区单列计算的空间错位指数高达 0.142;而若将其并入各自临近的市辖区,则空间错位指数急剧下降为 0.12,"职住分离"程度明显减轻。事实上,虽然当前高新区的电子、生物医药、新材料等产业,经开区的汽车、装备制造、现代物流等产业集聚并提供了大量就业岗位,然而却由于交通不便、商业设施缺乏、配套公共服务滞后而阻碍了人口迁入居住。郑东新区以中央商务区、高端社区为亮点,但是就业岗位层次较高而数量有限,低密度居住在客观上导致生活服务不便与房价过高,也不利于居住与就业的空间匹配。

五、结论与对策建议

城市"职住分离"过度不仅会直接引发交通拥堵、大气污染等城市病,而且还会间接增加企业的运营成本,最终削弱城市弱势群体的就业、居住可达性以及城市综合竞争力。近年来郑州等大城市面临着越来越严峻的通勤压力与大气污染等环境问题,其表面原因是由于机动车增加与交通拥堵,而根本原因则是"职住分离"矛盾激化。根据本书实证分析,郑州市"职住分离"加剧的主要原因:一是建成区面积扩大与房价攀升导致城市新移民被动郊区化居住。二是城区功能的进一步分化:二七、管城等区由于传统商业功能外迁等导致相对居住集中度越来越高,而金水、中原等区凭借优势行政资源愈发成为就业集中地。三是郊区新城或新开发区的功能单一化:经开区与高新区过于偏向产业集聚与就业功能,而郑东新区缺乏多层次就业机会且居住密度过低。

要缓解"职住分离"问题,提升城市生态绩效,一方面需要政府优化城市发展规划,做好"堵"的工作;另一方面还要做好"疏"的工作,在交通、住房和公共服务等方面为居民提供更多的选择机会。总体来看,由于人口、资源与环境的限制,我国的城市发展并不适合西方发达国家的就业—居住—商业功能的大尺度空间分割模式。国内一、二线城市应以"产住一体""混合居住"为目标,在城市周边建设 3—5 个具备复合型功能的城市副中心。针对郑州市的具体对策建议如下:

第一,经开区、高新区等产业集聚区应加快完善商业、娱乐等宜居功能以及教育、医疗等公共服务设施,以吸引就业人员实现本地居住,避免形成城郊"空城"。政府可以在土地与财税政策等方面支持、引导相关部门外迁,这不仅可以改善郊区居民的消费多样化与生活质量,而且能够提供更多区内就业机会。

第二,郑东新区等高端商务区要注意以多样化的就业机会、充足的住房供应与完善的生活服务聚集"人气"。研究表明,在不影响集聚效应的情况下,在就业优势区位增加居住用地的开发强度与居住密度,不仅能够提高城市运营效率,而且有利于提高职住平衡程度,降低通勤距离与成本。

第三,针对二七、管城等区面临传统产业外迁后就业相对萎缩的困境,建议政府在老商业区拆迁改造中建立就业补偿机制,重视区域内新增就业岗位量与住宅开发量的匹配,以避免产生新的"职住分离"并恶化城市弱势群体的就业、居住可达性。

第六节　发展集约型混合功能的紧凑城市

一、紧凑城市的基本理念与规律

城市在本质上是人与人之间高密度、高频次、高效率互动交流的场所。工业化时代,消费者和供给者、供应商和销售商、企业和公共服务机构之间的协作需求增加、联结关系紧密,这就要求人口和产业必须近距离分布。后工业化时代,随着城市居民收入提高和消费档次提升,对服务性消费的需求增多。而大部分服务性产品是储藏困难的非贸易品,因此消费者会进一步偏好围绕着城市中心高密度居住,以更加接近中心区的金融、商业及公共服务,享受更高质量、更丰富多样的城市品质生活。

作为一种具有全球影响力的生态型城市发展理念,紧凑城市是基于人口高密度居住、混合土地利用、各类空间小尺度交叉,鼓励公共交通或步行的一种低碳、绿色、可持续的城市发展模式。近年来,随着我国城市发展中生态问题的严峻化,紧凑城市理念和政策越来越被重视和使用。紧凑城市的规划与建设有利于保持各类功能空间的紧凑型布局和交叉式分布,作为一种对生态环境干扰最小的城市空间扩张模式,可以有效提升城市体系的质量与效率。"紧凑城市"的生态优化效果主要有:

第一,有利于减少人均年交通距离,从需求端源头上,缓解交通基础设施建设和运营对城市生态环境的压力,减少能源的消耗与温室气体的排放。城市扩张会带来对车辆的依赖以及基础设施成本的增加,是社会融合的障碍。科斯定律证明,只要交通需求的无限性和道路资源的有限性矛盾存在,更多小汽车—更宽道路—更拥挤通勤的恶性循环就无法打破,就无法根本解决城市交通难题。在美国,居住在高密度的就业集聚地或设施服务健全社区的家庭,要比居住在人口稀疏的郊区的家庭所花费的交通费用高80%[奥斯曼(Osman),2008]。中国政府大力推行的"公共交通优先"与"公共交通补贴"措施,实质上就是鼓励城市紧缩化。在建成紧凑城市的大背景下,人们的常规通勤距离被大大缩短,人们交通需求的解决方法才可以更容易地转变为高效率的公共交通,小汽车交通才有可能被主动而快速地替代。

第二,"紧凑城市"不仅降低人均占地面积,节约日益稀缺的土地资源,而且可以有效提高土地利用的综合生态绩效,缓解生态承载压力。紧凑城市旨在以紧密的土地利用和建筑物布局抵消城市"摊大饼式"蔓延带来的土地资源浪费、绿化空间被侵占等生态问题。城市品质与城市的人口、建筑物及经济活动密度是相互关联作用的。在一定范围内,一个城市的人口密度越高,地方品质也就越高。合理的城市密度不仅有利于提高生产的规模效应和集聚效应,使得城市生产专业化与市场潜能等优势充分发挥,而且还可以缩短人员、物质、信息沟通的空间距离,降低物流费用和交易成本。

第三,绿地、水域与居民区的小尺度交叉也保持了城市生态景观和生物多样性。在城市建成区保留一定的生物生产性面积的做法非常值得称赞,既有利于改善当地居民的公共生活条件,又有利于减少远距离进口与运输自然资源的生态占用。"紧凑城市"还有利于住宅单元互享围墙,提高房屋的取暖与制冷效率。

城市的紧凑度并不是越高越好,而是存在一个适度值,这和居民对人居环境密度的适应性及文化上的接受度有关。例如,为解决低收入人群的居住问题,由政府大规模建设和提供高容积率公共住房的做法在中国香港和新加坡等地被广泛接受,这可能归功于人们可以获得较高的务工收入作为补偿,以及人们对紧促型居住环境的较高接受性。在巴西,由于经济约束条件不一样,类似住房政策并没有取得预期效果。总之,虽然紧凑度超过一定界限后可能对区域生态承载力带来较大压迫,但是这种密度的上限一般来说较大,且能够被生活习惯、技术手段改变。

二、我国发展紧凑城市的必要性

改革开放以来,我国城市发展中的一个突出问题是土地扩张速度远远快于人口非农化速度。由于城市建设用地供给受到的限制被弱化或软化,松散化的"摊大饼"式蔓延造成了城市紧凑度迅速下降。空间延伸平铺的低密度城市虽然在视觉景观上比较"亮眼",似乎也符合人居环境改善要求,但是从综合生态绩效来看,低密度城市并不符合我国的生态禀赋实际:

首先,低密度城市要占有更多宝贵的土地资源,在城市体系格局与产业结构既定条件下,这种空间选择必然会挤占农业耕地和生态涵养用地,造成生态绩效的下降。众所周知,我国是一个人口数量庞大、平原面积小、人均资源不足的国家,如果像美国那样沿公路建设分散的高档住宅区,必然会进一步侵占自然生态空间,割裂自然界的物质能量循环,最终对生态系统带来更大损害。

其次,单中心城市向四周边缘地带的低密度蔓延导致通勤距离变远、对小汽车的依赖性更强、"钟摆式"朝夕交通更拥堵、额外资源消耗和污染物排放增多。这种问题很难通过建设更多道路及基础设施加以解决。科斯定律证明,只要交通需求的无限性和道路资源作为公共品的供给有限性矛盾存在,"建设更多道路—诱发更多小汽车—导致更拥挤通勤"的恶性循环无法解决城市交通难题。根本解决方法是削减和压制人们的不必要交通需求,例如缩短人们每日的常规通勤距离,以及用高效率的公共交通替代小汽车。

最后,低密度城市往往会通过新建开发区、工业园区的方式以快速扩大空间框架。如果这些城市副中心或新城区被设计为单一功能区,缺少混合功能配置,可能导致居住与就业在空间上的隔离,从而大量城郊副中心沦为功能单一的"睡城""产业新城",损害了城市的生态多样化和包容性。

因此,根据国外紧凑型城市经验和相关理论规律,在城镇化中后期阶段,建设混合功能的紧凑城市是适应我国城市生态系统协调发展的客观要求。我国城市的空间蔓延应改变以往粗放型、单核扩张、平摊展开的低密度扩张路径,转而走集约型、紧凑化、小型街区、功能区小尺度混合交叉的生态优化道路。

三、我国发展紧凑城市的对策建议

一是借鉴德国慕尼黑等城市发展紧凑城市的典型经验,采取以公共交通为导向的发展模式。将新增土地中40%左右用于绿地、湿地和交通基础设施建设,致力于在城市核心区建设快速公交、地铁等通勤网络,提供足够的公共服务和休闲空间,保持绿地、水域等生态景观和生物多样性,建立密切的社区协作等①。鼓励骑行、步行等低碳出行方式,在市中心限制机动车行驶,摒弃对小汽车的过度依赖。通过交通政策导向与土地使用规划,来协调解决城市发展过程中的交通拥堵、用地紧张、温室气体排放、大气污染等矛盾。

二是在城市的不同区域采取差异化的功能区布局。一方面,城市中心区的级差地租高、土地稀缺,应留给最需要人与人之间面对面交流的商业、金融、文化、教育等产业。但是由于中心城区的土地资源日趋紧缺、拆迁改造余地缩小、公共服务供给不足、生态环境压力过大,中心城区的单核扩张速度必然放缓,更多表现为内部产业、人口、消费结构的优化升级。另一方面,制造业的占地面积大、不需要人与人频繁交流且对周边生态环境的影响较大,应将其分布在城市边缘区或次级城市。

三是在大城市周边建设形成一批具备混合功能的卫星城。尤其是对于超特大城市来说,未来10—20年城市的拓展路径应由单核扩张转变为复合

---

① Artmann M,Breuste J. Cities Built for and by Residents: Soil Sealing Management in the Eyes of Urban Dwellers in Germany[J]. *Journal of Urban Planning & Development*,2015,141(3).

型卫星城兴起的郊区化模式,以提高城市体系的生态绩效。注意完善卫星城的综合性功能,包括交通基础设施、教育文化、商业服务、社会保障等。为适于居民就近工作,居住区、工业区与商业区等应在不同卫星城之间交叉分布,引导工人分别向不同区位的商业区(亚中心)通勤,而不是传统上众多卫星城围绕一个核心商业区(CBD)的模式。

参考文献

［1］ALONSO. The Economics of Urban Size［J］. *Papers in Regional Science*,
1971,26（1）:67-83.

［2］ARTMANN M,BREUSTE J. Cities Built for and by Residents:Soil Sealing
Management in the Eyes of Urban Dwellers in Germany［J］. *Journal of Ur-
ban Planning & Development*,2015,141（3）.

［3］AU C C,HENDERSON J V. Are Chinese Cities too Small?［J］. *Review of E-
conomic Studies*,2006,73（3）.

［4］Au,Henderson,How migration restrictions limit agglomeration and productivity in
China［J］. *NBER working Paper*,2002.8707.

［5］BECKMAN,M. J. City hierarchchies and distribution of city size［J］. *Econom-
ic Development and Cultural Change*,1958,6:243-48.

［6］Bertinelli,Strobl,*Urbanization,urban concentration and economic growth in
developing countries*［M］. Centre for Research in Economic Development and
International Trade of University of Nottingham,2003.

［7］CRISTALLER,W. *The central palce of southern Germany*［M］. Englewood
Cliffs:Prentice-Hall,1966.

［8］Caves,D. ,Christensen,L. and Diewert,W. E. The Economic Theory of Index
Numbers and the Measurement of Input,Output and Productivity［J］. *Econo-
metrica*,1982（6）:1393-1414.

［9］CerveroR. Jobs-housing Balancing and Regional Mobility［J］. *Journal of the
American Planning Association*,1989（2）:136-150.

［10］Dinda,Soumyananda,Environmental Kuznets Curve Hypothesis:A Survey［J］.
Ecological Economics,2004,No. 49:431-455.

［11］DURANTON G. ,D. Puga. Nursery cities:Urban diversity,process innovation, and the life cycle of products[J]. *Cepr Discussion papers*, 2000(91): 1454-1477.

[12]EHRLICH S AND GYOURKO J. Changes in the scale and size distribution of US metropolitan areas during the twentieth century[J]. *Urban Studies*, 2000, 37(7): 1063-1077.

[13]GAN L, LI D, SONG S F. Is the Zipf law spurious in explaining city-size distributions? [J]. *Economics Letters*, 2006, 92(2): 256-262.

[14]BADE, LAASER, SOLTWEDEL. *Urban specialization in the internet age: empirical findings for Germany*[M]. Kiel Institute for World Economics, 2004.

[15] BERTINELLI, STROBL. *Urbanization, urban concentration and economic growth in developing countries*[D]. University of Nottingham, Centre for Research in Economic Development and International Trade, 2003.

[16]DAVIS, HENDERSON. Evidence on the Political Economy of the Urbanization Process[J]. *Journal of Urban Economics*, 2003.

[17]Grossman, Environmental Impacts of the North American Free Trade Agreement[J]. *NBER Working Paper Series*, 1991, No. 7: 3914.

[18] Grossman, Krueger, *Economic Growth and the Environment*[M]. National Bureau of Economic Research, 1994.

[19]Hamilton, *Models of Industrial Location*[M]. Methuen, 1967.

[20]Henderson. Growth of China's Medium-Size Cities[J]. *Brookings-Wharton Papers on Urban Affairs*, 2005.

[21]Jason Krupp, Khyaati Acharya. Up or out? Examining the Trade-offs of Urban Form [R]. *The New Zealand initiative*, 2014.

[22]Levine J. Rethinking Accessibility and Jobs-housing Balance[J]. *Journal ofthe American Planning Association*, 1998(64): 133-149.

[23]Mandelbrot B B. The Fractal Geometry of Nature[M]. San Francisco: Freeman, 1982.

[24]Martin R W. Spatial Mismatch and the Structure of American Metropolitan Areas: 1970-2000[J]. *Journal of Regional Science*, 2004(3): 467-488.

[25]Mills E. S. An aggregative model of resource allocation in a metropolitan area [J]. *American Economic Review*,1967(57):197-201.

[26] Peter Gordon, Wendell Cox. Cities in Western Europe and the United States:do policy differences matter? [J]. *The annuals of regional science*, 2012.48 (2):565-594.

[27] Ray M. Northam. *Urban Geography*[M]. John Wiley&Sons,1975.

[28] Ren W W, et al. Urbanization, land use, and water quality in Shanghai: 1947-1996 [J]. *Environment International*,2003,29(5):649-659.

[29] Roger,Chan,Zhao. The Relationship Between Administrative hierarchy Position and City size Development in China [J]. *Geo Journal*,2002(56):97-112.

[30] Rosen,Resnick. The size distribution of cities:an examination of the parcto law and primacy[J]. *Journal of Urban Economics*,2008:165-186

[31] Shukla, Parikh. The environmental consequences of urban growth [J]. *Urban Geography*,1992(13):422-449.

[32] Siqi Zheng. The Greenness of China:Household Carbon Dioxide Emissions and Urban Development [J]. *Journal of Economic Geography*, Oxford University Press,2011(9):761-792.

[33] Southall. *The City in Time and Space*[M]. Cambridge University Press, 1998.

[34] Talley,Wayne,K. Performance indicators and port performance evaluation[J]. *Logistics & Transportation Review*,1994.

[35] United Nations. *World Urbanization Prospects*(2005)[M]. United Nations Publication,2006.

[36] Vernon Henderson,J. *Cities and development*[M]. CITIES AND DEVELOP-MENT-ResearchGate,2010(50):515-540.

[37] Wirth,Louis. Urbanism as a Way of Life [J]. *American Journal of Sociology*,1938(44):1-24.

[38]阿瑟·奥莎利文.城市经济学[M].北京:北京大学出版社,2008.

[39]埃德温・S.米尔斯.区域和城市经济学手册[M].北京:经济科学出版社,2003.

[40]安虎森,朱妍.经济发展水平与城镇化模式选择[J].求索,2007(6).

[41]保罗.切西尔.区域和城市经济学手册(第三卷)[M].北京:经济科学出版社,2003.

[42]陈昌兵,张平,刘霞辉,等.城镇化、产业效率与经济增长[J].经济研究,2009(10):4-21.

[43]陈良文,杨开忠.集聚与分散:新经济地理学模型与城市内部空间结构、外部规模经济效应的整合研究[J].经济学(季刊),2008(01):53-70.

[44]陈秀山,张可云.区域经济理论[M].北京:商务印书馆,2003.

[45]陈彦光,周一星.城市规模—产出关系的分形性质与分维特征:对城市规模—产出幂指数模型的验证与发展[J].经济地理,2003(04):476-481.

[46]陈甫军,景普秋,陈爱民.中国城镇化道路新论[M].北京:商务印书馆,2009.

[47]陈钊,陆铭.首位城市该多大?:国家规模、全球化和城市化的影响[J].学术月刊,2014,46(05):5-16.

[48]陈世强,张航,齐莹,等.黄河流域雾霾污染空间溢出效应与影响因素[J].经济地理,2020,40(05):40-48.

[49]陈明华,王山,刘文斐.黄河流域生态效率及其提升路径:基于100个城市的实证研究[J].中国人口科学,2020(04):46-58+127.

[50]程开明,庄燕杰.城市体系位序-规模特征的空间计量分析:以中部地区地级以上城市为例[J].地理科学,2012,32(08):905-912.

[51]邓荣荣,张翱祥,唐洋.长江经济带一体化发展对城市生态效率的影响:基于PSM-DID模型的实证分析[J].软科学,2021,35(09):22-27.

[50]杜昌建,刘志浩.新乡市农业绿色发展面临的问题及对策探析[J].天津农业科学,2019,25(08):83-86.

[53]范剑勇,邵挺.房价水平、差异化产品区位分布与城市体系[J].经济研究,2011,46(02):87-99.

[54]方创琳,鲍超,乔标.城镇化过程与生态环境效应[M].北京:科学出版社,2008.

[55]方创琳,祁魏锋,宋吉涛.中国城市群紧凑度的综合测度分析[J].地理学报,2008(10):1011-1021.

[56]费孝通.小城镇新开拓(一)[J].瞭望周刊,1984(51):26-27.

[57]弗·亨德森.中国城镇化面临的政策问题与选择[M].北京:中信出版社,2007.

[58]付晓东.中国城镇化与可持续发展[M].长春:吉林出版集团股份有限公司.2016.

[59]国家统计局.中国统计年鉴(2018)[M].北京:中国统计出版社,2019.

[60]高云福.城镇化发展与水系统的演变[J].城市勘测,1998(3).

[61]关静.中国城市规模适度性研究[J].湖北民族学院学报,2013(3):34-37.

[62]管清友.能源—交通体系与城镇化模式[J].中国市场,2010(50):67-71.

[63]郭力.城镇化道路调整:基于产业转移与劳动力流动的视角[M].郑州:郑州大学出版社,2016.

[64]何雄浪.知识创新与扩散、地区间技术吸收效应与环境污染[J].南开经济研究,2015,31(2):94-117.

[65]何悦.中国城市最优规模:定义、形成及测算[M].成都:西南财经大学出版社,2017.

[66]韩永辉,黄亮雄,王贤彬.产业结构优化升级改进生态效率了吗?[J].数量经济技术经济研究,2016,33(04):40-59.

[67]河南省统计局.河南统计年鉴2018[M].北京:中国统计出版社,2018.

[68]河南省统计局.中原城市群发展报告[EB/OL].(2018-12-20).http://www.ha.stats.gov.cn.

[69]河南省许昌市人民政府.许昌市智能电力装备产业发展行动方案[EB/OL].2019,2,3.https://www.henan.gov.cn.

[70]河南省政府.济源国家产城融合示范区总体方案[EB/OL].2017,3,31.

https://www.henan.gov.cn.

[71] 亨德森,蒂斯.区域和城市经济学手册(第四卷)[M].北京:经济科学出版社,2011.

[72] 胡兆量.北京"浙江村":温州模式的异地城镇化[J].城市规划汇刊,1997(3).

[73] 简新华,何志扬,黄锟.中国城镇化与特色城镇化道路[M].济南:山东人民出版社,2010.

[74] 金凤君,马丽,许堞.黄河流域产业发展对生态环境的胁迫诊断与优化路径识别[J].资源科学,2020,42(01):127-136.

[75] 姜启波,谭清美.高技术产业集聚、环境规制对生态效率的影响:来自中国区域发展的经验证据[J].华东经济管理,2021,35(03):86-92.

[76] 李国平.网络化大都市:破解大城市发展空间难题[N].中国社会科学报,2010-3-25:(7).

[77] 李佳佳,罗能生.城市规模对生态效率的影响及区域差异分析[J].中国人口·资源与环境,2016,26(02):129-136.

[78] 李明月,赖笑娟.基于BP神经网络方法的城市土地生态安全评价:以广州市为例[J].经济地理,2011,31(2):289-193.

[79] 李佩武,李贵才,张金花,等.深圳城市生态安全评价与预测[J].地理科学进展,2009,28(2):245-252.

[80] 李顺毅.城市体系规模结构对城市土地集约利用水平的影响[J].城市问题,2016(06):14-23.

[81] 李秀霞,张希.基于熵权法的城镇化进程中土地生态安全研究[J].干旱区资源与环境,2011,25(9):13-17.

[82] 李永友,沈坤荣.辖区间竞争、策略性财政政策与FDI增长绩效的区域特征[J].经济研究,2008(05):58-69.

[83] 李玉柱."中国城镇化的反思与创新"学术研讨会综述[J].中国人口科学,2012(3):96-105.

[84] 梁琦,陈强远,王如玉.户籍改革、劳动力流动与城市层级体系优化[J].中国社会科学,2013(12):36-59+205.

[85]梁一灿,孙钰,姜俊杰.京津冀城市群生态效率测定及提升策略研究[J].北京城市学院学报,2021(04):9-18.

[86]刘学华,张学良,李鲁.中国城市体系规模结构:特征事实与经验阐释[J].财经研究,2015,41(11):108-123.

[87]刘华军,乔列成,孙淑惠.黄河流域用水效率的空间格局及动态演进[J].资源科学,2020,42(01):57-68.

[88]刘碧寒,沈凡卜.北京都市区就业、居住空间结构及特征研究[J].人文地理,2011(4):40-47.

[89]廖富洲.构建和完善城市群跨区域联动发展机制:以中原城市群为例[J].学习论坛,2014,30(11):31-36.

[90]吕苑鹃.全国耕地面积继续维持在20.25亿亩[N].中国国土资源报,2016-08-11(001).

[91]马磊.中国城镇化与环境质量研究[J].中国人口科学,2010(2).

[92]马丽,田华征,康蕾.黄河流域矿产资源开发的生态环境影响与空间管控路径[J].资源科学,2020,42(01):137-149.

[93]马骏,周盼超.长江经济带生态效率空间异质性及其影响因素研究[J].水利经济,2019,37(06):8-12+52+85.

[94]孟斌,于慧丽,郑丽敏.北京大型居住区居民通勤行为对比研究:以望京居住区和天通苑居住区为例[J].地理研究,2012(11):2069-2079.

[95]彭应登.北京近期雾霾污染的成因及控制对策分析[J].工程研究:跨学科视野的工程,2013(3):233-239.

[96]戚伟,刘盛和.中国城市流动人口位序规模分布研究[J].地理研究,34(10):1981-1993.

[97]秦晓楠,卢小丽.沿海城市生态安全作用机理及系统仿真研究[J].中国人口·资源与环境,2014,24(02):60-68.

[98]钱发军.河南省循环经济发展对策[J].河南科学,2011,29(08):993-998.

[99]任晓红,王钰,但婷.高铁开通对中小城市经济增长的影响[J].城市问题,2020(01):91-97.

[100]任保平,吕春慧.中国生态环境质量的变动态势及其空间分布格局[J].经济与管理评论,2019,35(03):120-134.

[101]尚启君.论城镇化模式的决定因素与我国的城镇化道路[J].经济经纬,2007(4).

[102]盛广耀.城镇化模式及其转变研究[M].北京:中国社会科学出版社,2008.

[103]苏红键,赵坚.产业专业化、职能专业化与城市经济增长:基于中国地级单位面板数据的研究[J].中国工业经济,2011(04):25-34.

[104]孙久文.城市经济学[M].北京:中国人民大学出版社,2016.

[105]孙伟.黄河流域城市能源生态效率的时空差异及其影响因素分析[J].安徽师范大学学报(人文社会科学版),2020,48(02):149-157.

[106]孙铁山.北京市居住与就业空间错位的行业差异和影响因素[J].地理研究,2015(2):351-363.

[107]宋金平,王恩儒,张文新,等.北京住宅郊区化与就业空间错位[J].地理学报,2007(4):387-396.

[108]覃一冬.我国城市人口规模分布演化影响因素研究[J].人口与经济,2012(04):21-26.

[109]陶晓燕.我国典型资源枯竭型城市生态系统健康综合评价[J].地域研究与开发,2010,29(1):119-123.

[110]陶晓燕.资源枯竭型城市生态安全评价及趋势分析:以焦作市为例[J].干旱区资源与环境,2014,28(02):53-59.

[111]藤田昌久,克鲁格曼,维纳布尔斯.空间经济学:城市、区域与国际贸易[M].梁琦,译.北京:中国人民大学出版社,2005.

[112]童玉芬.北京市水资源人口承载力的动态模拟与分析[J].中国人口·资源与环境,2010,20(09):42-47.

[113]万庆.地方政府竞争、环境规制与中国城市规模分布研究[D].武汉:武汉大学,2017.

[114]王小鲁,夏小林.优化城市规模推动经济增长[J].经济研究,1999(9):22-29.

[115]王小鲁.对"重点发展中小城市和小城镇"的质疑[J].中国市场,2010
　　　(46):44-48.

[116]王小鲁.中国城镇化路径与城市规模的经济学分析[J].经济研究,
　　　2010(10):20-32.

[117]王玉明.地理环境演化趋势的熵变化分析[J].地理学报,2011,66
　　　(11):1508-1517.

[118]王胜鹏,乔花芳,冯娟,等.黄河流域旅游生态效率时空演化及其与旅
　　　游经济互动响应[J].经济地理,2020,40(05):81-89.

[119]闫凯,王跃思.霾从哪里来[J].科学世界,2014(4):4-7.

[120]魏星.特大城市人口调控的反思:"新常态经济与新型城镇化"论坛综
　　　述[J].中国人口科学,2015(06):119-123.

[121]吴健生,刘浩,彭建,等.中国城市体系等级结构及其空间格局:基于
　　　DMSP/OLS夜间灯光数据的实证[J].地理学报,2014,69(06):759-
　　　770.

[122]吴良镛,等.京津冀地区城乡空间发展规划研究[M].北京:清华大学
　　　出版社,2006.

[123]席强敏.城市效率与城市规模关系的实证分析:基于2001~2009年我
　　　国城市面板数据[J].经济问题,2012(10):37-41.

[124]辛声.湖泊变"湖悲"的治理困局[J].决策,2012(8):76-78.

[125]许抄军.基于环境质量的中国城市规模探讨[J].地理研究,2009,28
　　　(03):792-802.

[126]许秋星.试论我国城镇化道路的选择[J].中国城市经济,2005(5).

[127]许学强,胡华颖.对外开放加速珠江三角洲市镇发展[J].地理学报,
　　　1988(03):201-212.

[128]许炎.苏州工业园区职住分离问题研究[C].2012中国城市规划年会
　　　论文集,2012:135-147.

[129]徐晓霞.中原城市群城市生态系统评价研究[J].地域研究与开发,
　　　2006,25(5):98-102.

[130]闫涛,张晓平,赵艳艳.基于超效率SBM模型的中国城市生态效率时

空演变及影响因素[J].中国科学院大学学报,2021,38(04):486-493.

[131]杨山,汤君友.无锡市空间扩展的生态环境质量综合评价研究[J].中国人口·资源与环境,2003(01):67-71.

[132]杨天荣,匡文慧,刘卫东,等.基于生态安全格局的关中城市群生态空间结构优化布局[J].地理研究,2017,36(03):441-452.

[133]杨玉春,岳立.黄河流域全要素生态效率测度及影响因素分析[J/OL].统计与决策,2021(19):121-124.

[134]杨勇,邓祥征.中国城市生态效率时空演变及影响因素的区域差异[J].地理科学,2019,39(07):1111-1118.

[135]杨冬梅,万道侠,杨晨格.产业结构、城市化与环境污染:基于山东的实证研究[J].经济与管理评论,2014,30(02):67-74.

[136]岳立,任婉瑜,姚小强.黄河流域城市绿色水资源效率时空变化及其影响因素:基于河流生态水文分区的视角[J].工业技术经济,2021,40(10):15-22.

[137]姚士谋,陈振光,朱英明,等.中国城市群[M].合肥:中国科学技术大学出版社,2006.

[138]叶德珠,潘爽,武文杰,等.距离、可达性与创新:高铁开通影响城市创新的最优作用半径研究[J].财贸经济,2020(2):146-161.

[139]叶浩,庄大昌.城市体系规模分布与空间分布的关系研究[J].世界地理研究,2015,24(03):75-82.

[140]虞晓芬,高鑒,梁超.国内外空间失配理论的研究进展述评[J].经济地理,2013(3):151-159.

[141]于丽英,施明康,李婧.基于DEA-Malmquist指数模型的长江经济带物流效率及因素分解[J].商业经济与管理,2018(04):16-25.

[142]于戴圣,张梅青.治理北京交通拥堵与出行需求过量问题的对策[J].综合运输,2013(8):81-86.

[143]余宇莹,余宇新.中国地级城市规模分布与集聚效应实证研究[J].城市问题,2012(07):24-29

[144]张玉泽,任建兰,刘凯,等.山东省生态安全预警测度及时空格局[J].

经济地理,2015,35(11):166-171+189.

[145]张煊,王国顺,王一苇.生态经济效率评价及时空差异研究[J].经济地理,2014,34(12):153-160.

[146]张臻汉.资源集约与城镇化的最优规模[J].经济与管理研究,2012(06):79-85.

[147]张智光.基于生态—产业共生关系的林业生态安全测度方法构想[J].生态学报,2013,33(4):1326-1336.

[148]赵康杰,刘星晨.黄河流域水-能源复合生态效率评价及影响因素研究:兼与长江经济带的比较[J].煤炭经济研究,2020,40(08):28-35.

[149]张会恒,杨媛媛.生态效率研究现状、热点及前沿:基于CiteSpace的可视化分析[J].西昌学院学报(社会科学版),2021,33(02):73-80.

[150]赵春兰,凌成鹏,吴勇,卓勇.垃圾渗滤液对地下水水质影响的数值模拟预测[J].环境工程,2017,35(2):163-167.

[151]赵伟伟.2000年以来中国城市体系演变特征研究:基于通航城市分布格局的分析[J].中国人口·资源与环境,2014,24(10):68-75.

[152]郑怡林,陆铭.大城市更不环保吗?:基于规模效应与同群效应的分析[J].复旦学报(社会科学版),2018,60(01):133-144.

[153]郑思齐,曹洋.居住与就业空间关系的决定机理和影响因素—对北京市通勤时间和通勤流量的实证研究[J].城市发展研究,2009(16):29-35.

[154]中国环境与发展国际合作委员会.中国生态足迹报告[M].2010.

[155]周一星,孙则昕.再论中国城市的职能分类[J].地理研究,1997(01):11-22.

[156]中华人民共和国水利部.中国水利统计年鉴(2017)[M].北京:水利水电出版社,2018.